高等职业教育“十三五”规划教材

创业法律基础

主　编　孙　蕾　周小云　冯　勇
副主编　吴静梅　陈　芬　李秀丽　杨智勇

中国轻工业出版社

图书在版编目（CIP）数据

创业法律基础/孙蕾，周小云，冯勇主编．—北京：中国轻工业出版社，2018.9
高等职业教育“十三五”规划教材
ISBN 978－7－5184－0094－2

Ⅰ．①创…　Ⅱ．①孙…　②周…　③冯…　Ⅲ．①企业法—中国—高等职业教育—教材　Ⅳ．①D922.291.91

中国版本图书馆CIP数据核字（2015）第084664号

责任编辑：张文佳　　责任终审：劳国强　　封面设计：锋尚设计
版式设计：王超男　　责任校对：吴大鹏　　责任监印：张　可

出版发行：中国轻工业出版社（北京东长安街6号，邮编：100740）
印　　刷：北京君升印刷有限公司
经　　销：各地新华书店
版　　次：2018年9月第1版第6次印刷
开　　本：787×1092　　1/16　　印张：12.75
字　　数：310千字
书　　号：ISBN 978-7-5184-0094-2　定价：35.00元
邮购电话：010－65241695
发行电话：010－85119835　　传真：85113293
网　　址：http://www.chlip.com.cn
Email：club@chlip.com.cn
如发现图书残缺请与我社邮购联系调换
181125J2C106ZBW

前言

PREFACE

目前，国际社会以资本、劳动力、资源为支撑的传统经济发展模式正在向以知识、人才、信息为依托的创新发展模式转变。国家之间的竞争主要体现为科技和人才的竞争，尤其是创新能力的竞争，这是发展创业型经济的全球化背景。于是，小型企业、创业及创业教育也因此进入了我们的视野。联合国教科文组织在1999年发表的《21世纪的高等教育：展望与行动世界宣言》中提出："必须将创业技能和创业精神作为高等教育的基本目标。"开展创业教育，既是教育主动适应经济社会发展所采取的重要举措，也是社会经济发展对大学提出的新的期待。目前的创业教育由于起步晚，理论体系建立、教育模式设计、教育成果推广以及文化环境营造等方面都缺乏全面深入的研究。我国创业活动的质量不高，创业者面临规模小、信用低、资金少、经验不足等困境，这些都需要国家从法律上给予扶持，构建法治创业体系。创业活动离不开法治环境的保障，创业者不仅要具备经济、管理等知识，更需要具备依法创业的素质、能力。创业法律风险管理教育所蕴含的尊重社会交易规则理念，有利于创业者正确处理好合作与竞争、集体和个人之间的关系，降低交易成本、确保创业的可持续性，因此，法律素质的培养是创业教育的应有之义。

我国目前的创业教育主要侧重从经济角度传授学生创业知识，较少注意甚至忽视创业法律问题。同时，传统《经济法》课程的内容编排没有突出企业创办和经营过程中的主要法律依据，也并非以创办企业活动的逻辑过程为主线，远远不能满足大学生创业教育的需要。

《创业法律基础》属于创业学与法学的交叉学科，系一门以创业相关法律问题为研究对象，注重创业法律实务能力培养的应用型课程。教学内容更侧重于创业所需要的实践知识、案例分析等，以创办企业活动的逻辑过程为主线，采取项目实践的方式组织教学，设置有案例、案例分析、知识链接、小组讨论、学生实操等环节，将理论性较强的内容放到拓展知识里，供学生在课后自学与参考。在教学方法上以学生为主体，采用分组体验式教学，使学生更易掌握这门课程，切实地提高学生依法创业的意识和能力，降低创业法律风险，为学生的创业之路提供法律上的帮助。

本教材是硅湖职业技术学院校企合作开发立项教材项目的成果，在立项过程中，分别得到了昆山华鼎建筑装饰公司、苏州海联海律师事务所等校企合作单位的支持，他们为教材编写提供相关材料，并协助进行审稿。在本教材的编写过程中，参阅了大量国内外研究资料及有关网站信息，在此向各位作者表示衷心的感谢。

本教材可作为高职高专、夜大和中职创业类课程的系列教材，还可作为创业者培训和工作的参考用书。

由于水平有限，时间仓促，教材中难免会有不当之处，敬请广大读者不吝赐教。

编者

2014 年 11 月

目录

CONTENTS

绪论 创业法律风险概述

理论意义上的法律风险，是由于法律问题而产生不利后果的各种可能性。至于是否产生法律风险以及产生何种法律风险、影响程度如何，都是由主体、环境、行为三大要素所决定的，而每种要素中又包含着更多的内容。把握了这三大要素就可以深入理解和分析具体的法律风险，分清其种类、研究其后果，从而为驾驭法律风险找出解决之道。

一、法律风险的概念及要素

相对于法学体系中的其他基本概念，法律风险一词在中国法律规范中正式出现的历史并不长，几乎是与21世纪同步产生和发展的。因此，一般的法学词典和工具书中均未收录该词。而按照一般的规律，往往是先有概念，然后才有相关的定义及学说。

（一）法律风险的概念

即使是20世纪末国外出版的法律词典、百科全书中，也并无其对应的英文词“legal risk”。因此，大多数的“法律风险”一词或在英文中的“legal risk”，目前还只是法律规范中使用的术语以及人们约定俗成的用语，尚未收录到正式的工具书体系之中。这可能与其产生期晚、概念内涵尚不确定、使用范围狭窄有关。

我国首次出现“法律风险”一词是在1998年由中国人民银行颁布的《贷款风险分类指导原则（试行）》的附件《贷款风险分类操作说明》中。在该附件的第三部分的第五项内容中，仅仅有一个“法律风险”的提法，但并未对其进行解释。在同一时间，在某些商业银行总行下发的管理文件中，也逐渐开始提到这一名词，但无一进行过解释。与此同时，“风险管理”一词也于2004年在中国银行业监督管理委员会（以下简称银监会）颁布的《金融机构衍生产品交易业务管理暂行办法》中出现，但同样采用了约定俗成的用法而未进行解释。

在随后出台的规章中，《中国注册会计师审计准则》中关于衍生金融工具审计的内容里，将法律风险定义为“某项法律法规或监管措施阻止被审计单位或交易对方执行合同条款或相关总互抵协议，或使其执行无效，从而给被审计单位带来损失的风险”。该具体的准则于2006年2月颁布，2007年1月1日起生效。但由于该定义适用面窄，而且用“风险”来解释“法律风险”，故基本上没有什么影响力。

在我国的法律规范中，较为权威的是国务院国有资产监督管理委员会于2006年6月颁布的《中央企业全面风险管理指引》（以下简称为《指引》）。该《指引》中将企业风险分为战略风险、财务风险、市场风险、运营风险、法律风险五个大类，由于其涉及的行业比较广泛，因而相对于其他规范更为权威，但该《指引》未对法律风险的概念进行任何解释。

2007年5月，在中国银监会颁布的《商业银行操作风险管理指引》附录，即“有关名词的说明”中，将法律风险的外延描述为“法律风险包括但不限于下列风险”，并分别列举为：“①商业银行签订的合同因违反法律或行政法规可能被依法撤销或者确认无效的；②商业银行因违约、侵权或者其他事由被提起诉讼或者申请仲裁，依法可能承担赔偿责任的；③商业银行的业务活动违反法律或行政法规，依法可能承担行政责任或者刑事责任的。”从这一条款的描述方式及思维逻辑来看，这里只是一种列举而非定义，当然也就没有权威性。

当前，人们对于法律风险一词已经不再陌生，在前面部分也已经分析过，只要有法律存在就有法律风险存在。但法律风险到底是什么、有着怎样的内涵是必须明确的问题，否则在实际工作中就会迷失方向，也根本无法确定工作的内容及工作的目标，相应的工作也有可能只有其名而无其实。

“风险”本身就是指一种发生不利后果的可能性，法律风险也是如此。只要人们的作为与不作为与法律规范的规定或法律行为中的约定存在差异，就存在因此而受到法律制裁的可能性，而无论这种可能性是出于对法律规范的生疏、误读还是故意行为。例如，企业在正常的生产经营过程中，如果不按国家税法的相关规定依法纳税，就存在因偷税漏税而受到法律制裁的可能性，甚至其主要责任人要因此而承担刑事责任。又如，提供产品的一方由于产品质量、交付期限与合同规定不符，就有可能因违反合同约定而被接受产品的一方追究违约责任，甚至有可能因此而承担接受产品一方的可得利益损失，如此等等。

通过以上分析，我们已经可以知道法律风险的大致内涵和外延，因此也知道了这一概念其实不难理解。也就是说，法律风险是指在特定的法律规范体系管辖范围内，法律规范对人们的各种行为有着具体的禁止、允许和授权自行约定等规定，当人们的作为或不作为与这些规定或基于这些规定的约定存在差异时，行为主体就存在因违反法律禁止性规定或违反基于法律规范相关规定的约定，或者由于未能充分利用法律所赋予的权利，从而承担不利后果的可能性。

简言之，法律风险就是指由于作为或不作为与法律规范的规定存在差异，从而导致行为主体因此而承担不利后果的可能性。

（二）法律风险的三要素

法律风险的构成主要为三个要素，即主体、环境、行为。当三种要素交织在一起，即当特定的主体在特定法律环境下实施特定的行为时，就有可能存在违反特定法律规范的规定或未能充分行使法律赋予的权利，从而使自己承受不利后果的可能性。

法律风险主体，是指因实施某种作为或不作为而涉及法律风险的行为方。这个行为方可以是个人也可以是组织，往往在实施某种涉及法律风险的作为或不作为时，都会具有特定的身份。身份对于法律风险的判断至关重要，法律风险主体的身份不同有可能导致法律风险的性质不同，甚至会因身份不同而决定了法律风险的有和无。在从事法律风险的分析工作时，一旦主体的身份被确定，分析的范围就会大幅度缩小，从而针对性愈加明确。

法律风险环境，是指法律风险主体实施作为或不作为时将要涉及的法律规范体系、法律执行情况、公众法制观念等。一个特定地域范围内或一个特定行为所涉及的有效的法律规范体系是分析其法律环境的基础，对于法律风险进行分析时首先要做的就是法律规范体系的分析。法律规范体系存在不同的层级，要想全面了解就必须对各个层级的法律规范加以全面研究，方能得出准确的结论。但如果进一步，各个层级的法律规范的执行情况如何，也是在分析法律风险时非常实际的一个问题。由于法律执行情况的不同，同样性质在不同的法律环境中会面临不同的结果，从而使法律风险面临极大的地域性的差距或不确定性。而公众法制观念其实与民风和法律意识强弱有关，也会影响法律风险的后果。

法律风险行为，是指法律风险主体在特定的法律环境下所实施的某一具体的作为或不作为。这种作为或不作为在与法律规范的规定加以比对后，就能相对精确地“锁定”法律风险主体所面临的到底是何种法律风险与其严重程度以及可能产生的不利结果的大致范围。无论法律风险的主体是按法人、自然人、其他组织来区分，还是按企业、机关、事业单位、社会团体来区分，其实都存在主体资格的产生、从事某种活动、消亡等类似的阶段，不同的阶段有不同的行为。明确了这一点，就可以将一个大问题细分成若干个组成部分后再加以细致地研究。

总的来说，只有主体、环境、行为三个要素同时具备，才有可能对主体的法律风险进行准确的分析。三个要素的具体内容较多，这里只是进行简要的介绍，详细的探讨将在后续的内容中展开。

二、法律风险的特征

根据客观存在的实际情况，可知法律风险存在如下特征。

（一）法律风险因素不可控制

法律风险是否爆发并造成实际的风险损失，是法律风险的各相关因素共同发生作用的结果。而主体、环境、行为这三种法律风险因素中，存在着许多当事人自己的主观意志所无法控制或不可避免的因素。正是由于这些因素的不可控制性，才导致风险是否爆发、爆发后的损失多少均存在不确定性。如果所有的风险爆发的因素均在可以控制的范围之内，则风险便不称其为风险。

在不可控制的因素中，有些是由于鞭长莫及的原因而无法控制，有的则是由于认识能力和知识面的限制，无法准确识别法律风险或无法选择最为合适的对策。对法律风险实施有效的管理虽然可以最大限度地抑制或减少法律风险，但并不能够从根本上消除法律风险，因风险与行为有关，只要特定主体的具体行为与强制性法律规范的规定存在差异，就会存在法律风险。以民事侵权行为为例，一方只能尽一定的努力消除其他方侵权的影响或对侵权行为实施一定的威慑。但侵权行为是否会发生、侵权的程度及危害程度如何，并不是通过单方的努力就可以决定的，因此这种风险始终存在。而对于受到侵权的法律风险所能控制的范围，只有能否证明侵权事实的发生、能否证明侵权的损害结果以及是否会有合适的理由主张权利、是否有明确的通过诉讼主张权利的意志等，其他均为被侵权方所根本无法控制的，因而也就形成了风险爆发因素的不可控制性。

（二）风险是否爆发不可预见

法律风险即使是确凿无疑的法律风险，且确实存在当事人所不可控制的因素，也未必爆发成现实的损失。那些对于法律风险的爆发起决定性作用的因素，即使是当事人全部无法控制，只要其并不发生关键性的相互作用，则风险仍旧还只是风险，不会爆发成现实的风险损失。此类情况并不少见。在某些交易中，一方当事人存在着明显的违约行为，而且对方拥有相关的证据。表面上看，这种法律风险爆发成风险损失的可能性几乎是百分之百，但由于追究违约责任的成本可能接近甚至高于违约责任所造成的损失，也有可能是由于追究违约责任的机会成本非常之高，在此情况下，便有许多当事人放弃追究相关的违约责任。例如，公权力机关追究违法责任时，必须首先知悉违法事实的发生并取得完全合法的证据，通过法定的具体诉讼才能实现这种追究。而只要其中一个环节出现问题，都有可能导致这一链条无法向下传递，从而阻碍了结果的发生，以至于风险仍旧长期处于“休眠”状态。

（三）风险后果的幅度无法确定

在大多数的情况下，法律风险到底会造成多大的实际损失大多有不确定性。只有在部分情况下的损失才是确定无疑的。这主要是由于立法上往往有不确定性，许多法律规范本身对于处罚只规定了一个幅度范围，而且有些处罚可以是多种处罚同时并用，只要风险处于这一范围之内并符合规定的处罚种类，均属正常的处罚。但有时这种处罚的幅度会非常大，因而也就难以确定处罚的损失到底如何。除了立法的原因外，执法中也存在大量的不确定性的因素。尤其是在地方上，某些企业由于对当地经济起着至关重要的作用，因而某些地方政府部门可能会干预正常的执法行为，从而也造成损失的不确定性。

还有一种情况多发生在民事诉讼中。当某一行为与两种法律关系竞合时，对方可以选择不同的角度提起诉讼，从而获取不同的赔偿。至于民事诉讼中的损失金额，有时甚至需要专业机构进行评估才能确定实际损失，而某些民事赔偿本身就具有一定的随意性，因而对于可赔偿的损失，实际上双方均无确定的把握，因而也就难以预计。

正是由于存在着诸多的不确定性，因而法律风险对于决策者来说并非明确的“应付”或“应收”项目，所以常常在是否采取措施加以避免的问题上犹豫不决。从实际情况来看，某些企业确实长期在法律风险的环伺下历经多年而安然无恙，而也有不少企业只是由于一个法律风险而从此一蹶不振甚至毁于一旦。

三、法律风险与其他风险的关系

前文提及的《指引》非常具有参考价值和指导意义，为了保持提法的一贯性，在此借用其相关内容及体例作为分析的依据，以便于厘清法律风险与其他风险之间的关系。

（一）法律风险贯穿于其他风险的始终

虽然从宏观的角度看，法律风险与其他四种风险同属风险，但法律风险贯穿于其他四种风险之间，成为其他任何一种风险的重要组成部分。例如，战略风险中的一个重要内容便是企业发展战略是否存在市场准入法律障碍的问题；财务风险往往直接涉及合同款项支付能力、是否存在违约风险的问题；市场风险的存在迫使企业在签订合同前就必须考虑一系列合同的履行、变更、解除等问题以及反不正当竞争等问题；运营风险中必须考虑新产品的知识产权问题、市场开发中的一系列营销渠道合同问题等。因此，很少有哪一种风险是孤立存在的，任何一种风险大多是与其他风险交织在一起共同出现的，法律风险更是如此。

（二）法律风险是其他风险的表现形式

任何一种风险控制不当，都很有可能由于其涉及的行为存在合法性问题以及是否构成违约或侵权等，从而导致受到行政处罚或承担民事责任、反单方权益丧失。例如，战略风险中的并购成功与否的风险，财务风险中存在税务风险；市场风险可能会体现为与合作商的合同关系违约法律风险；经营风险有时体现为产品是否符合标准以及是否违反了行业管理相应具体规定的法律风险，这些所体现的也同样是法律风险。因此，无论是战略风险还是财务风险、市场风险、运营风险，从另一个角度去看也同时属于法律风险。例如，战略风险有时会体现为发展战略与市场准入法律规范之间的矛盾，财务风险有时涉及逾期付款的违约问题，市场风险涉及合同继续履行还是变更、解除并追究违约责任的问题，运营风险涉及是否侵权等，往往各类风险的延伸便是法律风险。

（三）法律风险是其他风险的最终解决途径

司法解决是所有争议解决的最终渠道，也是任何一种风险事件自行解决的依据。任何一种风险所带来的不利后果，只要是涉及其他当事人，均需从事实和法律的角度考虑解决方案。即使是不经过诉讼而直接以双方协商的形式加以解决，也同样以解决法律风险的方式处理其他各类风险。如经营的合法性问题、企业的治理结构问题、劳动管理问题、规章制度管理等问题，这些内容涉及面相当广泛，《公司法》《劳动法》等相关规定只是其中很小的组成部分，没有法律作为基本的尺度，其他风险的管理只能是盲人摸象，本身就存在着巨大的风险。

正因为法律风险与其他风险如此的不同，在整个风险管理中法律风险管理占有举足轻重的地位。虽然某些咨询公司一再声称法律风险在风险管理中不是问题，但只要简单分析就能发现这种观点根本经不起推敲。法律风险管理可以不去深究其他风险管理中的技术性问题，但至少必须关注其实施方案问题。甚至可以说，好的管理制度或经营举措，也必须是经过法律风险管理后才实施的。

四、创业法律风险的概念及分类

《汤姆森商法教程》开篇即指出："那些踏入商业世界的人会发现他们要服从数不清的法律和政府规定。"任何创业活动，在没有创造财富之前，就已经开始创造法律关系，承担法律后果。大学生创业法律风险教育是在传授基本法律知识的基础上，帮助大学生塑造理性创业的法律思维，培养运用法律维权的创业能力。

王明文等（2012）将创业法律风险定义为"创业者在创业活动开展过程中，由于未能按照法律规定或者合同约定行使权利、履行义务，或者由于外部法律环境发生变化不能做出有效应对，或者因为外部法律事件的出现，而使创业活动遭受损失、承担负面法律后果的可能性。"对于一个刚刚开始创业的高校毕业生必须做好充分的先期储备，对创业法律风险进行系统分析，有的放矢，未雨绸缪。结合大学生创业的特点和有关创业实践，我们可以将大学生创业法律风险简要归结为以下两类。

1. 创业创办阶段的法律风险

（1）企业法律形态的选择的法律风险。

（2）出资与验资、融资的法律风险。

（3）员工招聘的法律风险。

（4）公司章程制定的法律风险。

2. 创业运营阶段的法律风险

（1）中小企业治理法律风险。

（2）交易合同的法律风险。

（3）知识产权的法律风险。

（4）履行社会责任的法律风险。

（5）行政管制的法律风险。

五、导致大学生创业法律风险的原因

（一）与创业相关的法律规范不完善，缺乏法律保障

“创业”现已成为大学生中的热门话题，但是许多大学生对自主创业仍然是敢想“不敢为”。究其原因，主要是相关法律制度提供不足，例如网上开店和“无照”经营就缺乏法律支持，严格的登记制度、烦琐的审批程序，工商管理费、市场管理费、年检费和质量检验费等更是让创业活力遭遇制度性冷漠。据我国现行法律，大学生创立企业可以采用的企业法律形态有个人独资企业、合伙企业、公司。《个人独资企业法》《合伙企业法》和《公司法》均要求对企业的经营范围进行登记。而许多学生企业并没有固定的经营范围，他们普遍规模较小、转型较快，尤其对网站起步的大学生企业显然不利于其捕捉到稍纵即逝的商机。由于缺乏相应的法律保障，影响了大学生的创业积极性并增加了其创业风险，阻碍了社会的发展。因此，亟须加快支持、促进大学生创业相关方面的法律法规出台。

（二）师资匮乏，课程体系不健全

当前各高校如火如荼地开展大学生创业教育，但许多高校对创业实用法律教育的必要性认识不足、重视程度不够。一些高校从事创业教育的教师很多是来自于学生工作的辅导员或就业办工作人员，他们本身缺乏创业的实践经验及基本的知识理论，因此在教学过程中不免存在纸上谈兵的情况。而创业法律教育需要的教学师资是具备一定法律基础知识的专业人士，这方面科教人才的不足影响了大学生创业法律教育的顺利开展。目前国内缺少系统的创业教育教材，而针对创业法律方面的系统课程和教材更是稀缺。时下运用最多的教材是由国际劳工组织专门开发的 KAB 创业培训项目使用的国外引进教材，其内容不契合我国现行法律制度，更多地侧重于创业精神、创业品质、创业能力、创业计划书、商业计划书、开拓市场等方面的商业性培训。大学里开展创业活动主要还是偏重于创业设计这一领域，而对于创业法律意识的培养和教育的活动很少。在设置创业教育课程时，往往只注重学科的设置，而忽视了实践课程的设置；只注重如何传授创业技巧，而对学生创业精神培养和创业法律教育严重忽视，导致创业法律教育成效低下。

（三）获取充足的创业基金的难度很大

在美国，政府、社会、学校为大学生创业者提供了很便利的条件，如简便的公司申请手续、健全的信用制度、充足的资金支持以及广泛的社会援助等，形成了一套完整的创业支持体系。因为为大学生创业者提供了有力的保障，美国大学生的创业成功率达到20%。大学生创业，最难莫过于资金支持，例如想开一家网络公司，工商部门的注册条件是，必须有正规办公场所和10万元注册资金。再加上日常维持公司运作高额的开销让很多人望而却步。在我国虽然政策规定，大学生创业可向银行申请小额贷款，但银行大都不愿意贷款给这些规模小、风险大、还贷能力弱的企业，一套程序走下来，最后很可能不了了之，现实中真正贷到款的学生寥寥无几。

六、大学生创业法律风险防范策略

（一）优化创业法律教育的外部环境

当前，构建创新型国家是我国的重大发展战略，但相关政策体系、体制框架还不够完善，与创业型经济相适应的创业孵化体系、风险投资制度、知识产权保护制度、分配与激励制度及政府管理体制等一整套的制度结构还不成熟。政府要构建创业政策支持体系，在运用宏观干预政策刺激创业的同时，也要注重运用微观行政工具营造创业环境。要降低创业门槛、保护创业成果，营造宽松的政务环境，加快转变政府职能，减少行政审批，缩短审批时间，规范行政执法，建设服务型政府，努力消除一切影响创业的体制性障碍。减少创业企业进入和退出障碍，减轻创业企业的法律和行政负担，清理和消除阻碍创业的各种行业性、地区性、经营性壁垒，确保公平竞争，营造有序的市场秩序。“法无禁止即自由”，只要国家法律法规和有关政策没有明确禁止的，就应该鼓励和支持其发展。建议立法部门借鉴创业发达国家和地区的立法经验，为大学生创业企业的法律组织形式提供特别的法律保护以促进大学生群体的创业需求。

（二）培养创业精神，培育创业文化

《孟子》有云，“君子创业垂统，为可继也”。从浙商、徽商到晋商涌现的华商创业典范，无不体现了中华民族浓厚的创业文化。只是到了近现代，长期的殖民统治及后来长期的计划经济使中国人逐渐失去了创业激情，淡化了创业文化。创业法律教育需要注重培育健康的创业文化，既要借鉴西方开放学习、信息共享、权利保护、尊重个性、相互协作的创业文化；又要注重继承发扬我国古代重商立业、艰苦奋斗、诚实守信、尊重规则、崇尚和谐的创业文化，形成一种既有本土特点，又有时代特色，极富进取精神和法治精神的创业文化，使创业法律意识深深地根植到每一个创业者、每一个中国人的心里。

现在，越来越多的年轻人，把开办自己的企业、创立自己的公司，作为实现人生自我价值的主要方式。创业法律教育需要汲取古今中外一切优秀的创业精神，科学把握创业内在规律和我国国情，宣传法治创业理念，在全社会培育一种依法创业、开拓进取、致富光荣的社会风气。

（三）规范大学生创业融资体系，构建分散创业风险的有效机制

目前，大学为学生提供的助学金、奖学金、贷款、雇佣收入等资金资助很少有直接指向创办企业的。但的确这些资金资助为学生在校接受高等教育、参与创业奠定了基础。政

府可以联合银行、高校和企业设置大学生创业基金，对有发展潜力的大学生创业项目提供资金上和技术上的支持。例如银行开设由高校担保的大学生创业基金小额贷款，企业提供大学生创业项目可行性分析和所需的技术等。政府也可以放宽对小型金融机构的限制，通过提供小额担保贷款政策，创新管理模式。同时，大力发展资本市场，逐步培育成熟的创业板市场，为更多的具有高成长和科技含量的中小创业企业通过上市获得直接融资创造条件，解决制约大学生创业企业发展的金融支持问题。国家应该建立健全大学生信用体系等，将相关措施条文化，为大学生创业者提供良好的法律保障环境。

（四）建设创业法律风险教育的师资团队

师资是做好创业法律风险教育的核心力量。目前很多高校教师囿于单位的支持力度和日常繁杂事务，很少能潜心研究理论，缺少亲自下海体会创业的经历，无法获取第一手资料，其课堂教学效果会打折扣。法律风险教育专业性高、实践性更强，因此，缺少有实务经验的师资是制约创业法律风险教育发展的瓶颈所在。学校应合理组织师资力量，在不影响正常工作的情况下到企业法务部门和律师事务所参加实践和实习。支持创业教师参加创业教育培训班及法律研讨会，提升自身理论水平。并且鼓励教师兼职创业，有效地指导大学生创业实践。学校还可以从社会各界聘请企业家、创业成功人士、专家学者、风险投资商、律师，特别是创业校友等作为兼职教师，弥补师资不足，研究创业的经验教训。

（五）优化创业法律风险教育的课程体系设置

2010 年 5 月 14 日，教育部下发了《关于大力推进高等学校创新创业教育和大学生自主创业工作的意见》，对于创业教育课程设置、师资配备等方面作出明确要求。我们应把它作为当前工作的指南，把创业教育纳入专业教育和文化素质教育的教学计划和学分体系，在重视创业教育时更应重视创业法律教育。学校可以邀请有经验的法律工作者和企业家为创业学生开展诸如法律风险防控讲座等，以传授法律风险防范知识。在教材编写或开展讲座时要以案例教学和实务教学的方法为主，使大学生更容易掌握法律风险方面的相关知识。学校应提前分析识别目标创业者的不同需求、特征及不同期待，然后努力引导、培养各个学院和机构中的创业优秀者，并了解各个机构、各位学生、教师对创业的兴趣和担忧。之后再对本学校的创业教育环境进行诊断。这种诊断包括采访行政管理者和利益相关者，对教师的需求进行调查评估，研究教师职业发展，进行学生创业兴趣调查，对教师和学生的创业活动进行调查评估等，然后根据诊断结果设计课程方案。比如，可把创业法律风险防范课程分为通识课和专业选修课让不同需求的学生选择。对于全体学生的创业教育，应以培养学生基本的创业法律知识和良好的法律意识作为课程教学的核心内容。若学生的创业特质较强，或有强烈的创业意愿，可使其系统全面地掌握创业法律知识，推荐其选用具有较强实用性的创业法律读本，并从创业准备、经营到纠纷解决和企业社会责任等对教学的内容进行科学合理的甄选，更好地促进学生创业精神和法律意识的有机结合，使其创业过程始终在法律框架中进行。

（六）加强创业法律教育实践服务体系建设

高校可以根据学生创业项目的需要和特点联络大、中企业，让有创业计划和能力的学生与大、中企业联手创办小企业。学校本身也可以利用自身的优势创办一些实体，为学生提供创业实战演习场所。还可鼓励广大学生在不影响学习的情况下利用周末及业余时间创立一些投资少、见效快、风险小的实体，营造创业氛围。当前很多高校与社会力量合作开设了大学生创业孵化基地，如果学生提供的商业计划具有可行性并被接受，则可以成为孵化器的成员，孵化器为其提供创业硬件条件和咨询服务，帮助大学生实现创业梦想。而创业法律的实践就可以通过创业项目为纽带，通过项目去实践法律知识，组织相关的教师、学生组成法律援助小组为实施创业项目的大学生提供免费的法律咨询服务。法律思维能为创业企业带来可观的经济效益，以此为核心的创业法律教学才能真正俘获创业大学生的心。

七、小结

企业存在一天，风险就相伴随一天，对任何一个现代企业而言，在参与市场竞争中都会面临各种风险，诸如自然风险和法律风险等，其中自然风险具有不可抗力性，面临自然风险的概率较低；法律风险具有可预防、可避免性，但企业几乎时刻都在面临法律风险。可以说，法律风险存在于企业经营发展的每一个环节，如果不加以重视和及时规避、化解，一旦风险出现，其后果往往是企业难以控制的，会给企业带来极大甚至是极其严重的后果，如果往往知道出了事才想到仓促补救，这样会使企业陷入被动的境地。

进入 21 世纪，中国不仅要面对工业现代化的挑战、弥补与西方发达国家之间传统工业化的差距，还要面对知识化、经济全球化及全新发展理念的重塑挑战。管理学之父德鲁克在 20 世纪 80 年代提出“创业型经济”的概念时，就感慨地指出：“现代经济正在从大型公司主宰的经济向创业型经济转变。这种伟大的变革，使得创业型经济是现代经济和社会史上所发生的最重要、最能给人希望的事件。创业社会的出现，将可能成为历史上的一个重要转折点。”今天，强劲的创业浪潮正在兴起，创业教育尤其是创业法律教育也一定会完成使命，帮助学生塑造创业法律思维，具备依法自我保护的能力，理性地走在创业的路上。

项目一 创业企业的设立

项目导入

企业设立是所有企业创业者和再创业者都要经历的第一步，是企业发展的起点和根基。琐碎复杂的设立程序隐藏了各种各样的法律风险，如何选择对自己最有利的企业形态，是创业者必须考虑的首要问题。在企业具体的设立过程中，如何按照法律的规定，办理相关的文件手续，履行自己的法定义务，是企业设立风险管理的重中之重。

通过本项目的学习，让学生掌握非法人企业的性质特点；了解个人独资企业与合伙企业的相关规定；掌握创业者的责任风险。学生应重点领会个人独资企业、普通合伙企业、有限合伙企业的设立条件，以便在以后的创业过程中依据自身的特点合理选择企业的法律形态。

第一节 企业法律形态的选择

【案例 1-1】

钻石小鸟在2002年开创了“鼠标+水泥”的商业模式，即线上网站与实体体验店相结合。目前，已在北京、上海、杭州、重庆等地开设实体店12家，从成本为3万元的“兄妹网店”到拥有4亿元销售额的知名连锁钻饰公司，钻石小鸟用了9年的时间，除了赶上钻饰消费的“黄金时代”，风险投资的介入功不可没。钻石小鸟日前获得5 000万美元的风险投资，这也是获得的第三轮风险投资。

资料来源：百度百科

【案例分析】

创办企业如何降低风险，获得最大效益呢？你需要了解企业是一个组织，就得有一种法律形态，即你得决定你应该办什么形式的企业。为此，你要了解中国企业的法律形态，研究比较每一种法律形态的特点，为自己的新企业选择一种最恰当的法律形态。钻石小鸟的创办者缺少资金但有珠宝鉴定技术，需要另一方合伙人注资而又没有风险上的后顾之忧，则“有限合伙”的企业法律形态是一个择优之选，它兼具有限责任公司与合伙的特点，保留了合伙经营上的灵活性，又引入了有限责任公司股东的有限责任制度。它由普通合伙人和有限合伙人组成，企业投资、收益可自主协议，普通合伙人经营管理企业，有限合伙人不参与合伙任务，最终只以出资额为限承担有限责任等，这些满足了风险投资的客观需要，并能够促进风险投资机制的健全与完善。

相关知识链接

一、企业法律形态

1. 企业法律形态定义

企业法律形态为一个国家法律规定的企业在市场环境中存在的合法身份。人有身份证，企业也是一样，身份证，就是法律形态。简单地说，企业法律形态是指企业经营的形态和方式。我国自1993年开始，对企业设立形态进行改革，即由过去按所有制与行业标准来分设，转为按投资方式与投资者对所投资企业债务承担责任的形式来分设，这种改革从根本上改变了我国企业的组织类型。经过10多年的努力，目前我国企业的设立形态有：个人独资企业、合伙企业、公司（含有限责任公司、股份有限公司）以及农民专业合作社、企业分支机构等。另外，根据《中华人民共和国民法通则》（以下简称为《民法通则》）的规定，个体工商户虽不属于企业，但从事经营活动，为市场中的特殊主体。

2. 适合微小型民营企业的法律形态

我国民营企业的法律形态中，适合微小型企业的有有限责任公司、合伙企业、个人独资企业。

二、常见小企业法律形态特点

1. 注册资本的比较（表1-1）

表1-1　常见小企业注册资本的比较

个体工商户	个人独资企业	个人合伙企业（普通合伙与有限合伙两种形式）	有限责任公司
投资者与经营者是同一人，无资本数量限制	业主是一个人，无注册资本限制	业主两个人以上，无注册资本限制	2~50人，3万元法定最低注册资本额

2. 成立条件的比较（表1-2）

表1-2　常见小企业成立条件的比较

个体工商户	个人独资企业	合伙企业	有限责任公司
个体工商户可以不起字号名称，也可以没有固定的生产经营场所而进行流动经营	①自然人；②有合法的企业名称；③申报出资款；④有固定的生产经营场地和必要的生产经营条件；⑤有必要的从业人员	①有两个以上合伙人，普通合伙人都依法承担无限责任；有限合伙人只以其出资额为限为企业承担责任；②书面合伙协议；③有合伙人实际缴付出资；④有企业名称；⑤有固定的经营场地和经营的必要条件	①股东符合法定人数；②出资额符合法定最低额；③制定公司章程；④有公司名称与符合有限责任公司的组织结构；⑤有固定的生产经营场所和条件

3. 经营特征的比较（表 1 -3）

表 1 -3　　常见小企业经营特征的比较

个体工商户	个人独资企业	合伙企业	有限责任公司
个体工商户不能设立分支机构，较难认定为一般纳税人	财产为投资人所有，业主既是投资者，又是经营管理者。也可以聘请第三人经营管理	①（普通合伙）依照合伙协议，共同出资，合伙经营，共享收益，共担风险；②（有限合伙）普通合伙人与有限合伙人合作。有限合伙人只出资不参与经营	公司设立股东会、董事会和监事会。并由股东会聘请职业经理人管理公司经营业务

4. 利润分配与责任承担的比较（表 1 -4）

表 1 -4　　觉见小企业利润分配与责任承担的比较

个体工商户	个人独资企业	个人合伙企业	有限责任公司
利润归个人或家庭所有。由个人经营的，以其个人资产对企业债务承担无限责任；由家庭经营的以家庭财产承担无限责任	利润归个人所有。投资人以其个人资产对企业债务承担无限责任	①普通合伙人按照协议分配利润，并共同对企业债务承担并负无限连带责任；②有限合伙人只出资不参与经营，只以出资额为限为企业承担责任	股东按约定或出资比例分配利润，并以出资额为限承担有限责任

三、选择设立形态的要点

从以上分析的特点与区别可以看出，从最低级的市场竞争主体个体工商户开始，个人独资企业、合伙企业、有限责任公司、股份有限公司，是一个由小到大、企业治理制度由任意到严格，承担责任由无限到有限的进化链。个人独资企业和合伙企业都是企业的低级形态，随着资本的积累，企业类型和组织形式都在向规模化和更高层次发展。所以，选择企业设立形态需要考虑以下因素：

（1）要考虑个人投资还是与他人合作投资：个人投资的，可以选择个体工商户、个人独资企业、一人有限责任公司；合作投资的，可以选择合伙企业或公司等。

（2）要考虑企业规模的大小：规模小的，可以考虑个体工商户、个人独资企业、合伙企业；规模大的，应当考虑有限责任公司甚至股份有限公司。中小企业者一般选择有限责任公司形式。

（3）要考虑企业经营风险的大小以及投资人承担风险的能力或预期：风险大或投资人承担风险的能力较差的，宜选用公司；风险小的，可以选择个体工商户、个人独资企业、合伙企业等。

（4）要考虑企业管理与控制能力的差异：对企业的管理与控制能力强的，可以选择风险较大的个体工商户、个人独资企业、合伙企业等；反之应当选择公司。

四、各种企业形态的优缺点

每种企业法律形态都有利有弊，他人给出你的只是建议，最终你要结合自身条件进行判断，从而作出选择。创业者要根据自己的创业资金和企业规模、行业类型和发展前景以及创业者的观念来决定选择怎样的创业方式和法律形态。企业法律形态不同，企业的法律地位和投资人的风险责任范围也不同（表1－5）。

表1－5　　各种企业形态的优缺点

企业形式	优点	缺点
个人独资企业	企业设立、转让和解散等行为手续非常简单，仅需向登记机关登记即可；企业主独资经营，制约因素较少，经营方式灵活，能迅速应对市场变化 利润归企业主所有，不需要与其他人进行分享；在技术和经营方面易于保密，利于保护其在市场中的竞争地位 若企业因个人努力而使企业获得成功，则可以满足个人的成就感	当个人独资企业财产不足以清偿债务时，企业主将依法承担无限责任，必须以其个人的其他财产予以清偿，因此经营风险较大；一般来说，个人独资企业受信用限制不易从外部获得资金，如果企业主资本有限或者经营能力不强，则企业的经营规模难以扩大 一旦企业主发生意外事故或者犯罪、转业、破产，则个人独资企业也随之不复存在
合伙企业	由于出资人较多，扩大了资本来源和企业信用能力；合伙人具有不同的专长和经验，能够发挥团队作用，增强企业的管理能力；资本实力和管理能力的提高，增强了企业扩大经营规模的可能性	在合伙企业存续期，若某一个普通合伙人有意向合伙人以外的人转让其在合伙企业中的全部或部分财产时，必须经过其他合伙人的一致同意；当合伙企业以其财产清偿合伙企业债务时，其不足部分，由各普通合伙人用其在合伙企业出资以外的个人财产承担无限连带清偿责任；尽管合伙企业的资本来源以及信用能力比个人独资企业有所增加，但其融资能力仍然有限，不易充分满足企业进一步扩大生产规模的资本需要
公司企业	公司的股东只对公司承担有限责任，与个人的其他财产无关，因而股东还可以自由转让股票而转移风险；股份有限责任公司可以通过公开发行股票，提高公司的社会声望，因而融资能力很强；公司具有独立存续时间，除非因经营不善导致破产或停业，不会因个别股东或高层管理人员的意外离职而终止；与个人独资企业和合伙企业相比，公司的所有权与经营管理权相分离，可以聘任专职的经理人管理公司，因而管理水平高，能够适应竞争激烈的市场环境	公司设立的程序比较复杂，创办费用高；按照相关法律要求，股份有限公司需要定期披露经营信息，公开财务数据，容易造成商业机密的外泄；由于公司是从社会吸纳资金，为了保护利益相关者，政府对公司的限制较多，法律法规的要求也较为严格

【案例1－2】

从前人们做生意，靠的是亲友。如今，一群互不相识的陌生人通过SNS等社交网络，将线上讨论的“咖啡馆”梦想变成了现实，开创了属于信息时代的独特的创业模式，这就是北京“很多人的咖啡馆”。顾名思义，你也能猜出这是由很多人集资、很多人管理的咖啡馆。

作为“线下SNS”的成功范例，“很多人的咖啡馆”尽管貌不惊人、选址隐蔽，但它在网上已小有名气。那它到底有何魅力，如此引人追捧呢？

2011年5月29日，“很多人的咖啡馆”第一批股东只有几十人，到如今已经扩展至123人。

经营模式：很多人投资，很多人管理

2011年1月7日，一个名叫“蚊二妞”的网友在豆瓣网上的“吃喝玩乐在北京”小组发布了一条“我们用2 000块钱来开间咖啡馆吧”的帖子。在这个帖子中，“蚊二妞”这样写道：每天背靠阳光面朝电脑坐在办公室的时候，我总是想面对阳光端上一杯咖啡……进而，我又很奢侈地想：我要开咖啡馆……所有和我一样想开咖啡馆的朋友，拿不出几十万上百万，也不可能辞掉工作专门开店，自己也承担不了那么大的风险。大家一起来做一个咖啡馆，用我们一点点的钱一点点的时间，凑成很多的钱，很多的时间。名字就叫响亮的“很多人的咖啡馆”。

帖子发布后，“二妞”满怀期待地等待网友的评论与回复。可是没想到第一个跟帖的网友却说“二妞”的行为是非法集资，楼主是骗子。于是“二妞”修改了原帖内容：钱并不是交给我，而是大家一起来用。我也不会辞职来开店，募集到资金后将按照有限公司进行注册，大家会成为公司的合法股东，按照股份共享利润，共担风险。

渐渐地，“二妞”的召集令得到了很多人的关注，跟帖报名的人也越来越多，到最后竟有140余人报名希望参与此项目，但最终“二妞”按照报名时间的先后顺序选取了前50名网友作为股东。2011年1月中旬，这群人第一次在线下见了面，会议开了整整一下午，大家就咖啡馆的筹备与运营提出了很多看法与建议，最后一致认为股东不仅仅是投资，还要参与到咖啡馆的日常运营管理工作中，于是“很多人投资+很多人管理”的经营模式便定了下来。

管理制度：每个股东都有话语权

作为发起人，“蚊二妞”在一开始就设定，愿意参与创建咖啡馆的人，每人出资2 000~20 000元，之所以设投资上限，主要是确保整个咖啡馆没有绝对甚至没有相对的控股股东，让咖啡馆真正成为每个股东的咖啡馆，每个股东都有话语权。

频繁的见面加强了股东间的认识和了解，也确立了咖啡馆的董事会制度。作为股东的“吧嗒”告诉记者，董事会是由股东们选举出来的，通过竞选演讲，最终票数前五名的股东当选为董事。“第一批股东的股东大会就选出了5名董事，后有两人因个人因素离任董事。在今年5月股东大会上补选两名董事。现在董事是‘蚊二妞’、‘猪的生活没有狗’、‘很多人的咖啡逗’、‘小五弹夜曲’和‘爱洵熊’。随着第二批股东的加入，新的一次股东大会也提上日程，到时候可能会有新的竞选。”

经过对市场的再次考察，原先募集的20多万元资金还不够开一间咖啡馆，于是只有再次募资。网络的力量就是如此强大，30多位新股东很快加入，总融资额提高到了41万元。

由于股份有限公司必须要有至少500万元的注册资本，所以“很多人的咖啡馆”最终选择注册为有限责任公司。但由于有限责任公司股东不可超过50人，所以在营业执照上，负责运营咖啡馆的“北京很多人文化有限公司”只有22名出资人，更多的股东是通过

“代为持有”的形式成为“虚拟股东”。但无论是“出资人”还是“虚拟股东”，每个人都必须参与到咖啡馆的日常经营与管理。“闻道有先后，术业有专攻”，作为董事长的“蚊二妞”也兼任着 CEO 的角色，“吧嗒”与其他股东也根据自己的能力与爱好负责不同的工作，有负责咖啡工艺的，有负责店面装修的，还有负责微博运营和论坛管理的。

“吧嗒”说：“到今年，我们的股东已经增加至123人，每股金额也由最初的2 000元提至3 000元（对内转让除外）。”为了让每位股东都有参与感，“很多人的咖啡馆”并没有聘请专业的经理人打理店面生意。目前咖啡馆有4个全职服务员，其中也有股东。由于股东们都有自己的工作，咖啡馆开业之初并没有人管理每日的具体事务，最后发现这样不行，就决定从股东中推选1名店长，三个月一轮。“其实，80名股东中并没有人懂咖啡馆运营，我们也是在不断地学习中逐步了解到经营管理方面的知识。”对于未来，他们也有请职业经理人负责咖啡馆运营的打算。

“良好的制度设计 + 对民主议事的尊重 + 彼此信任对人宽容 = 很多人的咖啡馆”这是“很多人的咖啡馆”在新浪微博上的自我介绍，也是其经营理念和精髓之所在。

特色活动：注重顾客体验，打造独特休闲方式

开咖啡馆是一门生意，当然也要赚钱，“很多人的咖啡馆”自然不例外。

要想盈利，首先就得有客源。“很多人的咖啡馆”拥有非常多的股东，而每位股东身后的“亲友团”都可以拉进来助阵，让“亲友团”消费体验后，经过他们的口口相传，无形之间便使咖啡馆得到有力推广，引来更多人来此消费。客源多了，盈利自然也就有了可能。但现在的咖啡馆何其多？现代的都市人更为关心的是咖啡馆的环境与其特有的文化氛围，如果没有创意文化，在市场竞争日益激烈的今天，咖啡馆很难长久生存。

于是“很多人的咖啡馆”便推出了很多特色饮品与活动，比如今年4月推出的“梦想咖啡”。凡是进店点了“梦想咖啡”的顾客都可以许下愿望，让工作人员帮着实现。梦想等级分五个，由易到难分为（五、四、三、二、一），一级梦想为无极梦想，为最难实现的。如今，他们已经为不少人实现了梦想。比如说有人希望在晚上有人跟他说晚安，有人想在他们的咖啡馆拍婚纱照，有人想跟调酒师共同调一款自己喜欢的鸡尾酒，有人想去中国各地旅游等。“很多人的咖啡馆”不仅实现了股东们的梦想，也在为实现顾客的梦想而努力。

此外，“吧嗒”告诉记者，“很多人的咖啡馆”还经常推出丰富多彩的特色活动，比如“很多人的小沙龙”——“白领也慈善”分享会、电影分享沙龙、“闻香识咖啡”、读书朗诵会等。这些活动都是免费参与的，只要你有兴趣，只需到店点一杯饮品，就能与众人一起谈谈对某种咖啡的理解，聊聊电影里的经典桥段与动人台词，听听往昔岁月里那些动人心魄的难忘旋律，抑或是看看都曾打动彼此的某段文字。当然你也可以付费参加甜点 DIY 教室和咖啡学院，不仅能够学到很多咖啡与甜点的制作工艺，也能体验到制作过程中的快乐。

这些有趣而有创意的事情自然给“很多人的咖啡馆”带来了很高的人气。股东们的收获不仅是有趣的生活和新的朋友，甚至有人因为“很多人的咖啡馆”而相识相知，成了恋人。而顾客也从中获得了丰富的人文关怀与文化体验，咖啡馆的品牌影响力也就打造出来了。

未来前景：网络催生，盈利模式需探索

从前人们做生意，不是搞“家族企业式”经营，就是三两个好友一起出资创业。可是现在，随着互联网的飞速发展以及各类“社交网络”（如腾讯QQ、天涯社区、百度贴吧、人人网、新浪微博、豆瓣网等）的崛起，个人生活中的实际身份开始与社交网络中虚拟身份融合，网络身份不再如从前一样是虚假、唬人的，它逐渐有了如同个人实际身份的真实性和可信度。

由于网络社交的逐步提高的信任感，使得网络集资创业的实现有了可能，于是就有了“很多人的咖啡馆”。它通过网络集聚了来自全国各地、不同行业领域的人一起出资、出力共建，来到线下后大家各司其职、各履其责，将网络中的设想照进现实，共同推进咖啡馆的运营。“很多人的咖啡馆”的建立为这群从网络中走出的股东们提供了一个线下社交的互动平台，他们既是股东，也是顾客，每一个人的社交需求得到了很好的满足。

当然，我们也应看到开咖啡馆也是在做生意，咖啡馆再强调文化底蕴和顾客体验，也要保证赚钱，这是咖啡馆的生存基础。如果咖啡馆都开不下去了，何谈创业梦想乃至认识梦想？“吧嗒”告诉记者，从去年9月10日正式开业到现在，“很多人的咖啡馆”还没有实现盈亏平衡，但月流水也在逐渐上升，像今年9、10月已实现单月盈利。虽然咖啡馆一开始就面临争议，有人甚至觉得这是纯粹的玩票，长久不了。可在“吧嗒”他们看来，咖啡馆本就是一桩回本较慢的生意，盈利周期较长，但大家一定能从共同创业中得到别的东西。

除了盈利周期较长这一因素外，由于股东人数多，且大多都是80、90后，投入的资金一般很少。没有资金雄厚的股东作后盾，可供咖啡馆支配的资金很有限，一旦遭遇经营难题，资金周转就有难度。“我们在资金流出现问题时也会向股东借款，但是这是初期时的事情，而且借款已经全部还清了。”虽然“吧嗒”告诉记者目前咖啡馆的现金流没有多大问题，但如何让这门生意更快成长起来，“很多人的咖啡馆”的盈利模式还需进一步探索。

资料来源：《北京很多人的咖啡馆 社交网络里蹦出的生意》，新报417期

【案例分析】

自“很多人的咖啡馆”这种新型微型的商业创业模式筹备或成立以来，关于其集资方式是否合乎法律规定的争论也偶有出现。非法集资是指单位或者个人未依照法定程序经有关部门批准，以发行股票、债券、彩票、投资基金证券或者其他债权凭证的方式向社会公众筹集资金，并承诺在一定期限内以货币、实物以及其他方式向出资人还本付息或给予回报的行为。一般认为，只要股东们是相对固定的，股权是明晰的，资金不是放任流转的，那么，像“很多人的咖啡馆”这种模式是受法律支持和保护的。虽然此类集资方式受法律保护，但组合模式风险比较大，主要是因为成员众多，资金监管、运营决策容易出现问题，运营的时候要注意防范风险。

据《公司法》相关规定，有限责任公司对股东人数最高要求是不超过50人，而股份有限公司需要的注册资金是500万元。也就是说，“很多人的咖啡馆”只能注册为股东数不超过50人的有限责任公司。如果咖啡馆注册的是有限责任公司，即使股东超过50人也没关系。“股东有显名的，也有隐名的。一部分股东成为注册股东，其他人的股份则由注

册股东代持。只要相关协议签好，隐名股东即使名字不出现在工商登记中，也是受法律保护的。”

如果“很多人咖啡馆”注册的是合伙企业，他们每个出资人的地位平等，风险共担，最重要的是每个合伙人不仅“财合”而且“人合”，都有权参与相应的管理和监督，因此，该模式是受法律支持和保护的。但不违法并不代表无风险，此类组合模式风险比较大，最主要就是成员众多，投资人承担无限风险，资金监管、运营决策容易出现问题。此类合伙人数不宜太多，同时合伙人之间多少应当具有一定的渊源，例如同学、同乡等，这才能具备基本的信誉制约基础。另外，对相关重大问题应当以书面形式作出明确约定，防范风险。

相关知识链接

1. 谨慎选用“无限责任”的设立形态

个体工商户、个人独资企业、合伙企业均是“无限责任”的设立形态，即投资人对企业的债务承担无限责任，企业的债权人可以追索投资人的个人全部资产甚至家庭财产。在选择这些“无限责任”的企业形态之前，投资人应当有充分的思想准备与风险意识，并在企业经营中时刻注意防范。投资人有可能获得较少纳税、灵活管理和宽松监管的便利，但投资风险在理论上是无限大的，对企业应当有充分的控制与管理能力。

如果已经选择设立了“无限责任”的企业形态，则随着企业的发展，应考虑及时变更为“有限责任”的企业形态。因为企业规模扩大后，风险也随之扩大，“有限责任”的企业形态，将企业投资人的投资风险锁定在责任范围内，即使企业经营不善甚至破产，也不会影响企业投资人的个人生活与家庭。也正因如此，有限公司才在全世界蓬勃发展，成为企业设立形态的主流。

2. 合作之时即应考虑今后可能的矛盾，未雨绸缪

任何个人或企业之间的合作，都不可能是一帆风顺、永无分歧的。在洽谈合作投资时，合作者正处于“蜜月期”，但不能因此就认为今后能“白头偕老”了，应及早就相关矛盾的处理甚至“分手”的方式方法作出安排，明智而理性地投资。

在设立合伙企业时，合伙协议的约定就尤为关键。因为合伙人之间是相互承担无限连带责任的。如果因某一个合伙人的失误，导致企业陷入困境，则其他合伙人均将被拖入泥潭；同样，带有“人合”性质的有限责任公司，虽然不至于像合伙企业一样一荣俱荣、一损俱损，但股东之间一旦产生矛盾而又没有预设解决机制，则很容易导致公司陷入僵局。所以，在有限责任公司的章程上，对防范今后可能出现的矛盾及其解决机制，应尽可能作出详尽的约定。

【案例 1－3】

H 集团公司是一家专门生产农用机械等产品的知名企业，2013 年，H 集团公司为开拓北方市场，与河南洛阳 T 公司进行了多次洽谈，确立了由双方共同合作，在洛阳设立生产、销售基地的意向。在该基地的设立形态上，有人提出了借用 H 集团公司在业内的知名度，设立“H集团公司洛阳分公司”的主张，H集团公司觉得有利于市场开拓，予以同意。

2013年7月，双方签订了关于设立“H集团公司洛阳分公司”的协议书，约定由H集团公司提供生产设备、图纸并委派生产专业技术人员及提供配件，T公司则提供厂房与流动资金，共同生产农用机械。协议书中还确定T公司全权负责“洛阳分公司”的经营并承担全部盈亏。协议书签订后，H公司按约定履行了承诺，T公司也负责生产出了部分产品并销售，T公司法定代表人还掌握了“洛阳分公司”印章等全部相关资料。

但是，双方合作并不顺利。T公司在掌管“洛阳分公司”期间，由于资金不足，经常拖欠技术人员工资，导致技术人员不愿去洛阳而纷纷返回。同时，由于H集团公司注重质量，严格把关，对不符合要求的产品不发放合格证明，导致T公司的不满。而T公司拖欠应付给H集团公司的配件款、绕开H集团公司私下销售产品回收销售款、违规开具发票等行为，更使得双方的矛盾升级。2014年，T公司法定代表人因拖欠与H集团公司有关联的他人巨额债务被起诉，T公司多处财产被查封。10月，T公司突然在洛阳起诉H集团公司，要求H集团公司赔偿其在“洛阳分公司”的投入等160余万元；不久，又另案再次起诉H集团公司，要求支付“洛阳分公司”经营期间应付给其的货款160余万元；更为蹊跷的是，T公司法定代表人名下的另外一家Y公司，还突然拿着一张与“洛阳分公司”签订的供货合同，要求H集团公司与“洛阳分公司”支付货款近100万元。连续起诉的三案均通过法院进行了诉讼保全，H集团公司账上400多万元现金被查封，多个银行账号被冻结。T公司甚至还以支付劳动报酬为由，申请法院先予执行了H集团公司的40余万元。一时间，H集团公司上下乱作一团。

资料来源：浙江金道律师事务所承办案件，原案承办律师朱智慧等

【案例分析】

H集团公司发现，所有案件中，都有“洛阳分公司”加盖公章或合同章的文件，被T公司或Y公司用作关键证据。尤其是在Y公司一案中，H集团公司对所谓的“洛阳分公司”与Y公司签订的供货合同一无所知，而合同约定的货物价格却远远高于市场价。通过进一步调查发现，该份盖有分公司合同章的供货合同，很可能是诉讼之前才新鲜出炉的。也就是说，由于T公司法定代表人掌管了“H集团公司洛阳分公司”的印章，像Y公司这样的诉讼，几乎随时可能冒出，而依据法律，H集团公司却不得不无止境地承担“洛阳分公司”的债务。H集团作为总公司是要为分公司承担无限责任的，本案最终经调解达成协议，H集团公司为自己的疏忽大意付出了惨重的代价。

相关知识链接

注意分支机构的设立风险

分支机构往往设立在异地，是企业管理的薄弱环节。分支机构的印章管理、合同管理都可能存在巨大风险。但分支机构的责任，却全部由设立该分支机构的企业承担。也就是说，虽然某一企业可能是有限责任的，但企业对其分支机构而言，却承担无限责任。所

以，在设立分支机构时，要注意：

1. 不能与他人合作设立分支机构或由他人负责经营本企业的分支机构

分支机构不具有法人资格，其全部债权债务均由设立该分支机构的企业承担，这是法律的强制性规定，当事人的约定是不能与之对抗的。也就是说，设立该分支机构的企业仍然首先得对外承担全部责任，然后才能依据合同约定向他人主张权利。所以，与他人合作设立分支机构或由他人负责经营本企业的分支机构，相当于为他人提供了一份没有限额的连带责任担保。

2. 严格控制分支机构的印章、合同等

企业投资者往往已经注意到企业公章、合同的法律风险，并加以严格的管理、控制。但由于分支机构往往远离企业投资者的视线，分支机构的公章、合同就非常容易疏于管理。出现问题时往往难以搜集证据，无法查清。

第二节 制定公司章程

【案例1－4】

甲、乙、丙三人分别是三家公司的法定代表人。2011年年底，三人名下的四个公司联合报名参加了某房地产开发项目的国有土地使用权竞买并中标。为共同投资开发该房地产项目，三人以个人的名义签订了一份《股东协议书》，约定：①三人共同出资成立项目公司，其中甲、乙各占41.5%的股份，丙占17%；②项目公司注册资本金以及应投入的土地出让金、土地开发补偿经费、开发资金等，丙出资600万元，其余应出资金由甲、乙双方垫付。

2012年上半年，该地块开发的项目公司注册成立。但在项目公司登记备案的章程中，股东却登记为A、B、C三家公司，其中B、C公司的法人代表分别为乙、丙，A公司法人代表另有其人。根据项目公司章程的约定，公司注册资本为8 000万元，首期出资2 400万元，A公司认缴50%的出资，占公司股权的50%，B公司认缴33%的出资，占公司股权的33%，C公司认缴17%的出资，占公司股权的17%。章程还对剩余注册资本的到位时间做出了约定。

项目公司注册时，A、B股东首期出资均按章程规定正常到位并经验资，C公司（法定代表人为丙）只出资408万元，2013年至2014年，A、B两公司认为，无论是根据《公司法》规定还是各方承诺，项目公司剩余注册资本的出资期限均已到期，遂将自己应出的剩余注册资本全部汇入公司验资账户并经会计师事务所验资，同时还多次要求C公司缴纳剩余注册资本。

但是，C公司认为，根据《股东协议书》的约定，剩余出资应由A、B两公司垫付，故拒绝缴纳。

由于上述争议，项目公司无法办理注册资本到位的登记手续，在工商年检以及公司经营等各方面均受到影响。为此，项目公司及A、B两公司于2014年7月向项目公司所在地的中级人民法院起诉，要求C公司履行出资义务并协助办理工商登记手续。但C公司在接到法院传票后，却突然向项目公司所在地的基层人民法院提起诉讼，以公司僵局为由，要求解散公司。

A、B两公司认为，C公司已经没有继续出资的诚意，故又向中级人民法院提起诉讼，要求法院根据C公司在项目公司中的实际到位注册资本408万元，确认C公司在项目公司的股权为5.1%，并要求C公司协助办理工商变更手续、赔偿经济损失等。

由于以上多起诉讼的存在，项目公司的房地产开发工作受到极大影响。

资料来源：江苏海联海律师事务所承办案件，原案承办律师杨前明等

【案例分析】

上述案例中，股东之间之所以会发生争议、对簿公堂，主要的原因就在于对《股东协议书》与公司章程的理解不同。C公司认为，应该按《股东协议书》的约定，由A、B两公司垫付注册资本，要求其再出资没有依据；而A、B两公司则认为，《股东协议书》是由甲、乙、丙三个自然人签订的，A、B公司不是协议一方，故《股东协议书》对A、B公司及项目公司没有约束力。所以，不能以《股东协议书》来强制要求A、B公司出资，项目公司的出资，应严格按公司章程的约定来执行。

相关知识链接

一、公司设立协议与公司章程的法律关系

公司章程是公司的组织以及运行规范。我国《公司法》第11条规定："设立公司必须依法制定公司章程。公司章程对公司、股东、董事、监事、高级管理人员具有约束力。"因此，公司章程是公司的必备文件，并常常被认为是公司的根本法或"公司宪法"。

公司股东为成立公司而签订的协议书，一般被称为"公司设立协议"。这是在公司设立过程中，由出资人为明确各方之间的权利义务而签署的合同。

公司设立协议与公司章程的目标是一致的，都是为了设立公司。但是，两者在法律性质和功能上，还有差别。

1. 公司章程是公司的必备文件，而公司设立协议则不作强制要求

公司章程是我国公司法强制要求的公司必备文件。没有公司章程，公司就不能成立。而除了外商投资企业要求有合同以及股份有限公司要求有发起人协议外，我国《公司法》并没有要求公司必须具有设立协议。但在现实生活中，投资者之间往往会先就成立公司事项签订一份公司设立协议。因为公司设立过程的不确定使得投资者往往将公司设立协议视为成立公司最重要的文件，认为签好设立协议之后就只是手续问题了，这是一个误区。

2. 公司章程与公司设立协议的效力范围不同

根据《公司法》的规定，公司章程对公司、股东、董事、监事、高级管理人员均具有约束力。其作用范围包括股东、公司以及公司内部组织机构与人员。而公司设立协议仅仅是股东之间的任意性合同，根据合同相对性原则，其作用范围仅限于签约的当事人之间。

正如案例中A、B两公司提出的理由一样，甲、乙、丙三个自然人所签订的协议，怎么能约束A、B、C三个公司股东呢？

3. 公司章程与公司设立协议的效力期间不同

公司章程的效力从公司设立开始到公司成立后的整个存续期间，直至公司解散并清算终止。而公司设立协议主要是在公司设立期间发生法律效力，所调整的是公司设立过程中的法律关系。所以，一般认为公司其效力期间是从设立行为开始到公司成立为止。

二、公司设立协议与公司章程的冲突处理规则

公司章程通常都以公司设立协议为基础制定。设立协议的主要内容，也通常都会被公司章程所吸收。但是，二者如果发生了冲突，该如何应对呢？

1. 如设立协议与公司章程发生冲突时，应以公司章程为准

公司设立协议是内部协议，股东以外的公司董事等高级管理人员均可能不知其内容。而公司章程是公开文件，我国《公司法》第97条、第98条还特别规定，公司公开发行股票或公司债券必须公开披露公司章程。这样可让公司投资者、债权人以及交易对象了解公司的组织与运行，并据此作出判断。所以，对社会公众而言，章程的效力高于公司设立协议。所以在司法实践中，当事人在公司设立之后，再以公司设立协议为依据而提起民事诉讼，要求追究股东出资义务、请求确认设立协议无效等，法院一般都不予以支持。正如前述案例给出的教训一样，股东签订的公司设立协议或其他法律文件，无论是在章程之前还是之后签署，都应该避免与公司章程冲突。如前所述，公司一旦成立，则公司设立协议的效力就终止了，有关公司设立与经营管理的相关事项，均应由公司章程予以规范。如对公司章程有修改的，则应及时办理章程变更登记手续。

2. 如公司章程中未规定的事项，股东在公司设立协议中予以约定的，该约定对签约的股东继续有效

虽然，公司设立协议一般只约定设立过程中的相关权利义务，但也有一些公司设立协议中会就公司的存续甚至今后解散的相关事项作出约定。这些约定，如果公司章程中没有明确规定，又不违反法律的禁止性规定的，则可以继续有效，但其法律效力仅局限在签约的股东之间。需要注意，公司设立协议不具备排除法律适用的效力。例如，《公司法》第43条规定："股东会会议由股东按照出资比例行使表决权；但是，公司章程另有规定的除外。"如果公司章程中未作特别规定，那么股东在公司设立协议中约定不按出资比例行使表决权，是不能对抗该法律规定的，也就是说股东仍应按出资比例行使表决权。

三、公司章程的风险管理

公司章程是公司有效运行的基础，也是公司最重要的治理规则。然而，实践中，大部分创业者却认为章程仅仅是用于工商注册登记的，许多股东甚至直到纠纷发生时还不知道自己公司章程中规定了一些什么内容。大部分公司的章程来源于工商局提供的范本，内容简单。当章程缺乏相应的规定时，就会引发系列纠纷并伴随长时间、大量的诉讼，给公司经营造成严重的打击。要确保公司长期有序的发展，投资者需要对公司章程进行有效的风险管理。

（一）根据公司自身的特点和需要制定公司章程

世界上没有一个国家的宪法与另一国家的是完全相同的，当然，也没有一个公司可以完全照搬其他公司的章程。例如，大部分的公司章程都套用了《公司法》第 44 条第二款规定："股东会会议作出修改公司章程、增加或减少注册资本的决议，以及公司合并、分立、解散或者变更公司形式的决议，必须经代表三分之二以上表决权的股东通过。"但是，如果某公司股东仅有两名，且持股分别为 51% 、49%，则该条款就没有纳入章程的必要了，因为其实质上就是要求股东会一致同意通过。而假如两名股东持股分别为 67%、33% 的，则意味着 33% 的股东没有任何决策权利。

1. 章程要根据股东的特点和持股比例而定

制定章程的过程，也是确定股东今后在公司管理决策中的权利、地位的过程。章程条款的合理设置，是股东利益博弈的结果。而这种利益的博弈，与股东的特点和持股比例密不可分。例如，如果公司章程中将重大事项均列入需全体股东一致同意才能通过的范围，则小股东将在公司运营中占有优势地位。而在一个股东人数众多、股权比例分散的公司，如章程中将大部分公司职权都设置为需经公司股东会表决通过，则该公司的运行必然是低效率的。而在一个只有两三名股东、股权比例又相差悬殊（例如各占 90% 、10%）的公司，如章程约定经营管理的具体事项要经股东会一致同意才能通过，则该公司今后极可能陷入僵局。又如，关于董事的产生，是根据股权比例由股东委派还是通过股东会选举产生，区别就在于股东们是更愿意由内部人员来管理公司还是引入外部人员来管理公司。

2. 章程要根据公司的行业特点、决策的执行机制来制定

公司所处的行业不同，决策的产生与执行的要求不同，需要不同的公司章程。

例如，在一个快速决策的行业内，或在一个充满冒险与机遇的市场中，公司的管理职权应更多地下放给公司经理等管理层；而在一个需要谨慎从事的行业内，公司的管理职权则应更多地集中于股东会。又如，公司运行若主要依赖于人力资源时，股东的表决权与分红权应当与出资比例相区别，以体现人的作用；而当公司在运行中更多的是依据资金、设备时，股东的表决权与分红权则应当与其出资比例相一致，以体现资本的作用。凡此种种，均需要创业者事先作出考虑与平衡，以便在公司章程中作出明确规定。

（二）公司章程应具体且有可操作性

公司法规定了公司章程的必备要素，也就相关内容作出了原则性的规定。而公司章程的作用，就是将这些法律规定的内容细化，使其具有可操作性，符合本公司的实际情况。

例如，关于召开股东会的通知程序。一般章程中都会规定召开股东会应提前 15 日通知，但章程中更需要明确的是：①通知由谁来发出，是董事长还是公司？董事长不履行职责，能否由副董事长或其他股东来发出通知？②通知以何种形式发出，是书面的还是口头的？③通知发往的地址，是股东的法定地址还是实际地址？地址变更如何处理？④拒收通知的效力推断：如果某股东将通知退回，是认定其未收到通知还是拒绝参加会议？⑤未收到通知但参加了会议，事后却提出异议，那么应认定为股东会召集瑕疵，需要重新召集，还是应认定为有效？⑥如果股东参加会议却拒不在会议记录上签名，是认定该股东弃权、反对还是同意？这些问题都应充分考虑，在章程中做出安排。

（三）尽可能地将股东关注的内容写入章程

无论是公司设立协议中的约定，还是在公司运行中，股东就公司管理、权力制约、利益分配等达成的协议，都可以也应该是公司章程的内容。股东只有将这些内容都规范地写入章程，成为公司运行的规则，才能使得公司股东之间、公司与股东之间建立起良好的关系，让公司规范自治。

第三节 出资与验资

【案例1-5】

某实业公司由A、B两位股东于2007年合资成立，公司注册资本500万元人民币，A、B各占50%，2011年12月，实业公司的客户C想入股，经各方协商，A、B同意吸收C为实业公司新股东，并签订了《新增股东协议书》，约定调整股权比例为A占40%，B、C各占30%。此后C陆续向实业公司缴纳投资款近150万元，并自2012年5月开始担任实业公司总经理。但是，C的所有出资均未办理验资与工商登记手续。

2013年4月，B决定退出公司经营。为解决矛盾，A、C决定共同另外注册成立某服饰有限公司，希望由服饰公司来继续实业公司原有业务的经营，而实业公司不再经营，仅留下厂房归A、B两人继续共有。2013年9月，服饰公司由A、C共同注册成立，注册资本同样为500万元人民币，其中A出资350万元占70%，C出资150万元占30%，该部分出资均经过会计师事务所验资。但该公司注册成立后不久，C就将其出资150万元全部抽回。

2014年10月，A、C两人在经营中产生矛盾，C一纸诉状递到某市中级人民法院，以实业公司没有按法律程序到工商部门办理相关手续，致其股东地位没有得到法律上的确认和保护为由，要求实业公司返还其150万元投资款及利息。实业公司则答辩认为：A、C已经组建服饰公司，C在服饰公司中的出资150万元的来源，就是在实业公司的150万元投资。

该案经二审法院最终作出判决："缴纳出资是股东对公司的最基本义务，但出资行为并不是证明股东资格的充分依据，股东的资格还取决于股东名册和公司章程的记载以及工商行政管理部门注册登记的确认。本案中，虽然C已经向实业公司缴纳投资款，但这仅仅是C单方的履行行为，并不意味着实业公司已认可其股东资格。"法院据此判决实业公司向C返还投资款150万元。服饰公司与实业公司是两个独立的法人主体，法律关系不能混同。根据C早已将在服饰公司的150万元出资抽回之事实，建议服饰公司立即另行起诉，要求C返还所抽逃的150万元注册资本并赔偿利息损失。

资料来源：浙江金道律师事务所承办案件，原案承办律师朱智慧等

【案例分析】

上述案例中实际上是包含了公司出资行为中两种刚好对立的情形。一种是在已实际投资但未经验资及工商登记情况；另一种是在已经验资与工商登记，但却未实际投入资本

（或抽逃资本）的情况。两种情形，适用相同的法律规则，即“缴纳出资是股东对公司的最基本的、法定的义务”。即我国《公司法》确定的“资本确定、资本维持和资本不变”三项原则。案例中，C虽然协议入股实业公司，并实际缴纳了出资，但实业公司的注册资本并未增加，也未办理股东变更登记。实业公司登记的资本与股东出资均未发生变化，所以，根据资本确定及资本不变原则，C当然没有取得股东身份。而后C入股服饰公司，却已经办理了出资与验资手续，并经注册登记。所以，根据资本维持原则，C的抽资行为属于法律禁止的行为，C应当为此承担责任。

相关知识链接

现代公司之所以在社会经济中得到迅猛发展，有限责任制度功不可没。正是由于有限责任制度的建立，使得资本的所有权与经营权可以分离，公司与股东相互隔离，从而保护股东免受债权人的直接追索，刺激了投资者的积极性，促进了经济的发展，并进而对整个社会财富的积累起到了巨大的推进作用。但是，有限责任制度的核心是资本信用。没有了资本信用的保障，股东承担有限责任就成了空中楼阁。

一、资本确定原则

资本确定原则是指公司必须在章程中对公司的资本总额做出明确规定，并由股东全部认缴。公司资本确定原则又被称为资本法定原则，其根本目的是保证公司资本的真实可靠，维护交易安全。我国《公司法》第26条规定：“有限责任公司的注册资本为在公司登记机关登记的全体股东认缴的出资额。”第29条规定：“股东缴纳出资后，必须经依法设立的验资机构验资并出具证明。”

我国原《公司法》曾实行严格的资本确定原则，即要求公司在设立时必须缴足注册资本；新《公司法》对此作出了修订，允许认缴出资后分期缴纳。但新《公司法》同时也对分期缴纳的比例、时间、责任等作出了强制性的规定，以保证资本确定原则的实施。

二、资本维持原则

资本维持原则是指公司在其存续过程中，应当保持与其资本额相当的财产。资本维持原则又称资本充实原则。

当公司实际财产的价值高于资本额时，公司偿债能力强，对社会交易安全有利；而当公司实际财产的价值低于资本额时，就会威胁交易安全和债权人的利益。我国《公司法》作出很多规定来保证公司的资本维持：

1. 禁止股东抽回出资

公司成立之后，无论以任何理由，股东都不能抽回出资。我国《公司法》第36条、第92条分别对有限责任公司、股份有限公司作出了规定。

2. 公司股票发行价格不得低于股票的票面金额

我国《公司法》第128条规定：“股票发行价格可以按票面金额，也可以超过票面金额，但不得低于票面金额。”

3. 向股东分配股利有先决条件

公司的盈利首先得用于弥补亏损，只有在弥补亏损并提取公积金等之后，仍有盈利的情况下，方能分配股利。

4. 禁止公司回购股份或接受以本公司股份提供的担保

公司收购自己的股份，与股东退股的后果是一样的，都将导致资本虚假。所以，除法定情形外，公司不得回购自己的股份。同样，公司若接受以本公司股份提供的担保，则可能导致公司最终不得不回购股份，所以，我国《公司法》第143条还规定，“公司不得接受本公司的股票作为质押权的标的”。

另外，我国《公司法》中关于非货币出资的限制条件等，也是资本维持原则的体现。

三、资本不变原则

资本不变原则是指公司资本总额一经确定，非依法定程序，不得随意变动，即公司资本不得随意变动。

对于注册资本的变动，我国《公司法》设置了严格的程序，尤其是公司减少注册资本，还规定了特别的债权人保护程序，即在公司减资时，债权人有权要求公司清偿债务或提供担保。

四、公司出资与验资的风险管理

1. 依法出资及法律责任

股东在公司成立时，必须依据章程和法律的规定及时出资。在出资存在瑕疵时，股东将可能承担下列法律责任：

（1）对其他股东的违约责任。我国《公司法》第28条规定：“股东不按照前款规定缴纳出资的，除应当向公司足额缴纳外，还应当向已按期足额缴纳出资的股东承担违约责任。”

（2）对公司的资本补缴责任以及对公司债务的民事连带责任。我国《公司法》第31条规定：“有限责任公司成立后，发现作为设立公司出资的非货币财产的实际价额显著低于公司章程所定价额的，应当由交付该出资的股东补足其差额；公司设立时的其他股东承担连带责任。”同时，最高人民法院也在相关司法解释中，就股东出资不实的相关民事责任，作出了具体的规定，包括在出资不实的范围内对公司债务承担连带责任以及当公司因出资不实而被否认法人资格时，股东应对公司债务承担无限连带责任等。

（3）行政处罚以及情节严重时的刑事责任。虚假出资、抽逃注册资本是公司股东的大忌。根据我国《公司法》以及《中华人民共和国刑法》（以下简称《刑法》）的相关规定，公司登记机关在发现虚假出资、抽逃注册资本后，可以对公司予以行政处罚，情节严重构成犯罪的，还将依法追究刑事责任。

2. 及时办理验资与登记手续

许多创业者在成立公司后，虽然向公司投入了大量资金，却疏于办理验资与登记手续，导致最终被认定为出资不实或出资不到位，从而对公司债务承担连带责任。其行为实质是放弃了有限责任的优越性，没有真正领会有限公司的实质及其蓬勃发展的根本原因。

第四节 公司登记

【案例1－6】

某物资公司原系某市政府下属的国有企业。1999年，在改制的大潮中，该公司改制为由20多名职工持股的有限责任公司。公司注册资本50万元，其中公司董事长兼总经理陈某持股10%，其余职工股东则在该比例以下分别持有数额不等的股权。

2002年，陈某计划对公司增资扩股。故提议召开了股东会，提出了一个《扩股方案》并获得通过。但该《扩股方案》中并没有提出各股东增加出资的份额以及股东的股权比例是否变更。

2003年3月，陈某以仿冒签名等手段，伪造了股东签名，瞒着大部分股东出具了《关于同意增加注册资本的决定》和《自然人股东签名》等文件，向工商登记机关申请变更登记，将物资公司注册资本增加到170余万元，将其个人的股权增加到28%。而其他一部分职工股东则在不知情的情况下，减少了股权比例。

后来部分职工股东偶然得知此事，大为惊讶，并立即向工商登记机关及物资公司上级主管部门市政府反映，要求调查处理。市政府纪委为此委托司法鉴定机构，对上述变更申请文件进行了笔迹鉴定，确定上述增资扩股申请资料存在虚假签名的事实。

2007年2月，市政府专门就此事致函工商登记部门，请工商登记部门依法查处。工商登记部门在认真调查并听证后，决定撤销物资公司该次变更登记，并对公司予以罚款。

【案例分析】

公司登记制度起源于1844年的英国。1869年，德国在《普通德意志商法典》中，建立了统一的商事登记制度。此后，公司登记逐渐成为公司成立的重要前提与依据。在我国，《物权法》颁布实施让很多人都知道了产权登记的重要性。无论是投资还是自用，没有拿到经登记确认的产权证，总是心里不踏实。然而，对于公司是否登记以及登记是否正确，我国的创业者们却并没有像对待房屋、土地一样重视。那么，公司到底何时成立？股东在什么情况下取得了法律认可的股东身份和股份？

相关知识链接

一、公司登记的法律效力

公司登记的目的，在于保护社会公众利益，将公司营业状况及相关事项公布于社会，使社会公众能与公司安全交易；同时也可保障公司及其股东的合法权益，公司及其股东依其登记事项，取得法律的认可与保障，并据以对抗第三人。例如，关于“隐名股东”的法律地位问题，我国新《公司法》第32条第3款规定：“公司应当将股东的姓名或者名称及其出资额向公司登记机关登记；登记事项发生变更的，应当办理变更登记。未经登记或者变更登记的，不得对抗第三人。”

我国《公司法》第 6 条、第 7 条规定：设立公司，应当依法向公司登记机关申请设立登记。依法设立的公司，由公司登记机关发给公司营业执照。公司营业执照签发日期为公司成立日期。

公司登记主要包括设立登记与变更登记。根据《中华人民共和国公司登记管理条例》（以下简称《公司登记管理条例》）第 9 条的规定，公司登记事项包括：公司名称、住所、法定代表人姓名、注册资本、实收资本、公司类型、经营范围、营业期限、有限责任公司股东或股份有限公司发起人的姓名或名称以及认缴和实缴的出资额、出资时间、出资方式。也就是说，就以上事项的设立与变更，均应向公司登记机关办理登记手续。

二、虚假登记的法律责任

虚假登记的危害，不仅破坏了国家对于公司的行政管理，还对社会公众、公司或其他股东利益构成侵害。正如前述案例的陈某以伪造虚假资料的方式骗取公司登记，之后陈某股权增加，而其他股东的利益受损。

我国《公司法》第 199 条规定：提交虚假材料或者采取其他欺诈手段隐瞒重要事实取得公司登记的，由公司登记机关责令改正，处以五万元以上五十万元以下的罚款；情节严重的，撤销公司登记或者吊销营业执照。

在公司登记过程中，还可能存在因个别是由（例如出资不到位、申请登记事项不符合法律规定等），未能获得登记机关的核准，公司无法成立的情形。尤其是股份有限公司，我国《公司法》第 95 条特别规定：股份有限公司不能成立时，发起人应当对设立行为所产生的债务和费用负连带责任，并对认股人已缴纳的股款，负返还股款并加算银行同期存款利息的连带责任。

三、公司登记的风险管理

1. 办理变更登记要及时

登记是公司成立的要件，没有取得登记，公司不能成立，权利主体也不能对抗第三人。所以，及时、正确地办理公司登记，既是取得法律规定的主体资格的强制要求，也是保障自身合法权益的有效办法。

实践中，创业者往往对设立登记比较重视，但对于变更登记，却容易拖延办理，甚至不办或虚假办理，从而引发了相应的纠纷与不必要的损失。例如，当股权转让时，如果没有及时办理变更登记手续，是不能对抗第三人的。这时若股权转让方对外负有债务，则债权人可以直接查封、扣押、拍卖股权转让方在公司的该部分股权，股权受让方不可以对抗股权转让方的债权人。

根据《公司登记管理条例》的规定，公司变更名称、法定代表人、实收资本、经营范围以及股东转让股权的，均应在 30 日内申请变更登记。逾期未登记的，公司登记机关可处以 1 万元以上 10 万元以下的罚款。而以虚假方式申请办理登记，将受到更严厉的处罚。

2. 防范登记不能和登记瑕疵的风险

公司登记的风险，主要来自公司无法取得登记或瑕疵登记等所引发的法律责任。

公司无法取得登记往往是因为公司不符合法律规定的设立条件，无法取得公司登记机关的核准，例如股东人数、注册资本以及其他条件的限制等；有时股东或发起人也会因各种原因停止公司登记，例如未能筹集到资金，各方无法就公司成立事项达成一致，投资环境发生变化等。若最终无法取得登记，公司筹备股东或发起人应承担公司筹备过程中发生的交易与费用，例如筹备期间的开支、房租等，还应返还已经认缴的股款与利息。

公司登记瑕疵是指公司由于登记过程中因故意或过失，虽已取得登记，但实际上存在未能满足法定条件或其他的违法行为，例如虚假出资行为。瑕疵登记情节严重会导致登记无效及行政处罚甚至刑事责任。

在实践中，创业者在选择委托他人办理公司登记手续时，应对相关法律文件进行认真审核，并慎重签名。

知识拓展

一、企业的概念

（1）企业。企业是从事生产、流通、服务等经济活动，以生产或服务满足社会需要，实行自主经营、独立核算、依法设立的一种营利性的经济组织。并可进一步分为法人企业和非法人企业，前者在我国指公司，包含有限责任公司和股份有限公司；后者如合伙企业、个人独资企业等。

（2）法人。法人是与自然人相对称的另一种民事权利主体，具有民事权利和民事行为能力，依法独立享受民事权利和民事义务的组织。

（3）有限责任。简单说，有限责任是出资者以出资为限，为法人的债务承担责任。

（4）无限责任。无限责任是指责任人以自己的全部财产承担的责任，如普通合伙人对合伙债务承担的责任，投资人对个人独资企业债务的责任等。

二、个人独资企业的相关法条要点提示

1. 个人独资企业的概念及设立

《个人独资企业法》第 2 条　本法所称个人独资企业，是指依照本法在中国境内设立，由一个自然人投资，财产为投资人个人所有，投资人以其个人财产对企业债务承担无限责任的经营实体。

《个人独资企业法》第 11 条　个人独资企业的名称应当与其责任形式及从事的营业相符合。

《个人独资企业法》第 18 条　个人独资企业投资人在申请企业设立登记时明确以其家庭共有财产作为个人出资的，应当依法以家庭共有财产对企业债务承担无限责任。

《个人独资企业法》第 31 条　个人独资企业财产不足以清偿债务的，投资人应当以其

个人的其他财产予以清偿。

《中华人民共和国公务员法》第53条　公务员必须遵守纪律，不得有下列行为：

从事或者参与营利性活动，在企业或者其他营利性组织中兼任职务。

要点：

（1）投资人是中国境内的一个自然人且具有投资资格。

（2）投资人无限责任是指用投资人个人财产或家庭财产为企业承担责任。

（3）企业自身无独立责任能力。

2. 个人独资企业的事务管理

《个人独资企业法》第19条　个人独资企业投资人可以自行管理企业事务，也可以委托或者聘用其他具有民事行为能力的人负责企业的事务管理。

投资人委托或者聘用他人管理个人独资企业事务，应当与受托人或者被聘用的人签订书面合同，明确委托的具体内容和授予的权利范围。

受托人或者被聘用的人员应当履行诚信、勤勉义务，按照与投资人签订的合同负责个人独资企业的事务管理。

投资人对受托人或者被聘用的人员职权的限制，不得对抗善意第三人。

《个人独资企业法》第20条　投资人委托或者聘用的管理个人独资企业事务的人员不得有下列行为：

（1）受贿；

（2）侵占；

（3）挪用、借贷给他人；

（4）以个人名义或者以他人名义开立账户储存；

（5）擅自以企业财产提供担保；

（6）未经投资人同意，从事与本企业相竞争的业务；

（7）未经投资人同意，同本企业订立合同或者进行交易；

（8）未经投资人同意，擅自将企业商标或者其他知识产权转让给他人使用；

（9）泄露商业秘密；

（10）禁止的其他行为。

《个人独资企业法》第38条　投资人委托或者聘用的人员管理个人独资企业事务时违反双方订立的合同，给投资人造成损害的，承担民事赔偿责任。

要点：

（1）企业的管理方式可以自行管理或委托（聘用）第三人管理。

（2）受托管理人为企业的代理人，其性质为表见代理。

（3）管理人员的忠实义务类似于公司董事、经理的义务及对投资人的赔偿责任。

3. 个人独资企业的解散与清算

《个人独资企业法》第26条　个人独资企业有下列情形之一时，应当解散：

（1）投资人决定解散；

（2）投资人死亡或者被宣告死亡，无继承人或者继承人决定放弃继承；

（3）被依法吊销营业执照；

（4）法律、行政法规规定的其他情形。

《个人独资企业法》第27条第1款　个人独资企业解散，由投资人自行清算或者由债权人申请人民法院指定清算人进行清算。

《个人独资企业法》第28条　个人独资企业解散后，原投资人对个人独资企业存续期间的债务仍应承担偿还责任，但债权人在五年内未向债务人提出偿债请求的，该责任消灭。

要点：

（1）解散的三种情形：自愿；死亡；被吊销营业执照。

（2）清算人：自行清算和法定指定清算。

（3）责任消灭时效制度：5年。

三、合伙企业的相关法条要点提示

（一）普通合伙企业的设立

《合伙企业法》第14条　设立合伙企业，应当具备下列条件：

（1）有二个以上合伙人。合伙人为自然人的，应当具有完全民事行为能力。

（2）有书面合伙协议。

（3）有合伙人认缴或者实际缴付的出资。

（4）有合伙企业的名称和生产经营场所。

（5）法律、行政法规规定的其他条件。

《合伙企业法》第15条　合伙企业名称中应当标明“普通合伙”字样。

《合伙企业法》第16条第1款　合伙人可以用货币、实物、知识产权、土地使用权或者其他财产权利出资，也可以用劳务出资。

要点：

（1）有两个以上合伙人。普通合伙人为自然人的，应当具有完全民事行为能力（有限合伙人不要求）。

（2）有书面合伙协议（合同）。

（3）有合伙人认缴或者实际缴付的出资，出资形式不限，可以用劳务出资（不同于公司股东、有限合伙人）。

（4）名称中应当标明“普通合伙”字样。

（二）合伙企业的财产

《合伙企业法》第21条　合伙人在合伙企业清算前，不得请求分割合伙企业的财产；但是，本法另有规定的除外。

合伙人在合伙企业清算前私自转移或者处分合伙企业财产的，合伙企业不得以此对抗善意第三人。

《合伙企业法》第22条　除合伙协议另有约定外，合伙人向合伙人以外的人转让其在合伙企业中的全部或者部分财产份额时，须经其他合伙人一致同意。

合伙人之间转让在合伙企业中的全部或者部分财产份额时，应当通知其他合伙人。

《合伙企业法》第23条　合伙人向合伙人以外的人转让其在合伙企业中的财产份额

的，在同等条件下，其他合伙人有优先购买权；但是，合伙协议另有约定的除外。

《合伙企业法》第25条　合伙人以其在合伙企业中的财产份额出质的，须经其他合伙人一致同意；未经其他合伙人一致同意，其行为无效，由此给善意第三人造成损失的，由行为人依法承担赔偿责任。

要点：

（1）合伙人出资后，财产归全体合伙人共有。

（2）清算前私分、处分合伙财产的，不可对抗第三人。

（3）转让份额给外人，将导致退伙及入伙，也意味着变更解除合伙协议，故需要全部合伙人一致同意。

（4）合伙人有优先购买权。

（三）合伙事务的执行

1. 合伙企业的经营方式

《合伙企业法》第26条　合伙人对执行合伙事务享有同等的权利。

按照合伙协议的约定或者经全体合伙人决定，可以委托一个或者数个合伙人对外代表合伙企业，执行合伙事务。

《合伙企业法》第35条　被聘任的合伙企业的经营管理人员应当在合伙企业授权范围内履行职务。

被聘任的合伙企业的经营管理人员，超越合伙企业授权范围履行职务，或者在履行职务过程中因故意或者重大过失给合伙企业造成损失的，依法承担赔偿责任。

《合伙企业法》第37条　合伙企业对合伙人执行合伙事务以及对外代表合伙企业权利的限制，不得对抗善意第三人。

要点：

（1）经营方式为：全体合伙人执行；部分合伙人执行；聘用第三人执行。

（2）与企业的法律关系不同。执行合伙人与企业之间，适用代表关系（第37条）；聘用第三人与企业之间，适用代理关系。

2. 不执行合伙事务的合伙人的权利

《合伙企业法》第27条　不执行合伙事务的合伙人有权监督执行事务合伙人执行合伙事务的情况。

《合伙企业法》第28条第2款　合伙人为了解合伙企业的经营状况和财务状况，有权查阅合伙企业会计账簿等财务资料。

《合伙企业法》第29条　合伙人分别执行合伙事务的，执行事务合伙人可以对其他合伙人执行的事务提出异议。提出异议时，应当暂停该项事务的执行。如果发生争议，依照本法第三十条规定作出决定。

受委托执行合伙事务的合伙人不按照合伙协议或者全体合伙人的决定执行事务的，其他合伙人可以决定撤销该委托。

要点：不执行合伙事务的合伙人有监督权；知情权；异议权。

3. 合伙企业的合伙事务的表决

《合伙企业法》第30条　合伙人对合伙企业有关事项作出决议，按照合伙协议约定的表决办法办理。合伙协议未约定或者约定不明确的，实行合伙人一人一票并经全体合伙人过半数通过的表决办法。

本法对合伙企业的表决办法另有规定的，从其规定。

第31条　除合伙协议另有约定外，合伙企业的下列事项应当经全体合伙人一致同意：

（1）改变合伙企业的名称；

（2）改变合伙企业的经营范围、主要经营场所的地点；

（3）处分合伙企业的不动产；

（4）转让或者处分合伙企业的知识产权和其他财产权利；

（5）以合伙企业名义为他人提供担保；

（6）聘任合伙人以外的人担任合伙企业的经营管理人员。

要点：

（1）表决实行人头主义，典型的人合组织；允许约定采用份额主义。

（2）一般事务的表决过半数，须一致同意的有六大事项；其他还有“七”变更、修改合伙协议；“八”新合伙人入伙等。

4. 合伙企业的利润分享与亏损承担

《合伙企业法》第40条　合伙人由于承担无限连带责任，清偿数额超过本法第三十三条第一款规定的其亏损分担比例的，有权向其他合伙人追偿。

《合伙企业法》第33条　合伙企业的利润分配、亏损分担，按照合伙协议的约定办理；合伙协议未约定或者约定不明确的，由合伙人协商决定；协商不成的，由合伙人按照实缴出资比例分配、分担；无法确定出资比例的，由合伙人平均分配、分担。

合伙协议不得约定将全部利润分配给部分合伙人或者由部分合伙人承担全部亏损。

要点：

（1）确定份额方式：协议→协商→实缴出资份额→均额。

（2）禁止利润亏损部分分享、承担。

（3）任何连带责任在内部都是按份责任。

5. 合伙人的诚信义务

《合伙企业法》第32条　合伙人不得自营或者同他人合作经营与本合伙企业相竞争的业务。

除合伙协议另有约定或者经全体合伙人一致同意外，合伙人不得同本合伙企业进行交易。

合伙人不得从事损害本合伙企业利益的活动。

《合伙企业法》第96条　合伙人执行合伙事务，或者合伙企业从业人员利用职务上的便利，将应当归合伙企业的利益据为己有的，或者采取其他手段侵占合伙企业财产的，应当将该利益和财产退还合伙企业；给合伙企业或者其他合伙人造成损失的，依法承担赔偿责任。

《合伙企业法》第97条　合伙人对本法规定或者合伙协议约定必须经全体合伙人一致同意始得执行的事务擅自处理，给合伙企业或者其他合伙人造成损失的，依法承担赔偿责任。

《合伙企业法》第 98 条　不具有事务执行权的合伙人擅自执行合伙事务，给合伙企业或者其他合伙人造成损失的，依法承担赔偿责任。

《合伙企业法》第 99 条　合伙人违反本法规定或者合伙协议的约定，从事与本合伙企业相竞争的业务或者与本合伙企业进行交易的，该收益归合伙企业所有；给合伙企业或者其他合伙人造成损失的，依法承担赔偿责任。

要点：

（1）竞业绝对禁止：归入权及赔偿。

（2）自我交易受限：归入权及赔偿。

（四）合伙企业与第三人的关系

《合伙企业法》第 38 条　合伙企业对其债务，应先以其全部财产进行清偿。

《合伙企业法》第 39 条　合伙企业不能清偿到期债务的，合伙人承担无限连带责任。

《合伙企业法》第 41 条　合伙人发生与合伙企业无关的债务，相关债权人不得以其债权抵销其对合伙企业的债务；也不得代位行使合伙人在合伙企业中的权利。

《合伙企业法》第 42 条第 1 款　合伙人的自有财产不足清偿其与合伙企业无关的债务的，该合伙人可以以其从合伙企业中分取的收益用于清偿；债权人也可以依法请求人民法院强制执行该合伙人在合伙企业中的财产份额用于清偿。

要点：

（1）债务承担：合伙企业本身承担无限责任；不足的，合伙人无限连带责任。处理合伙人与合伙企业的债权人之间的关系，用双重优先原则。

（2）禁止抵消与禁止代位；

【图例】禁止抵销

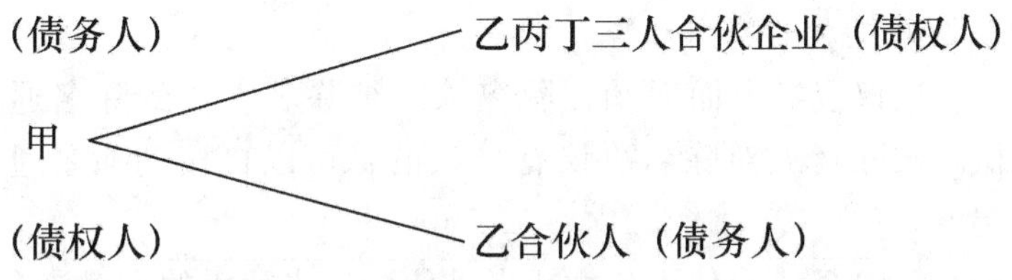

（3）执行合伙人在企业的权益：执行收益或执行份额。

（五）合伙企业的入伙与退伙

《合伙企业法》第 43 条第 1 款　新合伙人入伙，除合伙协议另有约定外，应当经全体合伙人一致同意，并依法订立书面入伙协议。

《合伙企业法》第 44 条　入伙的新合伙人与原合伙人享有同等权利，承担同等责任。入伙协议另有约定的，从其约定。

新合伙人对入伙前合伙企业的债务承担无限连带责任。

《合伙企业法》第 45 条　合伙协议约定合伙期限的，在合伙企业存续期间，有下列情形之一的，合伙人可以退伙：

（1）合伙协议约定的退伙事由出现；

（2）经全体合伙人一致同意；

（3）发生合伙人难以继续参加合伙的事由；

（4）其他合伙人严重违反合伙协议约定的义务。

《合伙企业法》第46条　合伙协议未约定合伙期限的，合伙人在不给合伙企业事务执行造成不利影响的情况下，可以退伙，但应当提前三十日通知其他合伙人。

《合伙企业法》第47条　合伙人违反本法第四十五条、第四十六条的规定退伙的，应当赔偿由此给合伙企业造成的损失。

《合伙企业法》第48条　合伙人有下列情形之一的，当然退伙：

（1）作为合伙人的自然人死亡或者被依法宣告死亡；

（2）个人丧失偿债能力；

（3）作为合伙人的法人或者其他组织依法被吊销营业执照、责令关闭、撤销，或者被宣告破产；

（4）法律规定或者合伙协议约定合伙人必须具有相关资格而丧失该资格；

（5）合伙人在合伙企业中的全部财产份额被人民法院强制执行。

合伙人被依法认定为无民事行为能力人或者限制民事行为能力人的，经其他合伙人一致同意，可以依法转为有限合伙人，普通合伙企业依法转为有限合伙企业。其他合伙人未能一致同意的，该无民事行为能力或者限制民事行为能力的合伙人退伙。

退伙事由实际发生之日为退伙生效日。

《合伙企业法》第49条　合伙人有下列情形之一的，经其他合伙人一致同意，可以决议将其除名：

（1）未履行出资义务；

（2）因故意或者重大过失给合伙企业造成损失；

（3）执行合伙事务时有不正当行为；

（4）发生合伙协议约定的事由。

对合伙人的除名决议应当书面通知被除名人。被除名人接到除名通知之日，除名生效，被除名人退伙。被除名人对除名决议有异议的，可以自接到除名通知之日起三十日内，向人民法院起诉。

《合伙企业法》第50条　合伙人死亡或者被依法宣告死亡的，对该合伙人在合伙企业中的财产份额享有合法继承权的继承人，按照合伙协议的约定或者经全体合伙人一致同意，从继承开始之日起，取得该合伙企业的合伙人资格。

有下列情形之一的，合伙企业应当向合伙人的继承人退还被继承合伙人的财产份额：

（1）继承人不愿意成为合伙人；

（2）法律规定或者合伙协议约定合伙人必须具有相关资格，而该继承人未取得该资格；

（3）合伙协议约定不能成为合伙人的其他情形。

合伙人的继承人为无民事行为能力人或者限制民事行为能力人的，经全体合伙人一致同意，可以依法成为有限合伙人，普通合伙企业依法转为有限合伙企业。全体合伙人未能一致同意的，合伙企业应当将被继承合伙人的财产份额退还该继承人。

《合伙企业法》第51条　合伙人退伙，其他合伙人应当与该退伙人按照退伙时的合伙企业财产状况进行结算，退还退伙人的财产份额。退伙人对给合伙企业造成的损失负有赔偿责任的，相应扣减其应当赔偿的数额。

退伙时有未了结的合伙企业事务的，待该事务了结后进行结算。

《合伙企业法》第 53 条　退伙人对基于其退伙前的原因发生的合伙企业债务，承担无限连带责任。

要点：

（1）入伙：一致同意，签订合伙协议；对入伙前的债务，承担连带责任；

（2）退伙的情形：

- 法定退伙（45 条，约定期限的）
  - 约定事由出现
  - 一致同意
  - 难以为继
  - 严重违约
- 自愿退伙（46 条，未定期限的）
- 当然退伙（48 条）
  - 死亡
  - 个人破产
  - 法人终止
  - 丧失资格
  - 丧失份额
  - 丧失行为能力
- 除名（49 条）
  - 未出资
  - 重大损失
  - 不当行为

（3）继承人取得合伙人资格的三个前提：其他合伙人一致同意；继承人自己愿意；符合资质。继承人为无、限制行为能力人的可转成有限合伙人或者该继承人退出。

（4）退伙的后果—— 结算；扣减；对退伙前债务承担连带责任。

（六）合伙企业的解散与清算

第 85 条　合伙企业有下列情形之一的，应当解散：

（1）合伙期限届满，合伙人决定不再经营；

（2）合伙协议约定的解散事由出现；

（3）全体合伙人决定解散；

（4）合伙人已不具备法定人数满三十天；

（5）合伙协议约定的合伙目的已经实现或者无法实现；

（6）依法被吊销营业执照、责令关闭或者被撤销；

（7）法律、行政法规规定的其他原因。

《合伙企业法》第 86 条　合伙企业解散，应当由清算人进行清算。

清算人由全体合伙人担任；经全体合伙人过半数同意，可以自合伙企业解散事由出现后十五日内指定一个或者数个合伙人，或者委托第三人，担任清算人。

自合伙企业解散事由出现之日起十五日内未确定清算人的，合伙人或者其他利害关系人可以申请人民法院指定清算人。

《合伙企业法》第 91 条　合伙企业注销后，原普通合伙人对合伙企业存续期间的债务仍应承担无限连带责任。

《合伙企业法》第 92 条　合伙企业不能清偿到期债务的，债权人可以依法向人民法院提出破产清算申请，也可以要求普通合伙人清偿。

合伙企业依法被宣告破产的，普通合伙人对合伙企业债务仍应承担无限连带责任。

要点：

（1）关注第 85 条的解散事由。

（2）清算人：全体合伙人；个别合伙人；聘用第三人；法院指定的人。

（3）合伙企业只适用破产程序制度，不适用破产免责制度。

（七）有限合伙企业适用的特殊规则

1. 有限合伙人的出资与有限责任

《合伙企业法》第 64 条第 2 款　有限合伙人不得以劳务出资。

《合伙企业法》第 65 条　有限合伙人应当按照合伙协议的约定按期足额缴纳出资；未按期足额缴纳的，应当承担补缴义务，并对其他合伙人承担违约责任。

《合伙企业法》第 77 条　新入伙的有限合伙人对入伙前有限合伙企业的债务，以其认缴的出资额为限承担责任。

《合伙企业法》第 81 条　有限合伙人退伙后，对基于其退伙前的原因发生的有限合伙企业债务，以其退伙时从有限合伙企业中取回的财产承担责任。

要点：

（1）与公司股东一样，不得劳务出资。

（2）补缴出资责任与违约责任。

（3）对合伙债务承担有限责任。

2. 有限合伙人在合伙事务中的角色

《合伙企业法》第 67 条　有限合伙企业由普通合伙人执行合伙事务。执行事务合伙人可以要求在合伙协议中确定执行事务的报酬及报酬提取方式。

《合伙企业法》第 68 条　有限合伙人不执行合伙事务，不得对外代表有限合伙企业。

有限合伙人的下列行为，不视为执行合伙事务：

①参与决定普通合伙人入伙、退伙；

②对企业的经营管理提出建议；

③参与选择承办有限合伙企业审计业务的会计师事务所；

④获取经审计的有限合伙企业财务会计报告；

⑤对涉及自身利益的情况，查阅有限合伙企业财务会计账簿等财务资料；

⑥在有限合伙企业中的利益受到侵害时，向有责任的合伙人主张权利或者提起诉讼；

⑦执行事务合伙人怠于行使权利时，督促其行使权利或者为了本企业的利益以自己的名义提起诉讼；

⑧依法为本企业提供担保。

《合伙企业法》第 76 条　第三人有理由相信有限合伙人为普通合伙人并与其交易的，

该有限合伙人对该笔交易承担与普通合伙人同样的责任。

有限合伙人未经授权以有限合伙企业名义与他人进行交易，给有限合伙企业或者其他合伙人造成损失的，该有限合伙人应当承担赔偿责任。

要点：

（1）在内部，禁止有限合伙人参与执行，但享有监督权。

（2）对外，不享有代表权，但可能构成表见代表（第76条），就该笔债务承担无限连带责任及赔偿责任。

3. 有限合伙人的一些特殊权利

《合伙企业法》第69条　有限合伙企业不得将全部利润分配给部分合伙人；但是，合伙协议另有约定的除外。

《合伙企业法》第70条　有限合伙人可以同本有限合伙企业进行交易；但是，合伙协议另有约定的除外。

《合伙企业法》第71条　有限合伙人可以自营或者同他人合作经营与本有限合伙企业相竞争的业务；但是，合伙协议另有约定的除外。

《合伙企业法》第72条　有限合伙人可以将其在有限合伙企业中的财产份额出质；但是，合伙协议另有约定的除外。

《合伙企业法》第73条　有限合伙人可以按照合伙协议的约定向合伙人以外的人转让其在有限合伙企业中的财产份额，但应当提前三十日通知其他合伙人。

《合伙企业法》第79条　作为有限合伙人的自然人在有限合伙企业存续期间丧失民事行为能力的，其他合伙人不得因此要求其退伙。

《合伙企业法》第80条　作为有限合伙人的自然人死亡、被依法宣告死亡或者作为有限合伙人的法人及其他组织终止时，其继承人或者权利承受人可以依法取得该有限合伙人在有限合伙企业中的资格。

《合伙企业法》第81条　有限合伙人退伙后，对基于其退伙前的原因发生的有限合伙企业债务，以其退伙时从有限合伙企业中取回的财产承担责任。

要点：

（1）有限合伙企业可以协议将全部利润分配给部分合伙人。

（2）允许有限合伙人自我交易与竞业。

（3）允许有限合伙人份额出质与随时转让（提前30日通知）。

（4）有限合伙人不要求有行为能力。

（5）份额当然继承，不受限制。

4. 合伙人身份的转化

《合伙企业法》第75条　有限合伙企业仅剩有限合伙人的应当解散；有限合伙企业仅剩普通合伙人的，转为普通合伙企业。

《合伙企业法》第82条　除合伙协议另有约定外，普通合伙人转变为有限合伙人，或者有限合伙人转变为普通合伙人，应当经全体合伙人一致同意。

《合伙企业法》第83条　有限合伙人转变为普通合伙人的，对其作为有限合伙人期间有限合伙企业发生的债务承担无限连带责任。

《合伙企业法》第84条　普通合伙人转变为有限合伙人的，对其作为普通合伙人期间合伙企业发生的债务承担无限连带责任。

要点：

（1）程序：普通与有限合伙人身份转化，须全体合伙人一致同意。

（2）后果：身份转化的，都对转换前的债务承担无限连带责任，以保护债权人。

（3）有限合伙人是一个单纯的投资者及出资财产的提供者。

四、我国的外商投资企业

（一）外商投资企业的比较（表1－6）

表1－6　外商投资企业的比较

	中外合资经营企业	中外合作经营企业	外资企业
特征	股权式合营，各方出资折合为股份比例，按照股份比例享有权利、承担义务	契约式合营，各方出资不折合为股份比例，按照合作契约享有权利、承担义务	外资企业是指依照中国有关法律在中国境内设立的全部资本由外国投资者投资的企业
企业法律形态事务选择	有限公司	有限公司或合伙	有限公司、合伙或独资企业
出资	外方出资一般不低于注册资本的25%	（1）外方出资一般不低于注册资本的25%，应为自有财产，不得用合作企业财产为出资设立担保 （2）外国合作者可以先收回投资，合作期满企业固定资产全归中方所有	（1）以工业产权和专有技术出资须归自己所有，不超过注册资本的20% （2）企业财产的转让和抵押须审批机构批准并在工商机关备案
组织机构或清算	（1）董事会为最高权力机关 （2）出席董事会的董事一致通过的事项： ①章程的修改； ②企业的中止、解散； ③注册资本的增减； ④合并、分立。 （3）董事人数3人以上，任期每届4年 （4）董事长为法定代表人	（1）董事会制 （2）联合管理制 （3）委托管理制	（1）清算委员会应当聘请中国的注册会计师、律师等参加。清算费用从外资企业现存财产中优先支付 （2）清算结束之前，外国投资者不得将该企业的资金汇出或者携带出中国，不得自行处理企业的财产 （3）清算处理财产时，在同等条件下，中国的企业或者其他经济组织有优先购买权

（二）我国三种外商投资企业的共用规则

（1）外方投资者可以为个人，中方则否。

（2）各方出资均由中国的注册会计师验资。

（3）企业只能向中国境内的保险公司投保。

（4）企业的正副董事长和正副主任应由中方和外方分别担任。

（5）股权转让须经所有的他方同意并由审批机构批准，他方在同等条件下有优先购买权。

（6）企业均实行分期缴纳资本制。

（7）企业均可以进行境外融资。

（8）纠纷的解决均可以自由选择境内外仲裁机构；起诉只在中国的法院。

（9）原则上不实行国有化和征收；因为公共利益需要的，给与相应的补偿。

学生实操

1. 介绍法律剧本，学生角色扮演

剧本：三个企业分别为个体工商户、合伙企业、有限责任公司。由于经营不善，都已经倒闭。有三个人分别是三个企业的债权人，这些企业分别欠他们每个人1万元钱，诉讼时效没过，三人多次催款未果，今天又分别登门催钱。个体户老板家中没有钱；合伙企业老板家中没有钱，但是其他合伙人家中有钱；有限责任公司原老板家中有钱。作为债权人你应该怎么去要账，你认为结果会怎么样？

教师引导学生讨论确定各组的企业将采用哪种法律形态及应该考虑的因素。10分钟后，推选出小组代表发言。

2. 各组选择你的企业法律形态并说明理由

例：个体工商户

（1）选择原因。

①本身是一个微小型企业，经营汤面，本小利微。只做社区内的服务工作，不需要跨社区使用增值税发票。

②利于申办，能得到政府免税免费的三年优惠。

（2）业主，赵××，有三级厨师资格。

（3）地点：昆山市亭林路××号。

时间：2013年5月。

成本：1.5万元开业启动资金。

有本地户口、职业资格证书、健康检查合格证、卫生许可证。

3. 各小组起草并签订一份公司章程或合伙协议

思考与练习

一、名词解释

1. 法人

2. 有限责任

3. 有限合伙

二、单项选择题

1. 张某打算自己投资设立一企业从事商贸业务。下列哪一选项是错误的?（ ）

A. 张某可以设立一个一人有限责任公司从事商贸业务

B. 张某可以设立一个个人独资企业从事商贸业务

C. 如果张某设立个人独资企业，则该企业不能再入伙普通合伙企业

D. 如果张某设立一人有限责任公司，则该公司可以再入伙普通合伙企业

2. 万某因出国留学将自己的独资企业委托陈某管理，并授权陈某在5万元以内的开支和50万元以内的交易可自行决定。设若第三人对此授权不知情，则陈某受托期间实施的下列哪一行为为我国法律所禁止或无效的?（ ）

A. 未经万某同意与某公司签订交易额为100万元的合同

B. 未经万某同意将自己的房屋以1万元出售给本企业

C. 未经万某同意向某电视台支付广告费8万元

D. 未经万某同意聘用其妻为企业销售主管

3. 甲以个人财产设立一独资企业，后甲病故，其妻和其子女（均已满18岁）都明确表示不愿继承该企业，该企业只得解散。该企业解散时，应由谁进行清算?（ ）

A. 应由其子女进行清算

B. 应由其妻进行清算

C. 应由其妻和其子女共同进行清算

D. 应由债权人申请法院指定清算人进行清算

4. 江某是一合伙企业的合伙事务执行人，欠罗某个人债务7万元，罗某在交易中又欠合伙企业7万元。后合伙企业解散。清算中，罗某要求以其对江某的债权抵销其所欠合伙企业的债务，各合伙人对罗某的这一要求产生了分歧。下列哪种看法是正确的?（ ）

A. 江某的债务如同合伙企业债务，罗某可以抵销其对合伙企业的债务

B. 江某所负债务为个人债务，罗某不得以个人债权抵销其对合伙企业债务

C. 若江某可从合伙企业分得7万元以上的财产，则罗某可以抵销其对合伙企业的债务

D. 罗某可以抵销债务，但江某应分的财产不足7万元的应就差额对其他合伙人承担赔偿

5. 普通合伙企业合伙人李某因车祸遇难，生前遗嘱指定16岁的儿子李明为其全部财产继承人。下列哪一表述是错误的?（ ）

A. 李明有权继承其父在合伙企业中的财产份额

B. 如其他合伙人均同意，李明可以取得有限合伙人资格

C. 如合伙协议约定合伙人必须是完全行为能力人，则李明不能成为合伙人

D. 应当待李明成年后由其本人作出其是否愿意成为合伙人的意思表示

项目二 创业企业股东权的行使

项目导入

公司治理是出资者（委托人）对公司董事会、经营者等代理人的管理，其本质是促使公司代理人与公司委托人利益最大限度一致的制度安排。股东应主动建立股东与公司之间的信息管理制度。

通过本项目的学习，让学生了解公司的设立、组织、经营、解散、清算；公司的股东、董事、经理的权利义务。重点掌握公司的设立条件及公司治理机构，能够正确地行使股东权利，并找到适当的维权途径，帮助股东在以后的创业过程中更好地治理企业。

第一节 公司股东资格的认定

【案例2－1】

张某、王某、赵某、李某、唐某五位是大学同学，一起创业成立了一家有限责任公司。约定每人各出资10万。唐某因到国外治病无暇顾及公司事宜，回来后发现自己的名字并没有登记在股东名册上；赵某把自己的股份先转让给了李某，但没有变更工商登记，之后又将此股份转让给自己的老乡万某；张某把自己1万多的房产作价成10万注资；几年后，公司发展壮大，但王某的出资迟迟不到位，其他股东很气愤又不知怎么办好。如果你是当事人，如何维护自己的权利？

资料来源：郭如新．股东知情权及司法救济［J］．中国律师，2008（12）

【案例分析】

王某对其他四位股东承担违约责任，受2年诉讼时效的限制，若过了两年其他四位股东没有向王某主张过权利，王某则取得抗辩权；同时王某还对公司承担补缴出资的责任，但不受诉讼时效的限制，无论多久，公司都可以向王某主张权利。王某虽然出资不到位，但他依然是股东，这说明出资并不是取得股权的必要条件，要成为股东只需认缴就可以了。其他股东可以随时要求王某补缴或将其除名。若没有依法作出除名决定，没有特殊约定的话则按实缴比例分红，王某只享有一个股权增值的利益。还有一个办法，其他四位股东可以增资扩股，王某无优先认购权，几轮增资扩股之后，王某的股份就会被稀释掉，和除名差不多。

对于张某的不诚信行为，其他股东应及时制止，否则会与张某一起对外承担连带责任；对于高估的中介机构要承担相应的赔偿责任。

对于唐某，能证明其股东身份的还有其他几种文件，如签署的设立文件、签署的公司原始章程、公司出具给他的出资证明书及公司工商登记的股东资料上有他的名字，或显示其参与过股东会或参与过分红。

对于赵某，把自己的股份先后转给了两个人，第二次转让属于无权处分，此时股权已归属李某，工商登记只是产生对抗效力。但是万某如果主张善意取得，是有可能取得股权的。

可见，作为创业者，如何行使自己的权利，如何治理公司是必须要掌握的知识和能力。

相关知识链接

所谓股东资格，又称股东地位，是投资人取得和行使股东权利，承担股东义务的基础。确认股东资格，无论对于投资者还是公司以及公司债权人来说都具有重要意义。现实中股东出资存在“有名无实”、“有实无名”等不规范现象，是许多股权纠纷产生的诱因，而股东资格的认定往往是解决这些纠纷的前提和关键。

一、公司股东的分类

公司股东按不同的标准，可以作出以下分类。

1. 个人股东和机构股东

以股东主体身份来分，可分为机构股东和个人股东。机构股东指享有股东权的法人或其他组织。个人股东指一般的自然人股东。

2. 发起人股东和一般股东

以获得股东资格时间和条件等来分，可分为发起人股东与一般股东。发起人股东是指为组织、设立公司、签署设立协议或在公司章程上签字盖章，认缴出资，并对公司设立承担相应责任的人，也叫原始股东。一般股东指因买卖、继承、接受赠与而取得公司股权，并因而享有股东权利、承担股东义务的人。

3. 隐名股东和显名股东

以出资的实际情况与登记记载是否一致，我们把公司股东分为隐名股东和显名股东。隐名股东是指虽然实际出资认缴、认购公司出资额或股份，但在公司章程、股东名册和工商登记等材料中却记载为他人的投资者，隐名股东又被称为隐名投资人、实际出资人。显名股东是指正常状态下，出资情况与登记状态一致的股东。有时也指不实际出资，但接受隐名股东的委托，为隐名股东的利益，在工商部门登记为股东的受托人。

4. 控股股东和非控股股东

以股东持股的数量与影响力来分，可分为控股股东与非控股股东。控股股东是指其出资额占有限责任资本总额50%或依其出资额所享有的表决权足以对股东（大）会的决议产生重大影响的股东。控股股东又分绝对控股股东与相对控股股东。

二、特殊股东资格的认定

1. 隐名股东

隐名股东只是实践中人们对公司的隐名出资人的一种身份称谓，我国《公司法》并没有作出定义，也没有对隐名股东的法律地位作出明确规定。其之所以不愿意成为显名股东往往是因为这类投资人不愿意让他人知悉自己的投资行为，隐名股东与显名股东之间必定存在出资协议，协议约定了隐名股东和显名股东的出资权利、义务。这样的投资形式存在着一定的法律风险，新《公司法》第33条规定：有限责任公司应当置备股东名册。记载于股东名册的股东，可以依股东名册主张行使股东权利。公司应当将股东的姓名或者名称及其出资额向公司登记机关登记，未经登记或者变更登记的，不得对抗第三人。从这个条款可以看出：法律虽然要求公司将股东情况如实向登记机关登记，但是如果存在没有登记的（隐名股东）情形的，公司法并不否认隐名股东对公司出资行为的法律效力，但是该隐名股东对其出资的权利却不能对抗第三人。隐名股东将无法享有股东会中的表决权，无法限制显名股东将其投资所形成的股权转让给他人。当他人通过司法途径强制处分显名股东名下的股权时，隐名股东也无法阻止这个强制处分行为。例如：某隐名股东的出资登记在某显名股东的名下，显名股东在隐名股东不知情的情况下，将其全部股权转让给了第三人。隐名股东获悉后却不能主张显名股东对第三人的转让股权行为无效而追回股权。

2. “干股”股东

“干股”是指股东不必实际出资就能占有公司一定比例的股份。我国法律规定：股东应当足额缴纳公司章程中规定的各自所认缴的出资额，股东不按照前款规定缴纳所认缴的出资，应当向已足额缴纳出资的股东承担违约责任。因此，我国是不存在“干股”的。目前“干股”已成为新类型的受贿行为，最高人民法院、最高人民检察院联合发布《关于办理受贿刑事案件适用法律若干问题的意见》，明确了“收受干股”等10种市场经济条件下的新类型受贿刑事案件法律适用问题的具体意见。

3. 冒名股东

冒名股东是指以根本不存在的人的名义和盗用真实的人的名义出资并登记的情形。以根本不存在的人的名义出资登记，应当由实际出资人取得股东资格。盗用真实人的名义出资登记的，也应认定实际出资人取得股东资格。因为被盗名人对此不知，也没有成为公司股东的真实意思表示，不具备股东的任何本质特征。

三、股东资格认定的风险管理

在公司设立环节，隐名股东与显名股东之间出资协议应当尽量地完善。约定好各方的出资比例、利润分配比例、显名股东表决权所代表的利益、显名股东私自处分股权的后果、因显名股东自身原因造成隐名股东股权受损的赔偿责任等事项。

公司成立后的股权转让环节，对于股权转让人或股权受让人的股东资格争议，应坚持以股东变更登记为准，尊重股权实际转让的事实。根据《公司法》第33条规定，记载于股东名册的股东，可以依股东名册主张行使股东权利。公司应当将股东的姓名或者名称及其出资额向公司登记机关登记；登记事项发生变更的，应当办理变更登记。未经登记或者变更登记的，不得对抗第三人。因此，工商登记的效力可理解为：①公司对股权转让有审核是否合乎公司法及公司章程规定的权利，而公司办理变更登记可视为公司对股权转让行为及受让人股东资格的确认，对公司及股东均有约束力。②若受让人已经支付了对价，并已参与公司的经营管理，仅仅未办理股东变更登记手续，应该认定受让人具有股东资格，并责令公司办理变更登记。若股权转让合同约定以办理完工商和（或）股东名册变更登记手续为股权转让生效要件的，未办理完相关手续之前，股权的转让不发生法律效力，仍应认定转让人为公司股东。③是否办理工商变更登记手续，一般不影响受让人股东资格的取得。但公司以外的第三人根据工商登记被确定为股东的，公司以及股权转让人和受让人不能与之对抗。

第二节 股东权的行使

【案例2－2】

江山市某土产公司1999年12月8日成立，公司章程载明：注册资本105万元人民币，26位股东，李元成出资2万元，占1.9%；股东有权查阅股东会议记录和公司财务报告等。2006年5月30日晚，土产公司召开第三届三次股东会议，向股东通报：据市政府规划，公司西门仓库将被拆迁征用，公司拟另行购置仓库等经营场地；公司2005年1~4月的经营状况等事项。2006年7月20日，李元成向公司提出查阅1999年12月以后的公司账簿及有关凭证等要求，以便为公司另行购置经营场地等相关问题提供建议和在表决中作出合理判断，并方便自己股权的处理。公司回复称不接受查阅。李元成不满遂提起诉讼。

资料来源：http：//www.110.com/panli/panli_ 67454.html

【案例分析】

《公司法》第34规定，股东有权查阅公司章程、股东会会议记录、董事会会议决议、监事会会议决议、财务会计报告及公司会计账簿。具体到股东知情权诉讼，应当查明：①公司是否按规定置备相关文件并公告；②公司拒绝或限制股东查阅相关文件是否合法。本案原告要求查阅公司1999年12月以后的资料，其实世界上大部分国家都规定股东不能主张对公司所有文件资料进行查阅，因为若年代太过久远，与股东目前决策的关联度不强，对股东权利很难有帮助。并且对公司来说保存大量资料也是个负担，我国公司法对此应作完善，对查阅、复制的期间进行限制，如限制查阅、复制最近3个会计年度。本案经法院查明，土产公司有相关的股东会、董事会会议记录，但公司未能提出充分证据和合理根据认为李元成股东查阅会计簿有不正当目的可能损害公司合法利益，故对李元成股东的诉讼请求，应予支持。

相关知识链接

股东权利按不同的标准可分为知情权、参与决策权、投资收益权和退出权；财产权与身份权（社员权）；自益权与共益权；单独股东权与少数股东权等。公司制度构建所要解决的主要问题是股东之间的利益平衡。因资本多数决原则的确立，使得中小股东在公司利益格局中处于弱势。股东们在制定公司章程时，如果能够在遵守公司法的前提下，充分运用制定章程的权利对股东权限进行明确界定，对大股东的控制权进行必要且适当的限制，那么可以为小股东更好地行使权利提供完备的程序保障。目前，依我国新公司法的相关规定，股东可以在法律框架下通过如下途径行使权利。

股东知情权的相关法条及要点提示

［有限公司］《公司法》第 34 条　股东有权查阅、复制公司章程、股东会会议记录、董事会会议决议、监事会会议决议和财务会计报告。

股东可以要求查阅公司会计账簿。股东要求查阅公司会计账簿的，应当向公司提出书面请求，说明目的。公司有合理根据认为股东查阅会计账簿有不正当目的，可能损害公司合法利益的，可以拒绝提供查阅，并应当自股东提出书面请求之日起十五日内书面答复股东并说明理由。公司拒绝提供查阅的，股东可以请求人民法院要求公司提供查阅。

［股份公司］《公司法》第 98 条　股东有权查阅公司章程、股东名册、公司债券存根、股东大会会议记录、董事会会议决议、监事会会议决议、财务会计报告，对公司的经营提出建议或者质询。

［公司］《公司法》第 151 条　股东会或者股东大会要求董事、监事、高级管理人员列席会议的，董事、监事、高级管理人员应当列席并接受股东的质询。

董事、高级管理人员应当如实向监事会或者不设监事会的有限责任公司的监事提供有关情况和资料，不得妨碍监事会或者监事行使职权。

要点：

（1）有限公司与股份公司的股东知情权的行使渠道不一样，但在行使质询权时是一样的。

（2）第 34 条只适用于有限公司，股东可以提起知情权诉讼，但对股东查阅会计账簿的权利行使是有限制的。

【案例 2－3】

宏智科技的股东王栋于 2003 年 12 月 9 日召集股东大会并于开会前合理时间通知了股东参加，2004 年 1 月 11 日，大会选举产生了新的董事、监事。宏智科技董事会不同意王栋自行召集股东大会，故于同一时间、相邻地点召开了另一临时股东大会，会议的内容即为否认王栋的行为。宏智科技双股东大会反映了公司股东与董事会的矛盾。

资料来源：http：//www. corplawinfo. ecupl. edu. cn/news/70_ 484. html

【案例分析】

本案涉及的核心法律问题是公司股东是否有权以及如何自行召集、主持股东大会。根据现行《公司法》102条的规定，连续90日以上单独或合计持有公司10%以上股份的股东可以自行召集和主持股东大会会议，前提是董事会不能履行或不履行召集的职责，监事会也不召集、主持。《公司法》103条规定，召开股东大会，应当将召开的时间、地点和审议的事项于会议召开20日前通知各股东；临时股东大会应当于会议召开15日前通知各股东；发行无记名股票的，应当于会议召开30日前公告会议召开的时间、地点和审议事项。那么本案问题的关键就在于审查一下王栋自行召集、主持的股东会议和宏智科技公司召开的临时股东大会是否符合以上的实体及程序要件。此案中王栋在提案问题上犯下了明显错误，认为提名另外一份董事、监事名单就当然意味着对当下董事、监事组成人员的否定，导致决议被法院认定为内容存在瑕疵。所以，在董事、监事的选举与罢免问题上，特别要注意程序安排的妥适性，选举议案不当然暗含罢免议案。而宏智科技公司在当天临时变更召开时间、地点和登记方法，在程序上无法保障所有股东行使权利，该会议召开的目的就是要阻止、剥夺股东王栋自行召集股东大会的权利，这是对股东权利的侵犯，违背了《公司法》的意旨，因此于2004年1月11日召开的宏智科技2004年第一次临时股东大会在程序和内容上均违反了法律规定，该会议上的决议是无效的。

相关知识链接

股东参与决策权的相关法条及要点提示（之一）

1. 召开股东（大）会议的提议权

［有限公司］《公司法》第41条第3款　董事会或者执行董事不能履行或者不履行召集股东会会议职责的，由监事会或者不设监事会的公司的监事召集和主持；监事会或者监事不召集和主持的，代表十分之一以上表决权的股东可以自行召集和主持。

［股份公司］《公司法》第102条第2款　董事会不能履行或者不履行召集股东大会会议职责的，监事会应当及时召集和主持；监事会不召集和主持的，连续九十日以上单独或者合计持有公司百分之十以上股份的股东可以自行召集和主持。

要点：

（1）小股东自行召集和主持股东（大）会有前置程序。

（2）现实中，很多公司章程对具体实施提议权的程序及制度未做详细规定。为切实保障小股东的提议权，建议把股东不出席股东会，出席不表决或中途退席致使无法做出表决结果等情形考虑进去。例如在章程中明确：①提议方式：书面通知（董事会或董事长）；②提议内容：议题明确；③期间设置：董事长或董事会收到小股东的书面提议后，一定期限内（5~7个工作日）给予书面回复意见，说明是否安排会议及相关理由等。如在期限内董事会或董事长未做答复，股东则可提请监事会或监事召集。如监事会或监事也不履行职责，小股东可以自行召集和主持会议。

2. 出席股东（大）会的权利

《公司法》第41条　召开股东会会议，应当于会议召开十五日前通知全体股东；但是，公司章程另有规定或者全体股东另有约定的除外。

股东会应当对所议事项的决定做成会议记录，出席会议的股东应当在会议记录上签名。

要点：

（1）会议的通知时间和要求：建议在公司章程中细化，如召开临时会议，应当于会议召开前五日书面通知。只有全体股东一致同意的情况下，方可缩短会议通知的提前时间。会议通知必须将会议的议题及相关资料提前告知全体股东，并给股东合理的会议准备时间。

（2）会议记录的内容，须经股东确认。

3. 会议表决权

《公司法》第 42 条　股东会会议由股东按照出资比例行使表决权；但是，公司章程另有规定的除外。

《公司法》第 43 条　股东会的议事方式和表决程序，除本法有规定的外，由公司章程规定。

股东会会议作出修改公司章程、增加或者减少注册资本的决议以及公司合并、分立、解散或者变更公司形式的决议，必须经代表三分之二以上表决权的股东通过。

《公司法》第 106 条　股东可以委托代理人出席股东大会会议，代理人应当向公司提交股东授权委托书，并在授权范围内行使表决权。

《公司法》第 106 条　股东大会选举董事、监事，可以依照公司章程的规定或者股东大会的决议，实行累积投票制。

本法所称累积投票制，是指股东大会选举董事或者监事时，每一股份拥有与应选董事或者监事人数相同的表决权，股东拥有的表决权可以集中使用。

要点：

（1）表决权代理制度用以保证股东因特殊原因不能出席会议的表决权的行使。

（2）股东表决权排除制度，即关联交易表决权回避制度，该制度有利于防止大股东滥用表决权与公司进行关联交易损害公司利益，从而为中小股东的权益提供保护。

（3）公司章程应考虑小股东在董事会和监事会中的席位。董事会席位一般依据股权比例分配，但对于绝对控股的股东，应该限制其在董事会席位中的完全控制权，小股东的董事席位应达到能够起到制衡作用的数量。而监事会的席位设置应让小股东占据主导数量，才能更好地行使监督权利。

（4）累积投票权制度是指，股东会在选举两名以上的董事时，一个股东可以投票的总数等于他所持有的股份数额乘以待选董事的人数；他可以而将其总投票数投给一名或几名候选人。累积投票制度可为中小股东赢得董事席位，从而在董事会中拥有“代言人”。

【案例 2－4】

2003 年 7 月，刘雨、王平等 5 人共同协商成立沪州某水泥有限公司。公司章程第 46 条规定：经理在分管的工作中拖欠公司财产或销售货物未收回货款的，从本人股金中扣减。后公司依法定程序成立，在 2003 年 7 月第一次股东会会议上确定王平为销售经理，任期 3 年。

2006 年 4 月，公司召开董事会，会议认为王平在担任销售经理期间，有 54 264 元货款未收回，遂决议削减王平股金 54 300 元，并在分配红利时，按削减后的股金 24 570 元为基数进行计算，王平少分红利 4 344 元。为此，王平不服公司决议并诉至法院，要求确认该决议无效，公司恢复被削减的股金，并赔偿应得红利损失。公司辩称，公司章程是经股东共同协商制定的，召集董事会并依照公司章程第 46 条之规定作出的决议符合法定程序，要求驳回王平的诉讼请求。

【案例分析】

本案中，公司召集董事会的程序和表决方式虽然符合公司章程的要求，但对王平的处罚依据和决议的内容是随意削减股东股份的行为，决议的实施将导致公司的注册资本的减少，属于变相抽逃出资的行为。公司章程规定的内容因为违反法律的强行性规定而无效，据此而作出的董事会决议内容由于违法而最终无效。

相关知识链接

股东参与决策权的相关法条及要点提示（之二）

股东可提起请求确认会议决议无效或撤销决议之诉讼进行权利救济。

《公司法》第 22 条　公司股东会或者股东大会、董事会的决议内容违反法律、行政法规的无效。

股东会或者股东大会、董事会的会议召集程序、表决方式违反法律、行政法规或者公司章程，或者决议内容违反公司章程的，股东可以自决议作出之日起六十日内，请求人民法院撤销。

股东依照前款规定提起诉讼的，人民法院可以应公司的请求，要求股东提供相应担保。

公司根据股东会或者股东大会、董事会决议已办理变更登记的，人民法院宣告该决议无效或者撤销该决议后，公司应当向公司登记机关申请撤销变更登记。

要点：

（1）无效之诉针对的是违法的决议：无期限。

（2）撤销之诉针对的是违章、违反程序的决议：自作出之日起 60 日内可以要求法院担保。

【案例 2－5】

原告李孝忠等 28 人（均是某五金公司股东），诉请：要求各被告（五金公司董事长金荣中）因违反法律和公司章程，导致公司犯偷税罪被判处罚金 1 484 215. 56 元给公司造成损失予以赔偿。而被告辩称：原告不适格，应由公司提起诉讼，公司犯偷税罪与己无关，不应承担赔偿责任。经法院审理查明，五金公司在 1997 年 3 月至 2002 年 11 月之间，在董事长金荣中的安排下，采取账外经营，隐瞒销售收入，偷逃各种税款累计 494 738. 52 元，致使该公司构成偷税罪，被判处罚金 1 484 215. 56 元；金荣中作为直接负责的主管人员构成偷税罪，被判有期徒刑 3 年，并处罚金 494 738. 52 元。2006 年 2 月，28 名股东在监事已书面拒绝提起诉讼的情况下，以自己的名义直接向法院提起股东代表诉讼。

【案例分析】

《公司法》第150条所规定的董事、监事、高级管理人员执行公司职务时违反法律、行政法规或者公司章程的规定，给公司造成损失应当承担赔偿责任，只要满足了两个条件，即执行职务中的违法行为和违法行为带来的损害结果，就应当承担赔偿责任。因为公司偷税是以公司的名义进行，按照《公司法》规定，公司的意志表达应当由公司机关作出，而公司机关作出决议必须经过一定程序，由公司董事、监事、高级管理人员共同参与这些机构的决议过程。从当事人提供证据看，可以认为公司偷税是董事长在公司决策机构有效运行机制之外由其个人安排实施的。因此对公司因偷税被判处罚金造成的经济损失应由直接行为人和直接决策者董事长兼总经理个人承担赔偿责任。

股东代位诉讼的判决结果将直接归于公司，公司应该作为第三人参加股东代位诉讼，公司只是接受利益。股东代位诉讼的原告人数众多的，可以适用《中华人民共和国民事诉讼法》以下简称《民事诉讼法》，由原告们推选出数个诉讼代表人参加诉讼。

相关知识链接

股东参与决策权的相关法条及要点提示（之三）

股东可提起代位诉讼与直接诉讼进行权利救济

《公司法》第152条　董事、高级管理人员有本法第一百五十条规定的情形的，有限责任公司的股东、股份有限公司连续一百八十日以上单独或者合计持有公司百分之一以上股份的股东，可以书面请求监事会或者不设监事会的有限责任公司的监事向人民法院提起诉讼；监事有本法第一百五十条规定的情形的，前述股东可以书面请求董事会或者不设董事会的有限责任公司的执行董事向人民法院提起诉讼。

监事会、不设监事会的有限责任公司的监事，或者董事会、执行董事收到前款规定的股东书面请求后拒绝提起诉讼，或者自收到请求之日起三十日内未提起诉讼，或者情况紧急、不立即提起诉讼将会使公司利益受到难以弥补的损害的，前款规定的股东有权为了公司的利益以自己的名义直接向人民法院提起诉讼。

他人侵犯公司合法权益，给公司造成损失的，本条第一款规定的股东可以依照前两款的规定向人民法院提起诉讼。

《公司法》第153条　董事、高级管理人员违反法律、行政法规或者公司章程的规定，损害股东利益的，股东可以向人民法院提起诉讼。

要点：

（1）股东代位诉讼。又称派生、间接、代表诉讼，当公司的合法权益受到不法侵害导致公司股东权益间接受损，而公司却怠于起诉时，公司的股东即以自己名义起诉，而所获赔偿归于公司的一种诉讼。

①原告的条件限制不一样。有限责任公司是单独股东权，股份有限公司是少数股东权；

②前置程序用尽原则。

③诉讼当事人：

原告——股东；

被告——赔偿责任人（董事、高管、监事；他人——股东、实际控制人及其利害关系人）；

第三人——公司。

（2）直接诉讼。董事、高管违法或违反章程，直接损害某个股东利益的，该股东向法院提起诉讼。

股东投资收益权的相关法条及要点提示

股东有权要求公司根据法律和公司章程规定，依据公司的经营情况，分派红利和其他应得收益。

1. 投资收益权的保护

《公司法》第167条　公司分配当年税后利润时，应当提取利润的百分之十列入公司法定公积金。公司法定公积金累计额为公司注册资本的百分之五十以上的，可以不再提取。

公司的法定公积金不足以弥补以前年度亏损的，在依照前款规定提取法定公积金之前，应当先用当年利润弥补亏损。

公司从税后利润中提取法定公积金后，经股东会或者股东大会决议，还可以从税后利润中提取任意公积金。

公司弥补亏损和提取公积金后所余税后利润，有限责任公司依照本法第三十五条的规定分配；股份有限公司按照股东持有的股份比例分配，但股份有限公司章程规定不按持股比例分配的除外。

股东会、股东大会或者董事会违反前款规定，在公司弥补亏损和提取法定公积金之前向股东分配利润的，股东必须将违反规定分配的利润退还公司。

要点：

（1）公司法规定公司分配当年税后利润的前提是：①公司当年有利润；②已弥补和结转递延亏损；③已提取10%的法定公积金（公司法定公积金累计额为注册资本50%以上的，可以不再提取）。

（2）公司章程应明确规定股东分红权的实现过程和条件。公司利润分配的比例也可以由股东事先约定，不以股权比例为唯一依据。

2. 投资收益权的救济

《公司法》第72条　有限责任公司的股东之间可以相互转让其全部或者部分股权。

股东向股东以外的人转让股权，应当经其他股东过半数同意。股东应就其股权转让事项书面通知其他股东征求同意，其他股东自接到书面通知之日起满三十日未答复的，视为同意转让。其他股东半数以上不同意转让的，不同意的股东应当购买该转让的股权；不购买的，视为同意转让。

经股东同意转让的股权，在同等条件下，其他股东有优先购买权。两个以上股东主张行使优先购买权的，协商确定各自的购买比例；协商不成的，按照转让时各自的出资比例行使优先购买权。

公司章程对股权转让另有规定的，从其规定。

《公司法》第 73 条　人民法院依照法律规定的强制执行程序转让股东的股权时，应当通知公司及全体股东，其他股东在同等条件下有优先购买权。其他股东自人民法院通知之日起满二十日不行使优先购买权的，视为放弃优先购买权。

要点：

（1）如果有关股利分配的股东会决议或董事会决议违反法律、行政法规或公司章程的规定，或者存在程序上的瑕疵，股东可以向人民法院起诉要求撤销或确认该决议无效。例如公司股东会违反章程规定超额提取公积金而不分配股利时，公司小股东可申请法院撤销该决议。

（2）有限责任公司股东向股东以外的人转让股权时，应征得公司其他股东过半数的同意。公司法对于“转让同意制度”的程序规定较为笼统，建议在公司章程中细化。

（3）股东可以行使退出权来保障自己的投资收益。

（4）如果股东会通过了股利分配方案，但公司董事会拒不执行的，股东可以直接以公司为被告提起给付诉讼。因为一旦分配方案得以通过，便在股东和公司之间直接产生了具体的债权债务关系，股东对此当然可以通过诉讼解决。

【案例 2 -6】

陈德宝原系上海利丰会计师事务所有限公司（以下简称会计师事务所）的股东，持有会计师事务所 6% 的股权。后因双方发生争执，会计师事务所依据公司章程，作出了陈德宝自 2002 年 5 月 9 日转让其股权，退出会计师事务所的决议。经诉讼，该决议获得了法院生效判决的确认，在股东身份被否认后，陈德宝于 2005 年 12 月 15 日向上海市金山区人民法院提起诉讼，要求利丰会计师事务所收购自己所持有的股权。利丰会计师事务所则认为：陈德宝应当按照章程规定的程序将股权转让给其他股东；会计师事务所有义务配合办理股权转让手续，但没有义务向原告回购股权。

2006 年 6 月 19 日，上海市金山区人民法院作出一审判决：被告会计师事务所于本判决生效之日起 10 日内支付原告陈德宝股权转让款人民币 14 万元，原告陈德宝拥有的会计师事务所 6% 股权归被告会计师事务所所有。一审判决后，原、被告均表示不服，并在法定期限内提起上诉。

二审法院经审理认为：一审法院在本案中的裁决充分体现了《公司法》的立法意图，有效地保护了少数股东的利益。2006 年 10 月 19 日，上海市第一中级人民法院依法驳回双方上诉请求，作出了维持原判的终审判决。

【案例分析】

非有法律规定的事由出现，公司不得回购本公司股份。本案中，虽然法院判定公司回购少数股东陈德宝的股权，但回购的情形并不属于法律明确规定的股权回购事由。不过，在案件审理的过程中，人民法院适用立法目的解释的方法，对法律进行了一定程度的扩大理解，体现了对法律条文的灵活运用。我们认为，目前我国关于公司的异议股东回购股权的法定情形过于狭窄，导致在司法实践中，很多股东受到侵害需要退出公司而难以得到救济，因此，我们建议，可以通过司法解释等方式加强法律所列举的股权回购请求权的事由的可操作性。

相关知识链接

股东退出权的相关法条及要点提示（之一）

股东在法定情形出现时可向公司主张股份回购请求权退出公司，是“用脚投票”。

公司法第75条有下列情形之一的，对股东会该项决议投反对票的股东可以请求公司按照合理的价格收购其股权：

①公司连续五年不向股东分配利润，而公司该五年连续盈利，并且符合本法规定的分配利润条件的；

②公司合并、分立、转让主要财产的；

③公司章程规定的营业期限届满或者章程规定的其他解散事由出现，股东会会议通过决议修改章程使公司存续的。

自股东会会议决议通过之日起六十日内，股东与公司不能达成股权收购协议的，股东可以自股东会会议决议通过之日起九十日内向人民法院提起诉讼。

[股份]《公司法》第143条　公司不得收购本公司股份。但是，有下列情形之一的除外：

④股东因对股东大会作出的公司合并、分立决议持异议，要求公司收购其股份的。

要点：

（1）有限公司的股份请求回购股份：

①是“反对股东”的权利；

②三种情形；

③关注几个时间点。

（2）股份公司的股份请求回购股份只有一种情形。

【案例2－7】

2004年8月，张前虎、孙建出资成立星博公司。公司章程记载：星博公司注册资本为人民币10万元，其中张前虎出资5.5万元，占注册资金的55%，孙建出资45 000元，占注册资金的45%；股东有权查阅股东会会议记录和公司财务会计报告；股东会每年召开2次定期会议，一般在年中和年末召开；星博公司应当在每一会计年度结束后30日内将财务会计报告送交给股东，财务会计报告应依法经审查验证。星博公司成立后，即召开股东会会议，会议选举张前虎为公司执行董事，孙建为公司监事。后孙建、张前虎未召开过股东会会议。2004年9月，星博公司与江苏省电信有限公司无锡分公司（以下简称无锡电信公司）签订智能公用电话代理协议，为无锡电信公司代理智能公用电话业务。2005年12月，孙建书面通知星博公司，要求公司说明成立后的盈亏等情况，但星博公司未予说明。现星博公司处于停业状态。法院审理期间，经调解后，股东张前虎和孙建仍表示无法继续合作经营。

孙建于2005年12月30日以星博公司未按章程召开股东会、未制作年度财务会计报告送达股东查阅、张前虎严重侵害公司利益和其他股东权益为由诉至江苏省无锡市南长区人民法院，请求判定：①查阅及复制公司财务账册、股东会决议、资产负债表、损益表、财务状况变动表、财务情况说明书、审验报告及相应原始凭证；②解散公司并进行清算。被告星博公司、张前虎辩称：对孙建第一项诉请没有异议，但我方不同意解散公司，不应承担诉讼费。孙建已经退股，星博公司支付了其转让款，且星博公司不是本案的适格被告。

【案例分析】

在本案中，股东孙建和张前虎在星博公司经营管理中出现意见分歧，使星博公司目前的经营管理发生严重困难，公司的一切事务陷入瘫痪，继续下去将使股东利益受到更大损失。股东张前虎和星博公司均不愿意收购孙建的股权，且经法院调解仍无法恢复信任关系。孙建作为星博公司股东持股比例达到45%。《公司法》第183条的规定适用于本案双方当事人之间的情形。故应认定星博公司已陷入公司僵局，股东孙建请求法院解散公司并进行清算的主张，符合我国公司法规定，应予支持。

我国公司法上的司法解散诉讼的适用应当具备四个条件：①公司经营管理发生严重困难。“严重困难”应当既包括公司经营上的困难，也包括公司管理上的困难。这一困境既可能是因决策不当或经营不善引起的，也可能是因公司股东意见分歧或利益之争引起的。②公司继续存续会使股东利益受到重大损失。这是因为处于经营管理困境中的公司内部机关实际上处于瘫痪状态，正如本案中的星博公司，从成立之后起从未召开过股东会，股东无法了解公司的经营状况和财务状况，这使得股东无法有效地行使股东权利，股东利益受到极大的损害。③通过其他途径不能解决。这就是所谓的“穷尽公司内部救济原则”，因为司法解散公司会耗费巨大的成本，包括终止公司的成本和股东起诉的成本，如果股东能够通过内部途径退出公司，如转让股权或者回购股权，那么公司人格就得以存续，公司就有“重生”的机会，这毫无疑问是成本更小的选择。这里的“其他途径”甚至包括通过股东会决议解散公司，因为如果股东会能通过解散公司的决议，那么股东提起司法解散诉讼也就没有必要了。④持有公司全部股东表决权10%以上的股东向人民法院提出请求。这是对股东持股比例的要求，该限制条件是为了在一定程度上防止个别股东恶意诉讼损害公司利益。10%以上的股份既可以由单个股东持有，也可以由多个股东合计持有。

相关知识链接

股东退出权的相关法条及要点提示（之二）

股东在公司出现法定情形时可行使司法解散请求权来退出公司

《公司法》第183条　公司经营管理发生严重困难，继续存续会使股东利益受到重大损失，通过其他途径不能解决的，持有公司全部股东表决权百分之十以上的股东，可以请求人民法院解散公司。

《最高人民法院关于运用〈中华人民共和国公司法〉若干问题的规定（二）》第1

条　单独或者合计持有公司全部股东表决权百分之十以上的股东，以下列事由之一提起解散公司诉讼，并符合公司法第 182 条规定的，人民法院应予受理：①公司持续两年以上无法召开股东会或者股东大会，公司经营管理发生严重困难的；②股东表决时无法达到法定或者公司章程规定的比例，持续两年以上不能做出有效的股东会或者股东大会决议，公司经营管理发生严重困难的；③公司董事长期冲突，且无法通过股东会或者股东大会解决，公司经营管理发生严重困难的；④经营管理发生其他严重困难，公司继续存续会使股东利益受到重大损失的情形。

股东以知情权、利润分配请求权等权益受到损害，或者公司亏损、财产不足以偿还全部债务以及公司被吊销企业法人营业执照未进行清算等为由，提起解散公司诉讼的，人民法院不予受理。

要点：

（1）解决公司僵局，应遵循内部救济用尽原则。

（2）是少数股东权。

（3）当事人：原告是少数股东；被告是公司，其他股东充当原告（赞成的）或者第三人（反对的）。

（4）公司解散清算的条件除了法定的几种情况外，还可以由公司章程自行约定解散事由。在章程中事先设定好可进行清算的各种情形，有利于股东行使退出权并依法行使清算权。具体的情况可以约定如下：

①股东之间发生矛盾，影响公司的正常经营，公司陷入僵局，股东既不能转让股权，公司又不能回购股权形成股东僵局，通过协商等途径已经无法解决；

②规定当公司亏损达一定数额或比例的情况，或者连续几年盈利不能达到净资产的一定比例时；

③经营条件发生某些重大变化（包括股东方合作时承诺提供的支持等），股东合作的目的不能实现；

④持续几年不能分红；

⑤不可抗力的出现。

知识拓展

一、公司能力的相关法条及要点提示

（一）公司向其他企业投资的限制

《公司法》第 15 条　公司可以向其他企业投资；但是，除法律另有规定外，不得成为对所投资企业的债务承担连带责任的出资人。

《合伙企业法》第 3 条　国有独资公司、国有企业、上市公司以及公益性的事业单位、社会团体不得成为普通合伙人。

要点：

（1）转投资对象：可向其他企业投资；但一般不得成为连带责任的出资人，合伙企业除外。

（2）虽然可以向合伙企业投资，但国有独资公司、上市公司不可以为普通合伙人。

（二）公司为他人债务提供担保的限制

《公司法》第 16 条　公司向其他企业投资或者为他人提供担保，依照公司章程的规定，由董事会或者股东会、股东大会决议；公司章程对投资或者担保的总额及单项投资或者担保的数额有限额规定的，不得超过规定的限额。

公司为公司股东或者实际控制人提供担保的，必须经股东会或者股东大会决议。

前款规定的股东或者受前款规定的实际控制人支配的股东，不得参加前款规定事项的表决。该项表决由出席会议的其他股东所持表决权的过半数通过。

《公司法》第 122 条　上市公司在一年内购买、出售重大资产或者担保金额超过公司资产总额百分之三十的，应当由股东大会作出决议，并经出席会议的股东所持表决权的三分之二以上通过。

要点：

（1）公司为自己债务担保，不受任何限制。

（2）为他人（其他企业、个人）担保虽不被禁止，但受到严格的程序限制。

1）只有股东会、股东大会有决议权；

2）为股东、实际控制人担保的，只有股东（大）会有决议权；此时利害股东表决回避。证券公司对内担保是禁止的。

3）上市公司对外担保，一年内超资产总额 30%，须经股东大会 2/3 以上通过。

（三）公司与公司的董事、监事、高级管理人员之间禁止发生借贷关系

[股份]《公司法》第 116 条　公司不得直接或者通过子公司向董事、监事、高级管理人员提供借款。

股份公司不得直接或者通过子公司向高管层借款。

（四）公司对外举债的限制

《中华人民共和国证券法》第 16 条　发行公司债券的公司，其累计债券余额不超过公司净资产额的 40%。

二、法人格否认制度的相关法条及要点提示

《公司法》第 20 条　公司股东应当遵守法律、行政法规和公司章程，依法行使股东权利，不得滥用股东权利损害公司或者其他股东的利益；不得滥用公司法人独立地位和股东有限责任损害公司债权人的利益。

公司股东滥用股东权利给公司或者其他股东造成损失的，应当依法承担赔偿责任。

公司股东滥用公司法人独立地位和股东有限责任，逃避债务，严重损害公司债权人利益的，应当对公司债务承担连带责任。

《公司法》第 21 条　公司的控股股东、实际控制人、董事、监事、高级管理人员不得利用其关联关系损害公司利益。

违反前款规定，给公司造成损失的，应当承担赔偿责任。

《公司法》第 64 条　一人有限责任公司的股东不能证明公司财产独立于股东自己的财产的，应当对公司债务承担连带责任。

要点：

（1）股东对公司、其他股东、公司债权人有诚信义务。

（2）违反对公司债权人的诚信义务，要揭开法人的面纱。即公司法人人格否认，是指在个案中，个别滥权股东滥用公司法人独立地位和股东有限责任，严重损害公司债权人利益的，应当对公司债务承担连带责任。

（3）一人公司被揭破的具体情形：财产混同；举证责任倒置。

三、公司组织过程的相关法条及要点提示

（一）公司的设立

《公司法》第 23 条　设立有限责任公司，应当具备下列条件：

①股东符合法定人数；

②股东出资达到法定资本最低限额；

③股东共同制定公司章程；

④有公司名称，建立符合有限责任公司要求的组织机构；

⑤有公司住所。

《公司法》第 95 条　股份有限公司的发起人应当承担下列责任：

①公司不能成立时，对设立行为所产生的债务和费用负连带责任；

②公司不能成立时，对认股人已缴纳的股款，负返还股款并加算银行同期存款利息的连带责任；

③在公司设立过程中，由于发起人的过失致使公司利益受到损害的，应当对公司承担赔偿责任。

要点：

（1）思考设立与成立的关系。

（2）违反设立条件的，为设立失败。

（3）股份公司设立失败的，设立人承担的三种责任类型（第 95 条，（一）（三）项也适用于有限公司）。

（二）公司的变更

1. 公司合并

《公司法》第 173 条　公司合并可以采取吸收合并或者新设合并。

一个公司吸收其他公司为吸收合并，被吸收的公司解散。两个以上公司合并设立一个新的公司为新设合并，合并各方解散。

《公司法》第 174 条　公司合并，应当由合并各方签订合并协议，并编制资产负债表及财产清单。公司应当自作出合并决议之日起十日内通知债权人，并于三十日内在报纸上公告。债权人自接到通知书之日起三十日内，未接到通知书的自公告之日起四十五日内，可以要求公司清偿债务或者提供相应的担保。

《公司法》第 175 条　公司合并时，合并各方的债权、债务，应当由合并后存续的公司或者新设的公司承继。

要点：

（1）合并类型。

①吸收合并：A + B = A；B 的人格消灭；A 的人格存续；

②新设合并：A + B = C；A、B 的人格都消灭；产生新的人格 C；

（2）合并程序：合并协议—10 日内通知债权人—30 日内公告—30/45 日内清偿或者担保。

（3）合并后果：承继债权债务。

2. 公司分立

《公司法》第 176 条　公司分立，其财产作相应的分割。

公司分立，应当编制资产负债表及财产清单。公司应当自作出分立决议之日起十日内通知债权人，并于三十日内在报纸上公告。

《公司法》第 177 条　公司分立前的债务由分立后的公司承担连带责任。但是，公司在分立前与债权人就债务清偿达成的书面协议另有约定的除外。

要点：

（1）分立类型：

①派生分立：A = A + B；B 公司的人格派生出来，A 的人格继续存续。

②新设分立：A = B + C；A 公司的人格消灭，产生两个或者两个以上的新人格。

（2）分立程序：分割财产—10 日内通知债权人—30 日内公告（注意没有担保、清偿的要求）。

（3）分立后果：分立后的公司原则上承担连带责任。

3. 减资

《公司法》第 178 条　公司需要减少注册资本时，必须编制资产负债表及财产清单。

公司应当自作出减少注册资本决议之日起十日内通知债权人，并于三十日内在报纸上公告。债权人自接到通知书之日起三十日内，未接到通知书的自公告之日起四十五日内，有权要求公司清偿债务或者提供相应的担保。

公司减资后的注册资本不得低于法定的最低限额。

要点：

（1）减资决议：10 日内通知债权人—30 日内公告—30 日（接到通知书）/45 日（未接到通知书）内清偿或者担保。

（2）减资后的注资不低于法定最低额。

4. 公司形式变更

《公司法》第 9 条　有限责任公司变更为股份有限公司，应当符合本法规定的股份有限公司的条件。股份有限公司变更为有限责任公司，应当符合本法规定的有限责任公司的条件。

有限责任公司变更为股份有限公司的，或者股份有限公司变更为有限责任公司的，公司变更前的债权、债务由变更后的公司承继。

《公司法》第96条　有限责任公司变更为股份有限公司时，折合的实收股本总额不得高于公司净资产额。有限责任公司变更为股份有限公司，为增加资本公开发行股份时，应当依法办理。

要点：

（1）公司形式变更需符合法律规定的条件。

（2）注意变更后债权、债务的继承。

（三）公司的终止（解散与清算）

1. 公司解散、破产与清算、终止的关系

《公司法》第188条　清算组在清理公司财产、编制资产负债表和财产清单后，发现公司财产不足清偿债务的，应当依法向人民法院申请宣告破产。

公司经人民法院裁定宣告破产后，清算组应当将清算事务移交给人民法院。

《公司法》第189条　公司清算结束后，清算组应当制作清算报告，报股东会、股东大会或者人民法院确认，并报送公司登记机关，申请注销公司登记，公告公司终止。

要点：

（1）解散、破产都将导致清算；

（2）解散清算的前提是资可抵债；破产清算的前提是资不抵债；

（3）清算结束，注销公司，导致公司终止，即：解散或破产—清算—注销—公司终止。

2. 解散的事由

《公司法》第181条　公司因下列原因解散：

①公司章程规定的营业期限届满或者公司章程规定的其他解散事由出现；

②股东会或者股东大会决议解散；

③因公司合并或者分立需要解散；

④依法被吊销营业执照、责令关闭或者被撤销；

⑤人民法院依照本法第一百八十三条的规定予以解散。

《公司法》第182条　公司有本法第一百八十一条第一项情形的，可以通过修改公司章程而存续。

依照前款规定修改公司章程，有限责任公司须经持有三分之二以上表决权的股东通过，股份有限公司须经出席股东大会会议的股东所持表决权的三分之二以上通过。

《公司法》第183条　公司经营管理发生严重困难，继续存续会使股东利益受到重大损失，通过其他途径不能解决的，持有公司全部股东表决权百分之十以上的股东，可以请求人民法院解散公司。

3. 解散清算

《公司法》第184条　公司因本法第181条第一项、第二项、第四项、第五项规定而解散的，应当在解散事由出现之日起十五日内成立清算组，开始清算。有限责任公司的清算组由股东组成，股份有限公司的清算组由董事或者股东大会确定的人员组成。逾期不成立清算组进行清算的，债权人可以申请人民法院指定有关人员组成清算组进行清算。人民法院应当受理该申请，并及时组织清算组进行清算。

《公司法》第 186 条　清算组应当自成立之日起十日内通知债权人，并于六十日内在报纸上公告。债权人应当自接到通知书之日起三十日内，未接到通知书的自公告之日起四十五日内，向清算组申报其债权。

债权人申报债权，应当说明债权的有关事项，并提供证明材料。清算组应当对债权进行登记。

在申报债权期间，清算组不得对债权人进行清偿。

要点：

（1）184 条独缺 181 条的第三项的原因是：合并或者分立程序中，被注销的公司不需要进行清算，因为合并、分立对公司债务由后续公司承继，对债权人没有影响。

（2）清算人：有限公司清算人：股东；股份公司清算人：董事、股东大会指定人员；或法院指定人员。

（3）了解清算程序。

四、公司财务、会计的相关法条及要点提示

《公司法》第 167 条　公司分配当年税后利润时，应当提取利润的百分之十列入公司法定公积金。公司法定公积金累计额为公司注册资本的百分之五十以上的，可以不再提取。

公司的法定公积金不足以弥补以前年度亏损的，在依照前款规定提取法定公积金之前，应当先用当年利润弥补亏损。

公司从税后利润中提取法定公积金后，经股东会或者股东大会决议，还可以从税后利润中提取任意公积金。

公司弥补亏损和提取公积金后所余税后利润，有限责任公司依照本法第三十五条的规定分配；股份有限公司按照股东持有的股份比例分配，但股份有限公司章程规定不按持股比例分配的除外。

股东会、股东大会或者董事会违反前款规定，在公司弥补亏损和提取法定公积金之前向股东分配利润的，股东必须将违反规定分配的利润退还公司。

公司持有的本公司股份不得分配利润。

《公司法》第 168 条　股份有限公司以超过股票票面金额的发行价格发行股份所得的溢价款以及国务院财政部门规定列入资本公积金的其他收入，应当列为公司资本公积金。

《公司法》第 169 条　公司的公积金用于弥补公司的亏损、扩大公司生产经营或者转为增加公司资本。但是，资本公积金不得用于弥补公司的亏损。

法定公积金转为资本时，所留存的该项公积金不得少于转增前公司注册资本的百分之二十五。

要点：

（1）公司收益的分配顺序。

毛利—税—弥补亏损（如有亏损）—法定公积金—任意公积金（自愿）—分红。

（2）公积金。

公积金是指企业根据法律和企业章程的规定提留备用，不作为股利分配的部分所得或收益。分为：盈余公积金和资本公积金（根据来源区分）；法定公积金和任意公积金（根据提取依据区分）。需注意以下几点：

（1）法定公积金提取的有关数字：10%；50%。

（2）公积金使用：三大用途（169条）；法定公积金转为资本时，留存的该项公积金不得少于转增前注资的25%。

（3）资本公积金：不得用于弥补亏损；股份公司发行股票的溢价款应当列为资本公积金。

五、有限责任公司章程的相关法条及要点提示

《公司法》第11条　设立公司必须依法制定公司章程。公司章程对公司、股东、董事、监事、高级管理人员具有约束力。

《公司法》第35条　股东按照实缴的出资比例分取红利；公司新增资本时，股东有权优先按照实缴的出资比例认缴出资。但是，全体股东约定不按照出资比例分取红利或者不按照出资比例优先认缴出资的除外。

《公司法》第43条　股东会会议由股东按照出资比例行使表决权；但是，公司章程另有规定的除外。

《公司法》第167条第3款　公司弥补亏损和提取公积金后所余税后利润，有限责任公司依照本法第三十五条的规定分配；股份有限公司按照股东持有的股份比例分配，但股份有限公司章程规定不按持股比例分配的除外。

《公司法》第187条第2款　公司财产在分别支付清算费用、职工的工资、社会保险费用和法定补偿金，缴纳所欠税款，清偿公司债务后的剩余财产，有限责任公司按照股东的出资比例分配，股份有限公司按照股东持有的股份比例分配。

要点：

（1）章程是股东意思自治的载体，应注意章程对哪些人有效。

（2）出资比例、股权比例、投票比例、分红比例，四大比例不挂钩，可意思自治；注意股份公司只有分红比例可以自由约定；但有限责任公司和股份有限公司分配剩余财产比例都是法定的，不可自治。

六、有限责任公司股东出资的相关法条及要点提示

《公司法》第26条第1款　有限责任公司的注册资本为在公司登记机关登记的全体股东认缴的出资额。公司全体股东的首次出资额不得低于注册资本的百分之二十，也不得低于法定的注册资本最低限额，其余部分由股东自公司成立之日起两年内缴足；其中，投资公司可以在五年内缴足。

《公司法》第26条第2款　有限责任公司注册资本的最低限额为人民币三万元。法律、行政法规对有限责任公司注册资本的最低限额有较高规定的，从其规定。

《公司法》第81条第3款　股份有限公司注册资本的最低限额为人民币五百万元。法律、行政法规对股份有限公司注册资本的最低限额有较高规定的，从其规定。

（一）资本认缴制与法定最低注册资本（表2-1）

表2-1　　各类公司法定注册资本的最低限额

有限公司	一般为3万元 一人公司为10万元
股份公司	500万元
商业银行	（1）全国性商业银行，10亿元 （2）城市合作商业银行，1亿元 （3）农村合作商业银行，5 000万元 以上均为实缴货币资本
证券公司	（1）经纪类，5 000万元 （2）综合类，据经营项目分别为1亿元、5亿元
保险公司	2亿元，实缴货币资本

（二）出资形式

《公司法》第27条　股东可以用货币出资，也可以用实物、知识产权、土地使用权等可以用货币估价并可以依法转让的非货币财产作价出资；但是，法律、行政法规规定不得作为出资的财产除外。

全体股东的货币出资金额不得低于有限责任公司注册资本的百分之三十。

《公司登记管理条例》第14条第2款　股东不得以劳务、信用、自然人姓名、商誉、特许经营权或者设定担保的财产等作价出资。

《公司法》第28条第1款　股东应当按期足额缴纳公司章程中规定的各自所认缴的出资额。股东以货币出资的，应当将货币出资足额存入有限责任公司在银行开设的账户；以非货币财产出资的，应当依法办理其财产权的转移手续。

要点：

（1）法不禁止即自由：掌握被禁止出资的6项财产。

（2）货币出资：最低要求以及存入账户。

（3）非货币出资：要估价；要转移财产权（交付、登记）。

（三）出资责任

《公司法》第28条第2款　股东不按照前款规定缴纳出资的，除应当向公司足额缴纳外，还应当向已按期足额缴纳出资的股东承担违约责任。

《公司法》第31条　有限责任公司成立后，发现作为设立公司出资的非货币财产的实际价额显著低于公司章程定价额的，应当由交付该出资的股东补足其差额；公司设立时的其他股东承担连带责任。

《公司法》第35条　股东按照实缴的出资比例分取红利；公司新增资本时，股东有权优先按照实缴的出资比例认缴出资。但是，全体股东约定不按照出资比例分取红利或者不按照出资比例优先认缴出资的除外。

《公司法》第36条　公司成立后，股东不得抽逃出资。

《公司法》第208条第3款　承担资产评估、验资或者验证的机构因其出具的评估结果、验资或者验证证明不实，给公司债权人造成损失的，除能够证明自己没有过错的外，在其评估或者证明不实的金额范围内承担赔偿责任。

要点：

（1）不足额缴纳的，股东责任：

对公司的补缴责任（不受诉讼时效限制）；

对其他股东的违约（设立协议）责任。

（2）虚假出资的，对公司补足差额，其他发起股东负连带责任。

（3）思考"出资的意义"：不出资的，当然丧失股东资格吗？

（4）实缴的意义：股东按照实缴比例分红，按照实缴比例行使优先认股权（老实人不吃亏）；《公司法》只对这两个权利明示按照实缴比例行使，其他权利视为按照认缴比例行使如投票权、选举权（有时候老实人吃亏）等。

（四）股东身份的证明

《公司法》第33条第2款　记载于股东名册的股东，可以依股东名册主张行使股东权利。

要点：

（1）股东名册，股东向公司主张股权的凭证，生效效力。

（2）工商登记，对抗效力。

七、有限公司股东的出资转让

（一）股东出资转让内外有别

要点：

（1）股东之间的内部转让无限制。

（2）股东向外部转让，程序限制严格。

1）其他股东的过半数同意；此处过半数是指人头，唯一的法定人头主义。

2）优先购买权：30日犹豫期，沉默视为同意；不同意就购买；不购买就同意。

3）优先权的冲突处理：各自比例分享。

4）优先权适用于强制执行程序，但"半数以上同意"规则不适用强制执行程序。

（3）股东转让股权后，公司应当修改公司章程，对公司章程的该项修改不需要再由股东会表决（74条）。

（二）继承

《公司法》第76条　自然人股东死亡后，其合法继承人可以继承股东资格；但是，公司章程另有规定的除外。

要点：

继承取得股东资格原则上允许；允许章程例外规定（区别于普通合伙人）。

八、一人有限公司的相关法条及要点提示

《公司法》第58条　一人有限责任公司的设立和组织机构，适用本节规定；本节没有规定的，适用本章第一节、第二节的规定。

本法所称一人有限责任公司，是指只有一个自然人股东或者一个法人股东的有限责任公司。

《公司法》第59条　一人有限责任公司的注册资本最低限额为人民币十万元。股东应当一次足额缴纳公司章程规定的出资额。

一个自然人只能投资设立一个一人有限责任公司。该一人有限责任公司不能投资设立新的一人有限责任公司。

《公司法》第60条　一人有限责任公司应当在公司登记中注明自然人独资或者法人独资，并在公司营业执照中载明。

《公司法》第61条　一人有限责任公司章程由股东制定。

《公司法》第62条　一人有限责任公司不设股东会。股东作出本法第三十八条第一款所列决定时，应当采用书面形式，并由股东签名后置备于公司。

《公司法》第63条　一人有限责任公司应当在每一会计年度终了时编制财务会计报告，并经会计师事务所审计。

《公司法》第64条　一人有限责任公司的股东不能证明公司财产独立于股东自己的财产的，应当对公司债务承担连带责任。

要点：

（1）对于一人公司的6大特殊规则：

1）较高的注册资本要求：10万元，一次缴纳；

2）自然人一人公司的计生与绝育：一个自然人，一个一人公司，一代；

3）身份公示：名称注明自然人独资或者法人独资，在营业执照中载明；

4）重大决定公示：一人公司不设股东会，股东作出决定时，应当采用书面且置备于公司；

5）强制审计：在每一会计年度终了时编制财务会计报告，并经会计师所审计；

6）严厉的人格否认。

（2）一人有限公司和普通有限公司特点比较（表2-2）。

表2-2　　一人有限公司和普通有限公司特点比较

	一人有限公司	普通有限公司
投资人	一个自然人或一个法人股东	2~50人
资本制度	一次缴付	可以分期缴付
最低注册资本	10万元	最低3万元，有更高的，从其规定
组织机构	不设股东会；可以不设董事会；可以不设监事	三会基本健全
转投资限制	一个自然人设立一个一人有限公司；该一人公司不能投资设立新的一人公司	无此限制

九、股份有限公司设立的相关法条及要点提示

（一）股份有限公司的发起设立

《公司法》第78条　股份有限公司的设立，可以采取发起设立或者募集设立的方式。

发起设立，是指由发起人认购公司应发行的全部股份而设立公司。

募集设立，是指由发起人认购公司应发行股份的一部分，其余股份向社会公开募集或者向特定对象募集而设立公司。

《公司法》第79条　设立股份有限公司，应当有二人以上二百人以下为发起人，其中须有半数以上的发起人在中国境内有住所。

《公司法》第81条第1款　股份有限公司采取发起设立方式设立的，注册资本为在公司登记机关登记的全体发起人认购的股本总额。公司全体发起人的首次出资额不得低于注册资本的百分之二十，其余部分由发起人自公司成立之日起两年内缴足；其中，投资公司可以在五年内缴足。在缴足前，不得向他人募集股份。

《公司法》第84条　以发起设立方式设立股份有限公司的，发起人应当书面认足公司章程规定其认购的股份；一次缴纳的，应即缴纳全部出资；分期缴纳的，应即缴纳首期出资。以非货币财产出资的，应当依法办理其财产权的转移手续。

发起人不依照前款规定缴纳出资的，应当按照发起人协议承担违约责任。

发起人首次缴纳出资后，应当选举董事会和监事会，由董事会向公司登记机关报送公司章程、由依法设定的验资机构出具的验资证明以及法律、行政法规规定的其他文件，申请设立登记。

要点：

（1）股份有限公司发起人的要求：2～200人，其中须有半数以上在中国境内有住所。

（2）股份有限公司发起设立的分期缴付制，在缴足前，不得向他人募集股份。

（二）股份有限公司的募集设立

《公司法》第81条第2款　股份有限公司采取募集方式设立的，注册资本为在公司登记机关登记的实收股本总额。

《公司法》第85条　以募集设立方式设立股份有限公司的，发起人认购的股份不得少于公司股份总数的百分之三十五；但是，法律、行政法规另有规定的，从其规定。

要点：

（1）股份公司募集设立的法定资本制：募集设立的，注资为实收股本总额。

（2）股份公司募集设立的程序是：

1）发起人认购股份；

2）制作招股说明书；

3）签订承销协议和代收股款协议；

4）申请批准募集；

5）公开募股；

6）召开创立大会；

7）申请工商设立登记。

（三）股份有限公司的创立大会

《公司法》第90条　发行股份的股款缴足后，必须经依法设立的验资机构验资并出具证明。发起人应当自股款缴足之日起三十日内主持召开公司创立大会。创立大会由发起人、认股人组成。

发行的股份超过招股说明书规定的截止期限尚未募足的，或者发行股份的股款缴足后，发起人在三十日内未召开创立大会的，认股人可以按照所缴股款并加算银行同期存款利息，要求发起人返还。

《公司法》第91条　发起人应当在创立大会召开十五日前将会议日期通知各认股人或者予以公告。创立大会应有代表股份总数过半数的发起人、认股人出席，方可举行。

创立大会行使下列职权：

（1）审议发起人关于公司筹办情况的报告；

（2）通过公司章程；

（3）选举董事会成员；

（4）选举监事会成员；

（5）对公司的设立费用进行审核；

（6）对发起人用于抵作股款的财产的作价进行审核；

（7）发生不可抗力或者经营条件发生重大变化直接影响公司设立的，可以作出不设立公司的决议。

创立大会对前款所列事项作出决议，必须经出席会议的认股人所持表决权过半数通过。

第92条　发起人、认股人缴纳股款或者交付抵作股款的出资后，除未按期募足股份、发起人未按期召开创立大会或者创立大会决议不设立公司的情形外，不得抽回其股本。

要点：

（1）只有募集设立，才有创立大会。

（2）程序：自股款缴足之日起30日内主持召开公司创立大会。

（3）组成：发起人、认股人组成。

（4）三种情况下可以抽回资本（92条）。

（5）公司登记前后相关法律术语的变化（表2－3）。

表2－3　　公司登记前后相关法律术语的变化

登记前	登记后
认股人、发起人	股东
认股书	股票
创立大会	股东大会
发起人合伙	法人
认股人对出资财产仍享有所有权	公司财产

（四）股份公司的股东的出资责任

《公司法》第94条　股份有限公司成立后，发起人未按照公司章程的规定缴足出资的，应当补缴；其他发起人承担连带责任。

股份有限公司成立后，发现作为设立公司出资的非货币财产的实际价额显著低于公司章程所定价额的，应当由交付该出资的发起人补足其差额；其他发起人承担连带责任。

要点：股东的两个连带责任，不同于有限公司。

十、股份有限公司股份转让的相关法条及要点提示

《公司法》第138条　股东持有的股份可以依法转让。

《公司法》第142条　发起人持有的本公司股份，自公司成立之日起一年内不得转让。公司公开发行股份前已发行的股份，自公司股票在证券交易所上市交易之日起一年内不得转让。

公司董事、监事、高级管理人员应当向公司申报所持有的本公司的股份及其变动情况，在任职期间每年转让的股份不得超过其所持有本公司股份总数的百分之二十五；所持本公司股份自公司股票上市交易之日起一年内不得转让。上述人员离职后半年内，不得转让其所持有的本公司股份。公司章程可以对公司董事、监事、高级管理人员转让其所持有的本公司股份作出其他限制性规定。

《公司法》第143条　公司不得收购本公司股份。但是，有下列情形之一的除外：

（1）减少公司注册资本；

（2）与持有本公司股份的其他公司合并；

（3）将股份奖励给本公司职工；

（4）股东因对股东大会作出的公司合并、分立决议持异议，要求公司收购其股份的（股份回购请求权）。

公司因前款（1）~（3）的原因收购本公司股份的，应当经股东大会决议。公司依照前款规定收购本公司股份后，属于（1）情形的，应当自收购之日起十日内注销；属于（2）、（4）情形的，应当在六个月内转让或者注销。

公司依照（3）收购的本公司股份，不得超过本公司已发行股份总额的百分之五；用于收购的资金应当从公司的税后利润中支出；所收购的股份应当在一年内转让给职工。

公司不得接受本公司的股票作为质押权的标的。

要点：

（1）原则上的股东自由转让股份是由于股份有限公司资合、公开的特性决定的。

（2）对特殊主体的限制。

1）发起人的禁止：自公司成立起一年及起算点；

2）高管的限制与禁止；

3）允许章程更严厉的限制。

（3）公司回购股份的特别规定，情形有四种（第131条）。

十一、公司治理机构的相关法条及要点提示

（一）有限责任公司的股东会

1. 有限责任公司的股东会的组成、召集与主持

《公司法》第 37 条　有限责任公司股东会由全体股东组成。股东会是公司的权力机构，依照本法行使职权。第 39 条　首次股东会会议由出资最多的股东召集和主持，依照本法规定行使职权。

《公司法》第 40 条　股东会会议分为定期会议和临时会议。

定期会议应当依照公司章程的规定按时召开。代表十分之一以上表决权的股东，三分之一以上的董事，监事会或者不设监事会的公司的监事提议召开临时会议的，应当召开临时会议。

《公司法》第 41 条　有限责任公司设立董事会的，股东会会议由董事会召集，董事长主持；董事长不能履行职务或者不履行职务的，由副董事长主持；副董事长不能履行职务或者不履行职务的，由半数以上董事共同推举一名董事主持。

董事会或者执行董事不能履行或者不履行召集股东会会议职责的，由监事会或者不设监事会的公司的监事召集和主持；监事会或者监事不召集和主持的，代表十分之一以上表决权的股东可以自行召集和主持。

要点：

（1）召集人、主持人。

（2）少股股东的自行召集和主持权。

（3）临时会议的提议人。

2. 有限责任公司的股东会的会议规则

《公司法》第 42 条第 1 款　召开股东会会议，应当于会议召开十五日前通知全体股东；但是，公司章程另有规定或者全体股东另有约定的除外。

《公司法》第 44 条　股东会的议事方式和表决程序，除本法有规定的外，由公司章程规定。

[股份公司]《公司法》第 104 第 2 款　股东大会作出决议，必须经出席会议的股东所持表决权过半数通过。但是，股东大会作出修改公司章程、增加或者减少注册资本的决议以及公司合并、分立、解散或者变更公司形式的决议，必须经出席会议的股东所持表决权的三分之二以上通过。

[上市公司]《公司法》第 122 条　在一年内购买、出售重大资产或者担保金额超过公司资产总额百分之三十的，应当由股东大会作出决议，并经出席会议的股东所持表决权的三分之二以上通过。

要点：

（1）会议表决采用资本多数决（按认缴出资比例）。

（2）关注采用绝对多数决的事项；上市公司多 1 项。

（3）股东会特别注意：不要求最低出席数，只要求最低表决权数。

（二）有限责任公司的董事会

1. 董事类别（表 2－4）

表 2－4　　董事类别

是否担任高管执行职务	是否是股东或担任执行职业	是否股东、担任执行职务或关联交易
是—执行董事	是—内部董事	是—非独立董事
否—非执行董事	否—外部董事	否—独立董事

2. 有限责任公司的董事会组成

《公司法》第 45 条　有限责任公司设董事会，其成员为 3 人至 13 人；但是，本法第 51 条另有规定的除外。

两个以上的国有企业或者两个以上的其他国有投资主体投资设立的有限责任公司，其董事会成员中应当有公司职工代表；其他有限责任公司董事会成员中可以有公司职工代表。董事会中的职工代表由公司职工通过职工代表大会、职工大会或者其他形式民主选举产生。

董事会设董事长一人，可以设副董事长。董事长、副董事长的产生办法由公司章程规定。

《公司法》第 13 条　公司法定代表人依照公司章程的规定，由董事长、执行董事或者经理担任，并依法登记。公司法定代表人变更，应当办理变更登记。

《公司法》第 51 条　股东人数较少或者规模较小的有限责任公司，可以设一名执行董事，不设董事会。执行董事可以兼任公司经理。

执行董事的职权由公司章程规定。

《公司法》第 46 条董事任期由公司章程规定，但每届任期不得超过三年。董事任期届满，连选可以连任。

董事任期届满未及时改选，或者董事在任期内辞职导致董事会成员低于法定人数的，在改选出的董事就任前，原董事仍应当依照法律、行政法规和公司章程的规定，履行董事职务。

要点：

（1）董事会（执行董事）乃必设机关，人数为 3 ~ 13 人。

（2）组成：只有国有公司要求有职工董事，无比例要求。

（3）董事长：产生方式由公司章程规定，并非必然的法定代表人。

（4）关注什么样的公司可以只设立执行董事。

（5）董事任职期限：到后任就任前。

3. 有限责任公司的董事会职权

《公司法》第 47 条　董事会对股东会负责，行使下列职权：

（1）召集股东会会议，并向股东会报告工作；

（2）执行股东会的决议；

（3）决定公司的经营计划和投资方案；

（4）制订公司的年度财务预算方案、决算方案；

（5）制订公司的利润分配方案和弥补亏损方案；

（6）制订公司增加或者减少注册资本以及发行公司债券的方案；

（7）制订公司合并、分立、解散或者变更公司形式的方案；

（8）决定公司内部管理机构的设置；

（9）决定聘任或者解聘公司经理及其报酬事项，并根据经理的提名决定聘任或者解聘公司副经理、财务负责人及其报酬事项；

（10）制定公司的基本管理制度；

（11）公司章程规定的其他职权。

4. 有限责任公司的董事会会议规则

《公司法》第48条　董事会会议由董事长召集和主持；董事长不能履行职务或者不履行职务的，由副董事长召集和主持；副董事长不能履行职务或者不履行职务的，由半数以上董事共同推举一名董事召集和主持。

《公司法》第49条　董事会的议事方式和表决程序，除本法有规定的外，由公司章程规定。

董事会应当对所议事项的决定作成会议记录，出席会议的董事应当在会议记录上签名。

董事会决议的表决，实行一人一票。

要点：

（1）召集人、主持人。

（2）会议表决采用人头主义，与股东会不同。

（三）有限责任公司的经理

《公司法》第50条　有限责任公司可以设经理，由董事会决定聘任或者解聘。经理对董事会负责，行使下列职权：

（1）主持公司的生产经营管理工作，组织实施董事会决议。

（2）组织实施公司年度经营计划和投资方案。

（3）拟订公司内部管理机构设置方案。

（4）拟订公司的基本管理制度。

（5）制定公司的具体规章。

（6）提请聘任或者解聘公司副经理、财务负责人。

（7）决定聘任或者解聘除应由董事会决定聘任或者解聘以外的负责管理人员。

（8）董事会授予的其他职权。

公司章程对经理职权另有规定的，从其规定。

经理列席董事会会议。

要点：

（1）经理设立与否，非法定，章定；故非必设机关。

（2）经理职权非法定，章定。

（四）有限责任公司的监事会

《公司法》第 52 条　有限责任公司设监事会，其成员不得少于三人。股东人数较少或者规模较小的有限责任公司，可以设一至二名监事，不设监事会。

监事会应当包括股东代表和适当比例的公司职工代表，其中职工代表的比例不得低于三分之一，具体比例由公司章程规定。监事会中的职工代表由公司职工通过职工代表大会、职工大会或者其他形式民主选举产生。

董事、高级管理人员不得兼任监事。

要点：

（1）监事（会）是普通有限公司的必设机关。

（2）组成：必须有职工监事，不分公司类型（不同于职工董事）。

（3）本公司董事、高级管理人员不得兼任监事。

（五）股份有限公司的股东大会

1. 股份有限公司的临时股东大会的召开情形

《公司法》第 101 条　股东大会应当每年召开一次年会。有下列情形之一的，应当在两个月内召开临时股东大会：

（1）董事人数不足本法规定人数或者公司章程所定人数的三分之二时；

（2）公司未弥补的亏损达实收股本总额三分之一时；

（3）单独或者合计持有公司百分之十以上股份的股东请求时；

（4）董事会认为必要时；

（5）监事会提议召开时；

（6）公司章程规定的其他情形。

2. 股份有限公司的股东大会的召集主持人及少数股东自行召集主持权

《公司法》第 102 条　股东大会会议由董事会召集，董事长主持；董事长不能履行职务或者不履行职务的，由副董事长主持；副董事长不能履行职务或者不履行职务的，由半数以上董事共同推举一名董事主持。

董事会不能履行或者不履行召集股东大会会议职责的，监事会应当及时召集和主持；监事会不召集和主持的，连续九十日以上单独或者合计持有公司百分之十以上股份的股东可以自行召集和主持。

3. 股份有限公司的股东大会会议规则

《公司法》第 103 条　召开股东大会会议，应当将会议召开的时间、地点和审议的事项于会议召开二十日前通知各股东；临时股东大会应当于会议召开十五日前通知各股东；发行无记名股票的，应当于会议召开三十日前公告会议召开的时间、地点和审议事项。

单独或者合计持有公司百分之三以上股份的股东，可以在股东大会召开十日前提出临时提案并书面提交董事会；董事会应当在收到提案后两日内通知其他股东，并将该临时提案提交股东大会审议。临时提案的内容应当属于股东大会职权范围，并有明确议题和具体决议事项。

股东大会不得对前两款通知中未列明的事项作出决议。

无记名股票持有人出席股东大会会议的，应当于会议召开五日前至股东大会闭会时将股票交存于公司。

《公司法》第104第1款　股东出席股东大会会议，所持每一股份有一表决权。但是，公司持有的本公司股份没有表决权。

《公司法》第107条　股东可以委托代理人出席股东大会会议，代理人应当向公司提交股东授权委托书，并在授权范围内行使表决权。

《公司法》第108条　股东大会应当对所议事项的决定做成会议记录，主持人、出席会议的董事应当在会议记录上签名。会议记录应当与出席股东的签名册及代理出席的委托书一并保存。

（六）股份有限公司的董事会

1. 股份有限公司的董事会组成

《公司法》第109条　股份有限公司设董事会，其成员为五人至十九人。

董事会成员中可以有公司职工代表。董事会中的职工代表由公司职工通过职工代表大会、职工大会或者其他形式民主选举产生。

《公司法》第110条　董事会设董事长一人，可以设副董事长。董事长和副董事长由董事会以全体董事的过半数选举产生。

董事长召集和主持董事会会议，检查董事会决议的实施情况。副董事长协助董事长工作，董事长不能履行职务或者不履行职务的，由副董事长履行职务；副董事长不能履行职务或者不履行职务的，由半数以上董事共同推举一名董事履行职务。

要点：

（1）5～19人，职工董事非法定。

（2）董事长的产生方式法定，即选举产生。

2. 股份有限公司的董事会会议规则

《公司法》第111条　董事会每年度至少召开两次会议，每次会议应当于会议召开十日前通知全体董事和监事。

代表十分之一以上表决权的股东、三分之一以上董事或者监事会，可以提议召开董事会临时会议。董事长应当自接到提议后十日内，召集和主持董事会会议。

董事会召开临时会议，可以另定召集董事会的通知方式和通知时限。

《公司法》第112条　董事会会议应有过半数的董事出席方可举行。董事会作出决议，必须经全体董事的过半数通过。

董事会决议的表决，实行一人一票。

《公司法》第113条　董事会会议，应由董事本人出席；董事因故不能出席，可以书面委托其他董事代为出席，委托书中应载明授权范围。

董事会应当对会议所议事项的决定做成会议记录，出席会议的董事应当在会议记录上签名。

董事应当对董事会的决议承担责任。董事会的决议违反法律、行政法规或者公司章程、股东大会决议，致使公司遭受严重损失的，参与决议的董事对公司负赔偿责任。但经证明在表决时曾表明异议并记载于会议记录的，该董事可以免除责任。

要点：

（1）关注股份公司临时董事会的提议人。

（2）董事会表决采用人头主义，全体董事为奇数。

（3）委托投票（113 条）。

（4）违法违章决议由参与者赔偿；注意免责情形。

（七）股份有限公司的经理

《公司法》第 114 条　股份有限公司设经理，由董事会决定聘任或者解聘。

本法第 50 条关于有限责任公司经理职权的规定，适用于股份有限公司经理。

要点：

（1）股份有限公司的经理设置法定。

（2）经理职权意定。

（八）股份有限公司上市公司特别规定

《公司法》第 122 条　上市公司在一年内购买、出售重大资产或者担保金额超过公司资产总额百分之三十的，应当由股东大会作出决议，并经出席会议的股东所持表决权的三分之二以上通过。

《公司法》第 123 条　上市公司设立独立董事，具体办法由国务院规定。

《公司法》第 124 条　上市公司设董事会秘书，负责公司股东大会和董事会会议的筹备、文件保管以及公司股东资料的管理，办理信息披露事务等事宜。

《公司法》第 125 条　上市公司董事与董事会会议决议事项所涉及的企业有关联关系的，不得对该项决议行使表决权，也不得代理其他董事行使表决权。该董事会会议由过半数的无关联关系董事出席即可举行，董事会会议所作决议须经无关联关系董事过半数通过。出席董事会的无关联关系董事人数不足三人的，应将该事项提交上市公司股东大会审议。

要点：

（1）第 122 条的绝对多数决。

（2）独立董事、董秘的设置。

（3）关联交易利害董事的回避表决。

十二、公司高管层

（一）公司高管层的任职限制

《公司法》第 147 条　有下列情形之一的，不得担任公司的董事、监事、高级管理人员：

（1）无民事行为能力或者限制民事行为能力；

（2）因贪污、贿赂、侵占财产、挪用财产或者破坏社会主义市场经济秩序，被判处刑罚，执行期满未逾五年，或者因犯罪被剥夺政治权利，执行期满未逾五年；

（3）担任破产清算的公司、企业的董事或者厂长、经理，对该公司、企业的破产负有个人责任的，自该公司、企业破产清算完结之日起未逾三年；

（4）担任因违法被吊销营业执照、责令关闭的公司、企业的法定代表人，并负有个人责任的，自该公司、企业被吊销营业执照之日起未逾三年；

（5）个人所负数额较大的债务到期未清偿。

公司违反前款规定选举、委派董事、监事或者聘任高级管理人员的，该选举、委派或者聘任无效。

董事、监事、高级管理人员在任职期间出现本条第一款所列情形的，公司应当解除其职务。

要点：

（1）具体分析消极性资格，思考：法人可否？非股东可否？公务员可否？

（2）违反者：选举、任命无效。

（二）公司高管层的诚信义务

《公司法》第148条　董事、监事、高级管理人员应当遵守法律行政法规和公司章程，对公司负有忠实义务和勤勉义务。

董事、监事、高级管理人员不得利用职权收受贿赂或者其他非法收入，不得侵占公司的财产。

《公司法》第149条　董事、高级管理人员不得有下列行为：

（1）挪用公司资金；

（2）将公司资金以其个人名义或者以其他个人名义开立账户存储；

（3）违反公司章程的规定，未经股东会、股东大会或者董事会同意，将公司资金借贷给他人或者以公司财产为他人提供担保；

（4）违反公司章程的规定或者未经股东会、股东大会同意，与本公司订立合同或者进行交易；

（5）未经股东会或者股东大会同意，利用职务便利为自己或者他人谋取属于公司的商业机会，自营或者为他人经营与所任职公司同类的业务；

（6）接受他人与公司交易的佣金归为己有；

（7）擅自披露公司秘密；

（8）违反对公司忠实义务的其他行为。

董事、高级管理人员违反前款规定所得的收入应当归公司所有。

《公司法》第150条　董事、监事、高级管理人员执行公司职务时违反法律、行政法规或者公司章程的规定，给公司造成损失的，应当承担赔偿责任。

要点：

（1）第149条的义务不包括监事。

（2）违反者，归入权；赔偿责任。

（3）责任追究途径：股东代位诉讼。

学生实操

实操任务：组建模拟有限责任公司并作相关准备。

（1）将全班学生进行分组，由5~8名学生组成一个模拟公司，每组选择一个熟悉的创业项目作为本门课程继续研究的对象。

（2）各组成员按照现代企业制度选举董事会，任命总经理、财务经理等管理层队伍，用公司章程和内控制度明确董事会、总经理、财务经理的责任和权限。

（3）模拟召开第一次股东会，讨论并确定本公司的章程。

思考与练习

不定项选择题

1. 张某系一有限公司的小股东，由于对公司的经营状况不满，想通过查阅公司账簿去深入调查公司经营出现的问题。下列哪一选项是错误的？（ ）

A. 张某必须向公司提出书面申请

B. 公司有权以可能会泄露公司商业秘密为由拒绝张某的查账申请

C. 若张某聘请专业机构人员帮助查阅账簿，公司不得拒绝

D. 公司拒绝张某查账时，张某只能请求法院要求公司提供查账

2. 刘某是甲有限责任公司的董事长兼总经理。任职期间，多次利用职务之便，指示公司会计将资金借贷给一家主要由刘某的儿子投资设立的乙公司。对此，持有公司股权5%的股东王某认为甲公司应该起诉乙公司还款，但公司不可能起诉，王某便自行直接向法院对乙公司提起股东代表诉讼。下列哪些选项是正确的？（ ）

A. 王某持有公司股权不足1%，不具有提起股东代表诉讼的资格

B. 王某不能直接提起诉讼，必须先向董事会或监事会提出请求

C. 王某应以甲公司的名义起诉，但无须甲公司盖章或刘某签字

D. 王某应以自己的名义起诉，但诉讼请求应是将借款返还给甲公司

3. 甲为某有限公司股东，持有该公司15%的表决权股。甲与公司的另外两个股东长期意见不合，已两年未开成公司股东会，公司经营管理出现困难，甲与其他股东多次协商未果。在此情况下，甲可以采取下列哪些措施解决问题？（ ）

A. 请求法院解散公司

B. 请求公司以合理的价格收购其股权

C. 将股权转让给另外两个股东，退出公司

D. 经另外两个股东同意撤回出资以退出公司

4. 金某是甲公司的小股东并担任公司董事，因其股权份额仅占10%，在5人的董事会中也仅占1席，其意见和建议常被股东会和董事会否决。金某为此十分郁闷，遂向律师请教维权事宜。在金某讲述的下列事项中，金某可以就哪些事项以股东身份对公司提起诉

讼？（　）

A. 股东会决定：为确保公司的经营秘密，股东不得查阅公司会计账簿

B. 董事会任期届满，但董事长为了继续控制公司，拒绝召开股东会改选董事

C. 董事会不顾金某反对制订了甲公司与另一公司合并的方案

D. 股东会决定：公司监事调查公司经营情况时，若无法证明公司经营是违法的，其调查费用自行承担

5. 甲公司注册资金为120万元，主营建材，乙厂为生产瓷砖的合伙企业。甲公司为稳定货源，决定投资30万元入伙乙厂。对此项投资的效力，下列表述哪一项是正确的？（　）

A. 须经甲公司股东会全体通过方为有效

B. 须经甲公司董事会全体通过方为有效

C. 须经乙厂全体合伙人同意方为有效

D. 无效

6. 以下各项，哪些是任何公司在设立时都必须具备的基本条件？（　）

A. 必须有发起人

B. 必须有资本

C. 必须制定公司章程

D. 必须在登记前报经审批

7. 庐阳公司系某集团公司的全资子公司。因业务需要，集团公司决定庐阳公司分立为两个公司。鉴于庐阳公司已有的债权债务全部发生在集团公司内部，下列哪些选项是正确的？（　）

A. 庐阳公司的分立应当由庐阳公司的董事会作出决议

B. 庐阳公司的分立应当由集团公司作出决议

C. 庐阳公司的分立只需进行财产分割，无需进行清算

D. 因庐阳公司的债权债务均发生于集团公司内部，故其分立无需通知债权人

8. 一枝花有限公司因营业期限届满解散，并依法成立了清算组，该清算组在清算过程中实施的下列哪些行为是合法的？（　）

A. 为使公司股东分配到更多的剩余财产，将公司的库房出租给甲公司收取租金

B. 为减少债务利息，在债权申报期间清偿了可以确定的乙公司债务

C. 通知公司的合作伙伴丙公司解除双方之间的供货合同并对丙公司作出相应赔偿

D. 代表公司参加了一项仲裁活动并与对方当事人达成和解协议

9. 某公司注册资本为500万元，该公司年终召开董事会研究公司财务问题。在该董事会的决议内容中，下列哪一项是不合法的？（　）

A. 鉴于公司历年的法定公积金已达300万元，决定本年度不再提取法定公积金

B. 鉴于公司连年赢利，决定本年度税后利润依公司章程全部由股东按持股比例分配

C. 为扩大生产，将该公司历年的法定公积金全部用于转增股本

D. 公司合法转增部分的股本由各股东按原持股比例无偿取得

10. 湘东船运有限公司共8个股东，除股东甲外，其余股东都已足额出资。某次股东

会上，7 个股东一致表决同意因甲未实际缴付出资而不能参与当年公司利润分配。3 个月后该公司船只燃油泄漏，造成沿海养殖户巨大的损失，公司的全部资产不足以赔偿。甲向其他 7 个股东声明：自己未出资，也未参与分配，实际上不是股东，公司的债权债务与己无关。下列哪些选项是正确的？（　）

A. 甲虽然没有实际缴付出资，但不影响其股东地位

B. 其他股东决议不给甲分配当年公司利润是符合公司法的

C. 就公司财产不足清偿的债务部分，只应由甲承担相应的责任，其他 7 个股东不承担责任

D. 甲的声明对内具有效力，但不能对抗善意第三人

11. 甲、乙出资设立注册资本为 400 万元的丙有限责任公司，公司章程规定：甲以现金出资 280 万元，乙以现金出资 40 万元，专利作价 40 万元，机器设备作为实物出资作价 40 万元。公司成立后，甲按期足额缴纳现金 280 万元，乙只缴纳了 20 万元现金，其专利的实际市场价额为 20 万元，机器设备虽然已实际移交给公司，但该设备属于丁所有，系丁委托乙保管。下列哪些选项是正确的？（　）

A. 乙应当履行其余 20 万元现金出资的义务，并应当向甲承担违约责任

B. 乙应当补足其专利权出资的实际价额与作价金额之间的差额，甲对此承担连带责任

C. 丙公司应根据丁的请求向其返还机器设备

D. 甲、乙达成协议，可以通过减少资本程序免除乙对差额部分的出资责任

12. 周某向钱某转让其持有的某有限责任公司的全部股权，并签署了股权转让协议。关于该股权转让和股东的认定问题，下列哪些选项是正确的？（　）

A. 在公司登记机关办理股权变更登记前，股东仍然是周某

B. 在出资证明书移交给钱某后，钱某即成为公司股东

C. 在公司变更股东名册后，钱某即成为公司股东

D. 在公司登记机关办理股权登记后，该股权转让取得对抗效力

13. 甲公司因货款债务被乙公司申请法院强制执行，法院决定对甲公司所持丙有限责任公司的 40 万股股权予以强制执行。丁公司表示愿意受让该项股权，但丙公司其他四位股东除王某外，李某、张某、刘某三位均不同意丁公司受让该项股权。下列哪些选项是正确的？（　）

A. 由于大部分股东不同意丁公司受让，因此法院不能强制执行甲公司所持有的丙公司股权

B. 李某、张某和刘某反对丁公司受让丙公司的股权，因此应当购买该股权

C. 上述四位股东对该股权在同等条件下享有优先购买权

D. 上述四位股东在法定期限内不行使优先购买权，视为放弃股权

14. 王某依公司法设立了以其一人为股东的有限责任公司。公司存续期间，王某实施的下列哪一行为违反公司法的规定？（　）

A. 决定由其本人担任公司执行董事兼公司经理

B. 决定公司不设立监事会，仅由其亲戚张某担任公司监事

C. 决定用公司资本的一部分投资另一公司，但未作书面记载

D. 未召开任何会议，自作主张制定公司经营计划

15. 李某花15万元购买了某股份公司发行的股票2 000股，但该公司股票尚未上市。现李某欲退还已购股票。在下列哪些情况下李某可以要求发起人退股？（　）

A. 发起人未按期召开创立大会

B. 公司股东大会同意

C. 公司董事会同意

D. 公司未按期募足股份

16. 华胜股份公司于2006年召开董事会临时会议，董事长甲及乙、丙、丁、戊等共五位董事出席，董事会中其余4名成员未出席。董事会表决之前，丁因意见与众人不合，中途退席，但董事会经与会董事一致通过，最后仍作出决议。下列说法错误的是？（　）

A. 该决议有效，因其已由出席会议董事的过半数通过

B. 该决议无效，因丁退席使董事的同意票不足全体董事表决票的二分之一

C. 该决议是否有效取决于公司股东会的最终意见

D. 该决议是否有效取决于公司监事会的审查意见

项目三 创业企业人力资源的管理

项目导入

人力资源管理历来是企业经营的重中之重。《中华人民共和国劳动合同法》（以下简称《劳动合同法》）的颁布实施，更是将人力资源问题提升到了关乎企业生死存亡的战略高度。对中小企业特别是创业企业而言，将面临人力资源管理的严峻挑战。

用人单位自用工之日起与劳动者建立劳动关系。在新形势下，何时订立劳动合同以及订立一个什么样的劳动合同是用人单位防范用工法律风险的基础。劳动合同甚至是用人单位维系用工天平的重要砝码。

通过本项目的学习，让学生全面系统地掌握劳动法的基本知识。能够运用劳动法的知识分析社会主义市场经济条件下的劳动关系及相关案例。学生应重点掌握劳动合同的订立与解除的注意事项及了解劳动争议的解决途径，在未来的创业和就业的过程中最大限度地争取自己的权益。

第一节 订立劳动合同

【案例3－1】

张某于2011年4月应江苏昆山某玻璃有限公司董事长的邀请进入该公司任业务经理一职；该公司董事长口头允诺给张某的年薪为20万元，每月支付1万元，其剩余工资在年底一次性给付。但该公司未能履约，张某多次要求未果。于是，张某于2013年4月在未办理任何手续的情况下离职。随后，张某向昆山劳动争议仲裁委员会申请劳动争议仲裁，要求该公司支付未付工资10万元，经济补偿金4.9万元，赔偿金4.6万元，双倍工资13.3万元。

劳动争议仲裁委审理查明，张某于2011年4月进入该公司工作，双方未签订劳动合同。至2013年3月，张某每月领取工资5 000元。4月张某离职，其养老保险费交至2013年4月。张某无证据证明其与该公司之间有20万元年薪的约定。仲裁委认为，建立劳动关系，应当订立书面劳动合同，未订立的应及时订立。根据《劳动合同法》的规定，公司应当自2011年5月始向张某每月支付2倍的工资。鉴于张某所提供的证据不足以证明其与用人单位之间20万元年薪之约定，其要求支付剩余工资之诉请不予支持。其要求经济补偿金、赔偿金之诉请，事实依据不足，仲裁委不予支持。

资料来源：江苏昆山华鼎装饰公司法务管理事件，由法务刘国睿整理

【案例分析】

事实劳动关系的存在是侵害劳动者利益的温床，立法者通过加重对事实劳动关系状态下用人单位的法律责任，试图杜绝事实劳动关系的存在。即用人单位与劳动者建立用工关系之日起一个月内必须与劳动者签订书面的劳动合同；如果用人单位未能在规定的时间内与劳动者签订书面的劳动合同，则用人单位需要向劳动者支付双倍的工资；如果这种事实劳动关系存续一年以上的，则从第二年开始视同用人单位与劳动者已经订立了无固定期限劳动合同。同时，在事实劳动关系存续状态下，用人单位一般不会为劳动者参加社会保险并缴纳社会保险费，则劳动者还可随时行使单方终止劳动关系的权利，并向用人单位主张经济补偿。

前述案例中的张某如果当初与用人单位订立了书面劳动合同，则可以此为依据成功主张20万元年薪，甚至可依“用人单位未能及时足额支付劳动报酬”提出解除劳动合同并主张经济补偿金。同时，劳动合同还是证明劳动者的工龄、社会保险缴费年限的重要依据，这将直接影响劳动者的年休假、医疗期、退休及退休待遇等诸多方面。

相关知识链接

事实劳动关系与劳务关系的区别

劳动关系是《劳动法》和《劳动合同法》的主要调整对象，是指劳动者与用人单位之间为实现劳动过程而发生的劳动力与生产资料结合的社会关系。劳动关系分为劳动合同关系和事实劳动关系两种。在司法实践中，事实劳动关系与劳务关系的外部特征极为相似，容易发生混淆。但两者之实质是不同的，具体表现在：

第一，两者产生的依据不同。事实劳动关系是基于用人单位与劳动者之间生产要素的结合而产生的关系；劳务关系产生的依据是双方之间的约定。前述案例中，双方不存在协商订立契约的意思表示，既没有书面协议也不存在口头约定，而是张某在昆山某玻璃有限公司近2年的劳动过程中产生的一种用人单位和劳动者之间的关系，其法律性质是劳动关系而不是劳务关系。

第二，主体不同。事实劳动关系是指在用人单位与劳动者之间产生的一种劳动者提供劳动，用人单位给付报酬的稳定关系。在某种程度上存在管理与被管理，支配与被支配的关系，具有隶属性；而劳务关系是平等主体之间的契约关系，不存在管理与被管理、支配与被支配情况，劳务方只要按照约定完成工作任务即可。

第三，以谁的名义实施工作以及由谁承担责任不同。事实劳动关系是劳动者以用人单位名义进行工作，由用人单位承担法律责任，与劳动者本人没有关系。而劳务关系是提供劳务的一方以本人的名义从事劳务活动，对外独立承担法律责任。

第四，两者关系的稳定性不同。事实劳动关系的当事人之间关系较为稳定、长久，反

映的是一种持续的生产资料、劳动者、劳动对象之间相结合的关系。而劳务关系当事人之间体现的是一种即时结清的关系。基于这些特征，前述案件符合事实劳动关系。

【案例3－2】

某公司招聘广告“我公司因生产经营的需要，欲招聘3名管理人员。应聘者必须满足以下条件：①男性；②大学本科以上学历；③本地户口；④具有两年以上管理经验；⑤年龄30岁以下”。

问：该招聘广告中有哪些违法行为？

资料来源：硅湖职业技术学院教学案例库，由教师周小云整理

【案例分析】

单从字面上看就明显违反了劳动法中的“不得以性别为由拒绝录用妇女”的规定。关于应聘者年龄、户口的要求，虽然在《劳动法》中没有明文规定，但也是一种歧视，应在相应法律中完善这方面的内容，否则对那些年龄大的下岗工人来说找工作就更困难了，对地方保护主义也是一种纵容。

【案例3－3】

学化工的小王2011年7月大学毕业后与某中外合资化妆品制造公司签订了为期一年的劳动合同，合同期为2011年8月至2012年8月，试用期2个月。试用期内工资2 500元，转正后工资为3 000元。在试用期的第一个月，公司人事部统一安排对11名新员工进行入职培训，内容包括公司的文化和理念、规章制度、车间行为规范、操作规程等。并一一进行考核，考核合格的小王被留用。2012年2月，小王提出辞职，公司要求小王返还培训费2 500元。

问：若小王辞职，他需要向公司返还培训费吗？

资料来源：硅湖职业技术学院教学案例库，由教师吴静梅整理

【案例分析】

仲裁委员会受理该案后，裁定该公司要求返还2 500元培训费没有法律依据，小王辞职无须返还培训费。

本案中，小王与公司没有签订培训协议，单位要求员工支付培训费没有依据，更为重要的是，接受职业技能培训作为劳动者的权利，公司有义务确保对劳动者进行职业培训，所以用人单位不应就培训收费。

相关知识链接

一、书面劳动合同的主要内容

劳动合同的具体内容包括必备条款和约定条款两大类。所谓劳动合同的必备条款是指法律规定必须具备的条款。根据《劳动合同法》第17条的规定，劳动合同必备条款具体包括：

（1）用人单位的名称、住所和法定代表人或者主要负责人；

（2）劳动者的姓名、住址和居民身份证或者其他有效身份证件号码；
（3）劳动合同期限；
（4）工作内容和工作地点；
（5）工作时间和休息休假；
（6）劳动报酬；
（7）社会保险；
（8）劳动保护、劳动条件和职业危害防护；
（9）法律、法规规定应当纳入劳动合同的其他事项。

对比《劳动合同法》和《劳动法》后发现，《劳动法》中规定的劳动合同必备条款中还包括“劳动纪律”“劳动合同终止的条件”和“违反劳动合同的责任”。而《劳动合同法》对劳动合同的必备条款的规定，新增了用人单位基本情况、劳动者基本情况、工作地点、社会保险和职业危害防护等内容。同时，为防止用人单位不愿意列明各项劳动标准，《劳动合同法》从劳动标准确定、条款性质和法律责任三方面给予限制：在劳动标准上，如果劳动合同约定不明或者没有约定，则明确要求用人单位与劳动者重新协商，如果协商不成则依据集体劳动合同，如果集体劳动合同也没有约定或者干脆没有集体劳动合同的，则依据国家有关规定实行同工同酬。当然，同工同酬是相对而言的，而不是绝对的。在劳动合同条款上，由于劳动合同文本由用人单位提供，故《劳动合同法》禁止劳动合同中约定用人单位免除自己法定责任、排除劳动者权利的条款；如果一旦出现，则该条款属于无效条款。而在法律责任上，《劳动合同法》明确规定了如果劳动合同中未将应当载明的必备条款载明的，由劳动监察部门责令改正；因未载明必备条款致使劳动者权利损害的，用人单位应当承担赔偿责任。

而劳动合同的约定条款包括法律明确规定可以约定的内容，如《劳动合同法》第17条规定，劳动合同中可以对试用期、培训、保守秘密、补充保险和福利待遇等其他事项进行约定；还可以约定法律没有明确列示的其他双方可以约定的事项，比如规章制度、工资拒付通知、劳动合同组成、劳动争议、劳动合同未约定事项的处理方式及劳动合同双方认为需要约定的任何事项等。

二、创业企业应当使用自己设计的书面劳动合同

基本上每一个地方的劳动和社会保障局都制定了《劳动合同（示范本）》，以供参考和使用。但是，大多数是将法律规定的必备条款机械地列入劳动合同中，而且更多是站在劳动者的角度进行粗线条设计。这样的劳动合同无法让用人单位对劳动者采取制约措施或对自身采取一定的保护措施。所以，用人单位必须结合自身的情况主动设计劳动合同。当然用人单位在设计劳动合同时应充分借鉴政府的示范文本，避免违法或遗漏相关条款。

【案例3－4】

21岁的赵林是苏州某大学大四的学生，明年参加工作。目前在一家公司试用，签订了3个月的试用期协议，但5个月过去了，单位仍然没有给他转正。单位录用员工时试用期应该是多长？

资料来源：硅湖职业技术学院教学案例库，由教师李晶整理

【案例分析】

试用期包含在劳动合同期限内。劳动合同仅约定试用期的，试用期不成立，该期限为劳动合同期限。劳动者在试用期的工资不得低于本单位相同岗位最低档工资的80%或者劳动合同约定工资的80%，并不得低于用人单位所在地的最低工资标准。

相关知识链接

创业企业在订立劳动合同时的风险管理

（一）签订劳动合同前应当审查劳动者的主体资格

劳动者的主体资格如果不符合法律的规定，或造成劳动合同的无效，或导致用人单位承担赔偿责任，或与劳动者共同承担连带赔偿责任。为此，我们必须在签订劳动合同前审查劳动者的以下资料：

（1）劳动者的身份证件，以查验劳动者是否年满16周岁，防止录用童工情况的发生。

（2）劳动者的体检证明，以查验劳动者的身体条件是否符合录用条件，尤其是防止录用有职业病的员工。

（3）劳动者的学历、资质证书，以查验劳动者的资历是否符合录用条件。

（4）劳动者的劳动关系证明，以查验劳动者是否与其他用人单位存在劳动关系。

（5）劳动者有无履行竞业限制义务的证明，以查验劳动者对其他用人单位是否存在竞业限制的义务。

（二）主动履行告知义务

根据《劳动合同法》第8条的规定，用人单位与劳动者签订劳动合同之前，用人单位应当如实告知劳动者工作内容、工作条件、工作地点、职业危害、安全生产状况、劳动报酬以及劳动者要求了解的其他情况。用人单位履行完该义务，应当留存相应的证据。

（三）注意劳动合同的签订细节

1. 避免随意用工

在《劳动合同法》框架下，因为事实劳动关系的认定非常容易，如果用人单位与劳动者之间存在事实劳动关系，那么用人单位将面临巨大法律风险，用人单位可能要支付双倍工资。所以，首先就要杜绝因理解分歧而产生的事实劳动关系；特别是要让所有的实际用工部门清楚事实劳动关系给用人单位可能带来的危害，而通过相关制度禁止各部门随意用工，对用工管理进行必要的统一、规范。实践中，有些用人单位因为众多劳动合同的到期时间不一致，而造成未及时续签劳动合同。为此，用人单位应当对劳动合同采取计算机系统管理，或与劳动者在合同中约定自动续期条款，明确部门用工管理责任、保持用工管理信息沟通等，避免出现不签订劳动合同的情形。

2. 避免出现劳动合同无效的情形

劳动合同的无效包括全部无效和部分条款无效两种情形，不论是哪一种无效情形，只要是用人单位的原因造成的，就需要向劳动者支付劳动报酬，给劳动者造成损失的还要承担赔偿责任，同时还要面临劳动保障行政主管部门的行政处罚。

用人单位应当做好以下工作，以避免出现劳动合同无效：①充分了解劳动合同，避免出现对劳动合同认知的误区。不是什么条款只要由劳动者签字确认了就具有法律效力。凡是免除用人单位责任、排除劳动者权利的条款都是无效的，不论是否已经与劳动者达成共识。比如“出现伤亡概不负责”“由于甲方已经向乙方支付了高额劳动报酬，故甲方不再为乙方办理社会保险”这些条款都是无效条款。②劳动合同的内容应当符合法律的规定。凡是违反法律法规禁止性规定的，无论是否经由劳动合同双方达成共识，这样的约定都是无效的。比如，“在本合同存续期间乙方不得与甲方员工结婚”。③遵循“合法、公平、平等自愿、协商一致和诚实信用”原则签订劳动合同，凡是违反这一原则的劳动合同都是无效的。

3. 正确认知“临时工”

从2008年1月1日《劳动合同法》正式实施后，“临时工”这一概念将正式退出历史舞台。但是，还有许多用人单位错误地认为在使用临时工时不需要与劳动者签订劳动合同。凡是与用人单位建立劳动关系的劳动者均为用人单位的正式工。用人单位对临时性用工，比如季节性、临时性用工，仅是劳动合同的期限不同，两者之间的权利义务是一致的。

4. 关注劳动合同的签署程序

劳动合同的文本由用人单位提供，故用人单位在劳动合同签订前有义务向劳动者进行劳动合同的解读。用人单位可以要求劳动者先签署劳动合同，之后由用人单位统一对劳动合同进行代表签字及盖章确认。这种劳动合同的签署方式可防止空白劳动合同流失及劳动者单方修改劳动合同。

5. 为劳动者及时办理入职手续

《劳动合同法》规定，用人单位自用工之日起即与劳动者建立劳动关系。通常劳动合同签订在前，用人单位用工在后，在劳动者签署完劳动合同后，办理劳动者的入职手续。该手续包括员工入职登记、提交入职材料、办理报到等。入职手续办妥后，用人单位才可以对劳动者进行试用，这样可以避免实际用工在前的事实劳动关系的风险。

6. 发放劳动合同，建立职工名册

根据《劳动合同法》的规定，劳动合同签订后，用人单位与劳动者需要分执劳动合同；而用人单位应当将签订后的劳动合同交付劳动者，单位未将劳动合同文本交付劳动者的，由劳动行政部门责令改正；给劳动者造成损害的，应当承担赔偿责任。为证明用人单位已经将签订后的劳动合同交付给了劳动者，用人单位可以使用劳动合同签收表的方式，对已经签收劳动合同的劳动者进行登记、统计。用人单位还需依法建立职工名册，以备查用。

7. 避免使用独立的试用期协议

有的用人单位在招聘新劳动者时，为了防止招聘有失误，对试用期劳动者仅与其签订独立的试用期协议，双方约定待试用合格后再签订正式的劳动合同。但由于试用期包含在劳动合同期中，如果仅约定试用期的，这种约定会被视为劳动合同期限。如此一来，劳动者在很短的时间内就与用人单位履行完一个固定期限劳动合同，其后果是可想而知的。

8. 避免签订劳动合同时扣押劳动者证件，要求其提供担保或缴纳保证金、押金

用人单位在签订劳动合同时不得扣押劳动者的各类证件，用人单位违反《劳动合同法》规定，扣押劳动者证件的，由劳动行政部门责令限期退还劳动者本人，并依照有关法律规定给予用人单位处罚。值得注意的是，如果劳动者自愿交用人单位保管证件是不属于扣押范畴的，比如监理行业，根据其作业规范，就必须由劳动者所在单位在劳动者履行监理职责时将注册监理工程师的资格证交存于建设主管部门。所以，用人单位必须注意劳动者自愿提供证件使用的证据保存。当然，用人单位在相关证件使用完毕后应当及时归还劳动者。

《劳动合同法》规定，用人单位违反本法规定，以担保或者其他名义向劳动者收取财物的，由劳动行政部门责令限期退还劳动者本人，并以每人五百元以上二千元以下的标准处以罚款；给劳动者造成损害的，应当承担赔偿责任。

第二节 劳动合同的履行和变更

【案例3－5】

2011年7月，小刘应聘某酒店会计职位，考试合格后小刘正式被录用，双方签订了劳动合同。合同中约定：小刘月工资为2 000元，岗位为会计，期限3年。合同签订后，小刘立即投入工作。半年后，酒店突然将小刘调到厨房工作，一位经理的亲戚顶替了小刘的位置。小刘多次与单位交涉，遂向劳动争议仲裁委员会申请仲裁。

劳动争议仲裁委员会做出裁决：酒店未经双方协商一致，单方面变更小王的工作岗位无效，应予更正。

【案例分析】

上述案例就是典型的关于劳动合同履行和变更所引起的争议。在劳动合同的签订过程中，用人单位占有绝对的主动权。在劳动合同的履行过程中，个别企业老总，特别是家族企业的老总，根深蒂固地认为：让谁去干什么活，这是我一句话的事情，从而引起与员工之间的冲突。

相关知识链接

一、不按劳动合同履行义务的风险

劳动合同的变更是劳动合同的双方当事人依照法律规定的条件和程序，对原劳动合同进行修改的法律行为。而《劳动法》同时规定，变更劳动合同，应当遵循平等自愿、协商一致的原则，不得违反法律、行政法规的规定。如果用人单位或劳动者不按劳动合同的约定履行合同，也不依法对合同作出变更，显然应承担相应的违约责任，造成对方当事人损失的，还应承担相应的赔偿责任。

二、劳动合同中约定的无效条款

用人单位为了在劳动合同中掌握主动权，经常在劳动合同中约定“用人单位有权单方变更劳动合同内容”。根据我国法律规定，如果条款内容是用人单位免除自己的法定责任、排除劳动者权利的，此类条款属无效条款。《劳动合同法》规定：劳动合同部分无效，不影响其他部分效力的，其他部分仍然有效。如给对方当事人造成损害的，有过错的一方应当承担赔偿责任。

三、劳动合同变更需采用书面形式

《劳动合同法》规定，建立劳动关系，应当订立书面劳动合同；变更劳动合同的，也应当采用书面形式。对劳动合同的书面变更，是完备劳动合同内容变更的形式要件，如果用人单位与劳动者对变更的内容未作书面记载，无法举证确认和证明劳动合同法律关系发生变化的相关证据，而且劳动者要求按原劳动合同履行的，用人单位将处于不利的地位。在实践中，用人单位变更劳动合同往往采取口头形式，比如通知劳动者即日起去某某岗位工作等，这种做法对用人单位风险较大。

四、关注女职工的保护问题

《劳动法》《女职工劳动保护特别规定》等法律法规均规定了关于女职工保护的内容。对于女职工的保护，主要表现为对女职工的“四期”（经期、孕期、产期、哺乳期）保护等关于缩短劳动时间及劳动强度的内容，也规定用人单位不得依照《劳动合同法》第 40 条、第 41 条的规定解除劳动合同。另外，在女职工孕期、产期、哺乳期情形下，即使女职工与用人单位的劳动合同期满，劳动合同也应当续延至相应的情形消失时终止。如果用人单位违反我国法律法规关于对女职工保护的相关规定，侵害其合法权益的，由劳动行政部门责令改正，处以罚款；对女职工造成损害的，应当承担赔偿责任。

五、用人单位单方解除劳动合同

《劳动合同法》规定了劳资双方应协商一致才能变更劳动合同。同时《劳动合同法》第 40 条规定：劳动合同订立时所依据的客观情况发生重大变化，致使劳动合同无法履行，经用人单位与劳动者协商，未能就变更劳动合同内容达成协议的。用人单位提前 30 日以书面形式通知劳动者本人或者额外支付劳动者 1 个月工资后，可以解除劳动合同。显然，根据该条规定，用人单位要想解除劳动合同的前提是“劳动合同订立时所依据的客观情况发生重大变化，致使劳动合同无法履行”，并不是所有客观情况的变更均可作为解除劳动合同的前提条件。如果用人单位与劳动者就一般变更劳动合同不能达成一致，单方解除劳动合同的，就存在违法解除劳动合同的风险，劳动者不愿继续劳动关系的，用人单位需按经济补偿金两倍支付给劳动者赔偿金。

六、履行劳动合同的风险管理

（一）积极全面地履行合同

用人单位为防止自己因疏忽而未适当履行劳动合同约定的义务，应做好以下几方面的工作：

（1）建立健全劳动合同管理制度，按照《劳动合同法》规定，与劳动者订立书面的劳动合同，对双方的权利义务作出明确的规定，劳动合同交劳动者一份。

（2）建立健全企业的规章制度，比如考勤制度、奖惩制度、劳动保护制度、部门协调等，以便用人单位的日常管理符合法律规定。

（二）对客观情况发生重大变化的情形作出明示

为便于根据客观情况的变化而调动员工的工作内容，可在企业的规章制度或与劳动者的劳动合同中对“客观情况发生重大变化”的情形作出明示，如以下几项。

1. 用人单位的原因

（1）用人单位跨地区迁移、兼并、分立、合资、转（改）制、转产、进行重大技术改造等致使劳动合同所确定的生产、工作岗位消失；

（2）用人单位倒闭、破产、解散、经营期限届满致使劳动合同所确定的生产、工作岗位消失。

2. 劳动者的原因

（1）劳动者自身身体原因导致不能从事劳动合同约定工作的。

（2）劳动者自身原因在用人单位内部退养、待岗的。

（3）劳动者从事某种工种的资质丧失。

（4）双方约定的劳动条件诸如工作时间、工作地点等发生改变的。

3. 其他原因

（1）国家政策、法律法规的改变使得劳动合同某些条款不适应社会发展。

（2）其他不可抗力的因素。用人单位在规章制度或在劳动合同中，对上述情形进行列明，这样一来，一旦出现上述情形，用人单位就可对劳动合同与员工协商后进行变更。

（三）灵活设计劳动合同条款

1. 对工作地点的约定不宜过细

按《劳动合同法》规定，工作地点条款是必备条款，用人单位在劳动合同上必须注明劳动者的工作地点，对工作地点的调整须经双方协商而定，用人单位不能单方变更工作地点。故建议用人单位对于工作地点不是很固定，在劳动合同履行过程中工作地点可能不断变化的员工，可以在劳动合同中约定一个较大的范围，如工作地点约定为公司注册地。当然，需要在规章制度中作一定的说明，以确保变更合同的合理性。

2. 对工作岗位设置期限

劳动合同期限较长时，用人单位若想掌握一定的调整员工的主动权，可以将劳动合同期限与工作岗位期限分开设置，一个较长的劳动合同期限内，先对员工的工作岗位约定一个较短的工作岗位期限，在该工作岗位期限届满后，用人单位可根据需要重新聘用员工到一个新的岗位。

3. 增加一些弹性条款

用人单位不可能罗列出全部可变更的情形，因此，可增加一些弹性条款，如用人单位在劳动合同中约定“甲方（用人单位）可以根据生产和经营需要及乙方（劳动者）的身体状况、工作表现、工作能力，对乙方的工作岗位、工作地点及职务作一定的调整，工资报酬也随之变更”。这样一来，用人单位只要对生产经营需要的情形及岗位职责要求有详细描述，平时对劳动者本身的情形变更作记录，当约定的条件出现，用人单位即可作相应的调整。

（四）变更劳动合同应采用书面形式并经过一定程序

劳动合同变更的程序：①用人单位书面向劳动者提出变更劳动合同，告知劳动者变更劳动合同的理由及变更内容；②在一定的期限内双方进行协商；③签订变更协议，载明变更的具体内容，变更的时间。协议必须采用书面形式，如未及时签订变更协议，劳动者在新岗位工作一段时间，感觉不满意而要求回原岗位工作，要求按原合同履行的，用人单位将处于十分不利的境地。同时，《劳动合同法》第35条第2款也明确规定：“变更后的劳动合同文本由用人单位和劳动者各执一份。”

（五）制定完备的绩效考核体系

用人单位可以根据劳动者的工作表现、工作能力，对劳动者的工作岗位、工作地点及职务作一定的调整，那么，对于用人单位而言，如何证明劳动者的工作表现、工作能力是否符合要求呢？最重要的是要将管理量化，具体作好以下几方面工：①制定公司岗位职责和技能要求，根据公司性质制定公司各部门的职能职责，确定岗位名称、职务说明、职务规范及要求；②对员工进行绩效考核，根据公司的规章制度及岗位职责，对员工按月、季、年进行考核，并作好记录，以证明劳动者能否胜任工作，以证明调岗的合理及合法性。这些工作对用人单位而言，是有备无患的。《劳动合同法》规定，劳动者被证明不能胜任工作的，必须在经过培训或调岗后仍不能胜任工作的，用人单位才能与他解除劳动合同。用人单位只有留存劳动者不能胜任工作以及调岗或培训的证据，才能最终解除与劳动者的劳动合同。

（六）做好协商的相关记录

《劳动合同法》第40条规定，劳动合同订立时所依据的客观情况发生重大变化，致使劳动合同无法履行，经用人单位与劳动者协商，未能就变更劳动合同内容达成协议的，用人单位提前30日以书面形式通知劳动者本人或者额外支付劳动者一个月工资后，可以解除劳动合同。当符合法律规定的客观情况发生重大变化的情形出现，致使劳动合同无法履行时，用人单位还必须经过与劳动者协商程序。协商成，则及时签订书面的劳动合同变更协议；协商不成，该协商的记录则可成为用人单位解除与劳动者劳动合同的必要程序要求。故用人单位应作好与劳动者进行变更劳动合同的书面协商记录。

第三节 劳动合同的解除和终止

劳动合同解除和终止的纠纷一直是劳动争议的主要内容，员工离职，可能是企业流失人才，也可能是企业清除了“负担”。员工离职处理不好可能会引发旷日持久的诉讼，牵涉到保密竞业限制等争议，甚至影响后续的工作交接，结果都是一种资源浪费，对企业的打击是毁灭性的。那么如何运作，才能保证企业经济安全呢？

【案例3-6】

某销售公司老总去我国南方考察后回到公司，经公司领导班子同意，制定了销售人员末位淘汰办法，规定公司每半年对企业销售部门的员工进行销售业绩统计考核，排名最后的员工，公司即解除与其的劳动关系。该文件下发后，每个员工的各方面表现均得到了一定的改观。年终业务统计，王某位于最后，公司依据前述文件解除了与王某的劳动合同。

王某不服，向当地的劳动仲裁委提起仲裁，认为自己虽然业务统计名列最后，但一直诚信工作，符合公司对员工上岗的要求，也没有对企业造成大的损失，公司单方解除了与其的劳动合同，是一种变相的违法解除劳动合同，故要求公司恢复其原工作。

公司认为，实行末位淘汰制也是为了企业发展的需要，并且公司执行末位淘汰制是经员工确认后实施的，业务量统计也是客观真实的，公司解除与其的劳动合同内容真实，程序合法，并不存在不当之处，故要求仲裁委驳回王某的仲裁请求。

资料来源：硅湖职业技术学院教学案例库，由教师孙蕾整理

【案例分析】

该销售公司混淆了“末位”与“考核不合格”之间的区别。末位只是用人单位内部管理的需要，但不表示“末位”就是“考核不合格”。何况法律规定，即使员工考核不合格，不能胜任工作，企业也应该在程序上进行调岗或培训，如果仍不能胜任工作的，企业才可预告解除与员工的劳动合同。至于本案，由于该销售公司所规定的“末位淘汰法”没有法律依据，是不合法的。

相关知识链接

一、协商解除劳动合同

协商解除劳动合同，要签订书面的解除劳动合同协议，且要注明解除劳动合同的提出方。如果用人单位没有与员工签订书面的解除劳动合同协议，就无法证明是用人单位还是员工提出解除劳动合同协议，也无法明确约束员工在解除劳动合同后的应尽义务。

《劳动合同法》第 46 条第 2 项和劳动部颁发的《违反和解除劳动合同的经济补偿办法》规定，协商解除劳动合同如果是员工提出的，用人单位无须支付经济补偿金；如果用人单位提出解除劳动合同的，应依法向劳动者支付经济补偿金。因此，如果在解除劳动合同协议中未注明解除劳动合同的提出方，则用人单位就存在要额外支付劳动者相应的经济补偿金的风险。

二、应将解除理由告知工会

如果劳动者存在《劳动合同法》第 39 条规定情形时，用人单位在行使单方解除合同时，应将解除通知告知劳动者，并将理由告知工会。否则，有可能使本来合法的解除行为反而变为不合法，用人单位无端承担违法解除劳动合同的不利后果，按《劳动合同法》第 87 条规定支付双倍赔偿金。

三、用人单位违法解除劳动合同的法律后果

如果用人单位没有任何证据违法解除与劳动者的劳动合同，或以《劳动合同法》第

40 条、第 41 条规定为由与劳动者解除劳动合同，但未提前 30 天通知或额外支付 1 个月工资，或者解除劳动合同程序违法，则按《劳动合同法》第 48 条规定：用人单位违反本法规定解除或者终止劳动合同，劳动者要求继续履行劳动合同的，用人单位应当继续履行；劳动者不要求继续履行劳动合同或者劳动合同已经不能继续履行的，用人单位应当依照本法第 87 条规定支付双倍赔偿金。

四、解除或终止劳动合同后用人单位的相关义务

解除或终止劳动合同的证明是劳动者用于办理法定退工手续的文件，直接影响劳动者的失业保险待遇和劳动者的再就业。《劳动合同法》规定，用人单位应当在解除或终止劳动关系时为劳动者出具解除或终止劳动合同的证明，用人单位应在劳动合同解除后 15 日内为劳动者办理档案和社会保险关系转移手续。用人单位未依照规定向劳动者出具解除或终止劳动合同书面证明的，可由劳动行政部门给予劳动监察，责令用人单位改正；用人单位未依照规定出具书面证明对劳动者造成损害的，用人单位应承担赔偿责任。用人单位扣押劳动者档案或者其他物品的，劳动行政部门可处以 500～2000 元的罚款；对劳动者造成损害的，用人单位还应承担赔偿责任。

在合同期满或终止合同的条件出现时，及时办理终止合同手续，否则容易形成事实劳动关系。《劳动合同法》第 82 条规定，用人单位自用工之日起超过 1 个月不满 1 年未与劳动者订立书面劳动合同的，应当向劳动者每月支付双倍的工资。用人单位违反本法规定不与劳动者订立无固定期限劳动合同的，自应当订立无固定期限劳动合同之日起向劳动者每月支付双倍的工资。

五、用人单位存在过错的法律责任

用人单位有过错行为，则劳动者可行使随时解除权。此时劳动者有无条件单方解除劳动合同的权利，即无须向用人单位预告就可随时通知用人单位解除劳动合同，也称特别解除权。《劳动合同法》详细规定了用人单位存在侵害劳动者权益的情况下的民事责任、行政责任、刑事责任。就民事责任而言，用人单位应赔偿因此而造成劳动者的全部损失，且按《违反和解除劳动合同的经济补偿办法》相应规定承担责任，劳动者可单方解除劳动合同，并可要求用人单位支付经济补偿金。

六、对存在职业病风险的职工需进行离职前体检

《劳动合同法》第 42 条规定，用人单位在劳动者疑似为职业病病人诊断或者医学观察期间，不得依《劳动合同法》第 40 条、第 41 条规定解除或者终止与劳动者订立的劳动合同。只有当劳动者离岗健康检查排除疑似职业病或医学观察期间排除职业病及职业病被治愈的，劳动关系才可以终止。《中华人民共和国职业防治病法》规定，岗位涉及职业危害因素的，企业必须为员工安排离职体检，且费用由单位承担。在没有完成离职体检前，单位不得办理离职手续。因此，如果用人单位对存在职业病风险的职工未进行离职前体检，会承担无法证明离职后的劳动者是否在本单位患的职业病的风险及额外的费用。

七、处罚决定或解除劳动关系的通知要送达到劳动者本人

根据我国法律法规以及《最高人民法院关于审理劳动争议案件适用法律若干问题的解释》规定，处罚决定或解除劳动关系的通知，只有送达给了劳动者才产生相应的法律效力。如果处罚决定未送达，则处罚用人单位不能以此处罚劳动者；如果解除劳动关系的通知未送达，则用人单位与劳动者的劳动关系没有证据证明已通过即时解除或预告解除，则用人单位应继续支付劳动者工资，继续为该劳动者交纳社会保险。否则，即使在劳动者有严重违反公司规章制度的情形下，用人单位因为没有一个生效的处罚决定，也没有一个有效的解除劳动关系的通知，而擅自停发工资或停缴社保费用，反而有被劳动者以未足额及时支付工资或未交纳社会保险为由，单方提出解除劳动合同，并要求用人单位承担相应的经济补偿金责任的风险。

八、创业企业制定规章制度，若内容违法，劳动者可据此单方提出解除劳动合同

根据《最高人民法院关于审理劳动争议案件适用法律若干问题的解释》规定，用人单位根据《劳动法》第 4 条之规定，通过民主程序制定的规章制度不违反国家法律、行政法规及政策规定，并已向劳动者公示的，可以作为人民法院审理劳动争议案件的依据。而内容违法、损害劳动者权益的规章制度，非但不能作为审理争议案件的依据，劳动者还可以据此单方提出解除劳动合同，并且有权要求用人单位赔偿损失并支付经济补偿金。

九、劳动合同解除与终止的风险管理

（一）制定合法有效的规章制度

如何才能使用人单位制定的规章制度合法有效呢？首先，从内容上看，企业制定规章制度及劳动纪律应紧密结合企业自身情况，做到合法、合理、全面、具体。制定的规章制度不得与劳动合同和集体合同相冲突，也不得违反公序良俗。条款应细化，有利于操作。例如，《劳动合同法》规定，劳动者严重违反用人单位规章制度给用人单位造成重大损失的，用人单位可单方解除劳动合同。何为“严重”？何为“重大损失”？用人单位要细化与量化。

其次，从程序上看，必须经过一定的程序才能使规章制度生效。如果没有经过法定的程序，那也不能成为管理及处罚员工的依据，更谈不上成为人民法院审理劳动争议案件的依据。依法律规定，用人单位在制定、修改或者决定有关劳动报酬、工作时间、休息休假、劳动安全卫生、保险福利、职工培训、劳动纪律以及劳动定额管理等直接涉及劳动者切身利益的规章制度或者重大事项时，应当经职工代表大会或者全体职工讨论，提出方案和意见，与工会或者职工代表平等协商确定。另外，规章制度应经公示，否则不对员工产生效力。公示的方式一般为：①由用人单位以其法定代表人签署和加盖公章的正式文件在公司内张榜公布；②制定员工手册向每一位员工发放；③组织全部员工签到学习；④通过企业内部网络、报刊公布。

（二）关注对员工处罚的细节管理

由于证明劳动者严重违反用人单位规章制度的举证责任在用人单位，用人单位平时应作

好管理工作，对于该劳动者的违章行为应及时指出并作出相应的处理，注意要作好相应的取证，注意细节管理。比如当场的处罚决定让违章员工及旁证人员签字确认，违章员工对违章行为的情况说明等均可作为证据。对劳动者的处理应按照本单位规章制度规定的程序办理，并符合相关法律法规规定，特别注意要事先将理由通知工会。否则，用人单位就没有证据证明劳动者违反了公司的规章制度，也就无法对劳动者作出处罚直至解除劳动合同。

【案例3－7】

2012年7月，25岁的女职工徐某到一家商务公司工作，劳动合同签订至2014年7月。

2013年12月，徐某结婚怀孕；2014年3月，公司经理与徐谈话，要她签订一份协议：因徐怀孕不能工作，自愿要求回家休息，期间停发一切工资待遇、自负社会保险费及生育证明等相关费用。并称，徐某若不同意，公司将解除其劳动合同。

徐不同意签字，公司随即以徐某“旷工”为由而解雇她。

【案例分析】

本案中，公司以不签协议即解除合同来强迫对方即徐某接受“回家休息”的要求，该行为违反《劳动合同法》第3条规定：订立劳动合同，应当遵循合法、公平、平等自愿、协商一致、诚实信用的原则。

况且，要求徐某签订的协议内容违反国家有关法律法规，如《女职工劳动保护特别规定》第4条，不得在职工怀孕期降低其基本工资或者解除劳动合同。

【案例3－8】

某百货商场本来招聘180名售货员就已经够用了，但开业前，总经理预测生意会很红火，担心开业后出现顾客火暴抢购，人手不够的局面，便多招了20名售货员。

总共200名售货员在开业前，均与百货商场签订了劳动合同，合同中约定试用期为3个月。

商场开业后，非但没有出现火爆场景，反而一片清冷，偌大的商场中，顾客的人数远远少于售货员的人数。商场为了节约支出，减少人工成本，决定实施裁员，准备将15名处在试用期的售货员裁掉。

裁员名单公布后，15名被裁员工要求商场支付经济补偿金，商场总经理一口拒绝：“《劳动法》规定，在试用期内，劳动者和单位都有权随时与对方解除劳动合同。这种解除合同是不需要支付经济补偿金的。你们15名员工现在都还在试用期内，凭什么要求商场发给你们补偿金呢?”

员工们拿不到解除劳动合同补偿金，就集体来到了劳动争议仲裁委员会共同提出了仲裁申请。

仲裁委员会对案件审理后，给双方做了大量的调解工作，最后促使双方达成了如下调解：

（1）员工同意与商场解除劳动合同。

（2）商场向每位员工支付相当于一个月工资的经济补偿金。

【案例分析】

仲裁委员会的调解是非常正确的。根据《劳动合同法》第39条第1项的规定，劳动者在试用期内，被证明不符合录用条件的，用人单位可以解除劳动合同。此时的解除合同，用人单位可以不向劳动者支付经济补偿金。但上述案例中，商场解聘15名员工的理由，并不是这些员工不符合录用条件，而是商场经营不善，无须使用这么多售货员，因此，在15名员工同意与商场解除劳动合同的情况下，应视为双方协商解除劳动合同。根据《劳动合同法》的规定，由用人单位首先提议，员工同意而形成的协商解除劳动合同，用人单位应该按员工在本单位的工作年限，每满1年支付相当于1个月工资的经济补偿金。显然，在仲裁委员会主持下，双方达成的调解协议，符合《劳动合同法》的规定。

相关知识链接

《劳动合同法》规定，在试用期中，除有证据证明劳动者不符合录用条件外，用人单位不得解除劳动合同。用人单位在试用期解除劳动合同的，应当向劳动者说明理由。

（一）处理好试用期内劳动合同的解除

《劳动合同法》规定用人单位在试用期内对不符合录用条件的员工可单方解除劳动合同。因此，用人单位要正确辞退试用期的员工，必须把握“不符合录用条件”的原则。

1. 试用期的合法约定

《劳动合同法》第19条规定：劳动合同期限3个月以上不满1年的，试用期不得超过1个月；劳动合同期限1年以上不满3年的，试用期不得超过2个月；3年以上固定期限和无固定期限的劳动合同，试用期不得超过6个月。同一用人单位与同一劳动者只能约定一次试用期。以完成一定工作任务为期限的劳动合同或者劳动合同期限不满3个月的，不得约定试用期，试用期包含在劳动合同期限内。劳动合同仅约定试用期的，试用期不成立，该期限为劳动合同期限。

试用期间的确定应当以劳动合同的约定为准；若劳动合同约定的试用期超出法定最长时间，则以法定最长时间为准；若试用期满后仍未办理劳动者转正手续，则不能认为还处在试用期间，用人单位不能以试用期不符合录用条件为由与其解除劳动合同。

2. 有明确的录用条件并告知员工

用人单位首先要证明单位有相应的录用条件。第一，录用条件必须合法合理。合法，不违反法律强制性规定即可；合理，用人单位可根据岗位的不同，分为通用性的录用条件和专用性的录用条件。通用性的录用条件，比如工作态度、工作能力等；专用性的录用条件，比如健康状况、学历、英语等级、资质证书等。第二，录用条件应明确，具有可操作性。比如将录用条件分级量化以便于考核。第三，关于告知，建议用人单位在与劳动者签订劳动合同时，将录用条件对劳动者进行书面告知，并且要有劳动者签字表示知晓的说明。

3. 规范试用期内对员工的考核

在试用期内由哪个部门进行考核，根据哪些项目进行考核，用人单位应尽量细化。用人单位应将辞退决定在试用期内送达员工并向其说明理由。

（二）积极做好职业病防范工作

用人单位应做好以下防范工作：①招用劳动者时，对可能存在的职业病风险的岗位，书面向劳动者告知，并要求劳动者作出已知晓的签字确认。②在劳动合同中注明“按国家法律法规做好劳动保护、职业病防范工作”。③对于新招用的劳动者，要求该劳动者提供健康证明，对于可能存在职业病风险的岗位，进行入职健康检查。④对于从事接触职业病危害作业的劳动者进行离职前健康检查并做好相应健康检查记录。

（三）对不能胜任工作及客观情况发生重大变化情形的处理

用人单位在以劳动者不胜任工作为由解除劳动合同时需要注意的是：

（1）用人单位不能随意调动劳动者工作岗位或提高工作强度作为借口而解除劳动合同。

（2）用人单位的规章制度对岗位职责及标准明确细化，具有可操作性，这样才能确定员工是否能胜任工作。

（3）对不能胜任工作的员工调整工作岗位，用人单位可单方调整，无须经劳动者同意但要降低新岗位工作的强度及难度。

（4）对不能胜任工作的劳动者，确定是培训还是调整工作岗位时，首先要考量忠诚度等条件，如果该员工忠诚度高，只是因为技术或业务欠缺，则可选择培训；若忠诚度不高，可选择调整其工作岗位。如果调整岗位后该员工仍不能胜任工作的，可经预告程序后解除劳动合同，注意应当事先将理由通知工会。

此外，用人单位依据《劳动合同法》第 40 条第 3 款规定，解除劳动合同时，需注意界定“客观情况发生重大变化”的程度，保留客观情况已符合“重大变化”的证据。并且，做好双方协商的记录，这样才可按程序解除劳动合同。

（四）注意不能解除或终止劳动合同的情形

《劳动合同法》第 42 条对用人单位不得依照本法第 40 条、第 41 条的规定解除劳动合同的情形作了列示；第 45 条也规定了劳动合同期满，有本法第 42 条规定情形之一的，劳动合同应当续延至相应的情形消失时终止。故用人单位为减少成本，应注意：在上述情形下，不能解除或终止劳动合同，否则存在违法解除劳动合同的风险。

（五）做好员工离职工作的管理

在实践中，经常发生劳动者工作交接未到位或不辞而别的情形，让用人单位措手不及。因此，如何做好交接工作的管理对用人单位的安全非常重要。

1. 工作交接

用人单位与劳动者进行工作交接，劳动者应将已完成和正在进行的工作向用人单位报告并将有关文件资料、物品设备移交给用人单位。但在实践中存在着有些劳动者拒绝进行工作交接的情况，甚至出现劳动者一走了之的情况，用人单位对此应从三方面给予管理：

（1）在劳动合同中对工作交接环节进行约定。如果劳动合同对工作交接的内容和程序没有约定或约定不清，将有可能导致劳动者拒绝交接，如果劳动者没有按约定履行工作交接义务，可以认定为违约行为。因此，用人单位应对劳动合同的工作交接条款予以细化，并制定相应的配套文件以便实践操作。

（2）经济补偿金在劳动者进行工作交接时支付。《劳动合同法》规定，如用人单位因劳动合同协商解除或终止须向劳动者支付经济补偿金的，应当在办妥工作交接手续时支付。也就是说，如劳动者未如约履行工作交接义务的，用人单位可不支付经济补偿金。

（3）对一些特别重要的工作，用人单位可对该岗位员工的工作职责作出约定，要求其定期对一段时间内的工作做一个总结上交公司备案，将这定为每年的考核内容。这样一来，即使该员工不进行工作交接或突然不辞而别，用人单位也不至于措手不及，也可最大程度上减少由此而造成的损失。

2. 工作终止

应明确自解除协议签订之日起，员工除工作交接外，应立即停止以用人单位的名义对外从事的一切业务。

3. 财物返还及债务清偿

员工在用人单位期间，由用人单位配发的或者由员工本人掌管的属于用人单位的财物，比如汽车、电脑、办公用品、通信工具等，由于劳动合同解除，上述财物应返还给用人单位，故应在解除协议中明确财物返还时间、返还方式，以免员工在解除劳动后，擅自带走用人单位的财物。

如果员工对用人单位存在债务，如借款、赔偿款、罚款等。则应在解除协议中明确债务的清偿日期及清偿方法。

4. 其他义务

比如员工与用人单位签订竞业禁止协议、保密协议等，则要在解除劳动合同协议中明确员工的相应义务。当然，用人单位也可在解除协议中根据自己的要求注明需员工履行义务的其他事项。

（六）关于文件送达

由于在劳动人事管理中，任何针对员工的文件生效均以员工的知晓为前提，特别是针对员工的处罚和解除劳动关系的通知等重要文件上，往往因员工的不配合而不签收，从而使用人单位处于被动地位，故用人单位在双方的劳动合同中可作如下约定：甲乙双方在本合同列示的地址均为各自的送达地址；任何一方的送达地址发生变化的，均应当在送达地址发生变化之日起2个工作日内书面通知对方。甲乙双方在向对方列示的任一送达地址送达有关文书时，如果发生收件人拒绝签收或其他无法送达情形的，则从发件人寄出文书之日起视为已经送达对方。

第四节 员工薪酬与激励

【案例3－9】

广东番禺某展览制品公司招聘打磨师傅，工资待遇为“底薪900元＋加班费＋食宿补贴＋勤工奖＋工龄奖＋岗位津贴”，每月工资可达2 000元。小黄被录取后非常高兴，可朋友告诉他番禺从2010年5月起最低工资已经调整为920元，小黄认为工资2 000元远远多于920元，没有什么不妥。

【案例分析】

最低工资标准是国家规定的一项保障标准，只要劳动者在法定工作时间内提供了正常劳动，用人单位就必须支付最低劳动报酬。最低工资不包括加班加点工资，不包括中班、夜班、高温、低温、井下、有毒有害等各种特殊工作环境条件下的津贴。如果用人单位使用“保底工资”或“底薪”描述员工的工资收入结构，那么“保底工资”或“底薪”不能低于当地最低工资标准。对于“底薪+加班费+奖金”这样的工资构成，首先，必须保证除去劳动者加班工资后，每个月劳动者的收入达到最低工作标准以上；但有一点要明确：如果该奖金的获得，需要劳动者在正常劳动外的额外付出，底薪900元的规定肯定违法。如果不需要额外付出，劳动者正常劳动能够获得的奖金与底薪900元能达到最低工资标准以上，属于合乎标准的工资支付。

相关知识链接

劳动报酬包括工资和福利。

一、工资

工资，又称薪金，是指用人单位依据国家有关规定或劳动合同的约定，以货币形式直接支付给本单位劳动者的劳动报酬。按照工资的确定方式，工资包括：计时工资、计件工资、奖金、津贴和补贴、加班加点工资、特殊情况下支付的工资、劳动分红和劳动提成等。

（一）计时工资

计时工资是按照计时工资标准和工作时间支付给职工个人的劳动报酬，具体包括：①对已做工作按计时工资标准支付的工资；②实行结构工资制的单位支付给职工的基础工资和职务（岗位）工资；③新参加工作职工的见习工资（学徒的生活费）；④运动员体育津贴。计时工资一般分为月工资标准、日工资标准、小时工资标准三种，三者之间的换算关系为：

日工资标准=月工资标准/21.75天（注：每月工作时间超过20.83天的就属于加班，但是由于11天法定节假日系国家法定节假，属于带薪休假；故月计薪日为21.75天）；小时工资标准=日工资标准/8小时。

（二）计件工资

计件工资是在一定技术条件下，根据职工完成的合格产品数量或工作量，按计件单价支付的劳动报酬，具体包括：①实行超额累进计件、直接无限计件、限额计件、超定额计件等工资制，按劳动部门或主管部门批准的定额和计件单价支付给个人的工资；②按工作任务包干方法支付给个人的工资；③按营业额提成或利润提成办法支付给个人的工资。

由此可见，提成款是计件工资制的主要方式之一，是企业激励销售人员付出更多劳动的奖励办法，是用人单位应支付劳动者基本工资的重要补充。它是指职工集体或个人的工资收入按照一定比例从营业收入、销售收入或利润中提取。这种计件工资形式主要适用于劳动成果难以用事先制定劳动定额的方式计算、不易确定计件单价的工作，如服务性工作、文艺演出等。此外，还有一些销售企业也往往对销售人员采取基本工资加提成的工资分配方式。提成款基本工资是固定的，而奖励工资却因人而异。提成款是销售人员在完成一定的推销业务的基础上对其超过部分的奖励，属于销售人员所享有基本工资以外所应得的劳动报酬。

（三）奖金

奖金是指用人单位对劳动者的超额劳动或增收节支实际所支付的奖励性报酬。它不同于基本工资，区别点在于：①不具有普遍性，并不是要求单位给每一位劳动者支付奖金。②不具有常规性，即奖金是单位对劳动者提供常规劳动外的超额劳动所给予的报酬，而超额劳动主要体现在劳动质量、劳动成果上的超额并非劳动时间上的超额，劳动时间上的超额一般用加班工资体现。③不具有稳定性，由于奖金是单位给予劳动者超额劳动的一种奖励，所以单位是否发放奖金以及发放多少与劳动者提供的超额劳动挂钩，不具有稳定性。奖金一般可分为月奖、季奖、年度奖；也可分为综合奖和单项奖（如超产奖、安全奖、新产品研发奖等）。

（四）津贴和补贴

津贴是为了补偿劳动者在特殊劳动条件下所付出的额外劳动和生活费用而支付给劳动者的劳动报酬。津贴包括：①补偿职工特殊或额外劳动消耗的津贴。具体有：高空津贴、井下津贴、流动施工津贴、野外工作津贴、林区津贴、高温作业临时补贴、海岛津贴、艰苦气象台（站）津贴、微波站津贴、高原地区临时补贴、冷库低温津贴、基层审计人员外勤工作补贴、临时补贴 、运动队班（队）干部驻队补贴、公安干警值勤岗位津贴、殡葬特殊行业津贴、城市社会福利事业单位岗位津贴等。②保健性津贴。如卫生防疫津贴、医疗卫生津贴、科技保健津贴、各种社会福利院职工特殊保健津贴等。③技术性津贴。如特殊教师补贴、科研津贴、工人技术津贴、中药老药工技术津贴、特殊教育津贴等。④年功性津贴。如工龄津贴、教龄津贴和护士工龄津贴等。⑤其他津贴。如直接支付给个人的伙食津贴、合同制职工的工资性补贴以及书报费等。而补贴具体包括：为保证职工工资水平不受物价上涨或变动影响而支付的各种补贴，如副食品价格补贴、粮价补贴、煤价补贴、房贴、水电贴等。

（五）加班加点工资

加班加点工资是指用人单位在劳动者完成定额或规定的工作任务后，根据实际需要安排劳动者在法定标准工作时间之外的工作，从而获得的工资报酬。

（1）用人单位依法安排劳动者在日常法定标准工作时间以外延长工作时间的，按照不低于劳动合同规定的劳动者本人小时工资标准的150%支付劳动者工资。

（2）用人单位依法安排劳动者在休息日工作，而又不能安排补休的，按照不低于劳动合同规定的劳动者本人日或小时工资标准的200%支付劳动者工资。

（3）用人单位依法安排劳动者在法定节假日工作的，按照不低于劳动合同规定的劳动者本人日或小时工资标准的300%支付劳动者工资。

实行计件工资的劳动者，在完成计件定额任务后，由用人单位安排延长工作时间的，应根据上述规定的原则，分别按照不低于其本人法定工作时间计件单价的150%、200%、300%支付其工资。

经劳动行政部门批准实行综合计算工时工作制的，其综合计算工作时间超过法定标准工作时间的部分，应视为延长工作时间，并按劳动者本人日或小时工资标准的150%支付加班工资。实行综合工作制的用人单位的劳动者，工作日正好是周休息日的，属于正常工作；工作日正好是法定节假日的，按不低于劳动者本人工资的300%的工资支付工资报酬。

（六）不作为工资的劳动报酬

按照国家法律、法规的相关规定，下列收入应当扣除在工资以外：①用人单位支付给劳动者个人的社会保险费用；②用人单位支付给劳动者的劳动保护方面的费用；③按规定未列入工资总额的各种劳动报酬及其他劳动收入，如根据国家规定发放的创造发明奖、国家星火奖、自然科学奖、科学技术进步奖、合理化建议和技术改进奖、中华技能大奖等；④有关离休、退休、退职人员待遇的各项支出；⑤稿费、讲课费及其他专门工作报酬；⑥出差伙食补助费、误餐补助、调动工作的旅费和安家费；⑦对自带工具、牲畜来企业工作职工所支付的工具、牲畜等的补偿费用；⑧实行租赁经营单位的承租人的风险性补偿收入；⑨对购买本企业股票和债券的职工所支付的股息（包括股金分红）和利息；⑩劳动合同制职工解除劳动合同时由企业支付的医疗补助费、生活补助费等；⑪因录用临时工而在工资以外向提供劳动力单位支付的手续费或管理费；⑫支付给家庭工人的加工费和按加工订货办法支付给承包单位的发包费用；⑬支付给参加企业劳动的在校学生的补贴；⑭计划生育独生子女补贴。

二、福利

职工福利，是指用人单位为满足本单位职工物质文化生活，保证职工及其家属的一定生活质量，在工资及社会保险以外提供一定货币、实物和服务等形式的物质帮助。

它具有下述基本属性：

（1）补偿性。即职工福利是对劳动者所提供的劳动的一种物质补偿，享受职工福利须以履行劳动义务为前提。

（2）均等性。企业职工福利在职工之间的分配和享受，具有一定程度的机会均等和利益均等特点。

（3）补充性。职工福利只是对企业工资的必要补充，是对按劳分配的补充，并非分配的主要形式。

（4）集体性。虽然某些职工福利项目在分配时仍存在差异，但职工福利的主要形式是举办集体职工福利事业通过集体消费和共同使用公共设施的方式分享职工福利。

（5）差别性。即在不同的用人单位之间，职工福利由于与企业的经济效益相挂钩而有一定差异。即使在同一用人单位的各职工之间，因某些职工福利项目同个人劳动贡献相联系而存在一定差异。

职工福利是社会福利的重要组成部分，用人单位对此进行合理的组织和安排，根据福利对象的不同，可以将公司福利分为职工集体福利和职工个人福利。

1. 职工集体福利

职工集体福利是为满足职工集体或共同生活需要而提供的，用人单位提供的职工福利一般包括：

（1）开办各类职工食堂。

（2）设立哺乳室、托儿所和子弟学校，减少职工家庭生活困难。

（3）修建各种卫生服务设施，包括职工医疗和疗养设施、浴室、理发室、休息室等，提供各种生活服务。

（4）设立各种文化、体育和娱乐设施，包括文化宫、俱乐部、电影院、图书馆、体育场等，并组织职工开展各种文化娱乐活动和体育健身活动，丰富职工的文化生活。

（5）设立夜大、业余大学等，举办各类培训班、学习班，对职工进行免费的文化教育和技术培训，提高职工的综合素质。

（6）提供班车，方便职工上下班。

（7）职工住宅，由国家和用人单位拿出一定的积累基金和福利基金进行住房建设，然后将房产低租金分配给职工居住，并且对部分职工发放房租补贴；其特点是低房租、高补贴、分配制。

2. 职工个人福利

职工个人福利由用人单位直接向职工个人提供，主要包括：

（1）职工住宅福利。用人单位一般采取以下措施：

1）用人单位拿出一定的基金进行住房建设，然后将房产以国家规定的优惠价格出售给符合规定条件的职工。

2）在住房福利改革中，由住房实物分配转变为了住房货币分配，一般向职工发放住房补贴，由职工自己去购买商品房。

3）实行住房公积金制度。即由用人单位和职工各按一定比例缴纳住房公积金，部分由用人单位留用，部分由社会统筹使用，继续扩大住宅建设。

（2）生活性补贴。用人单位按照国家法律或政策规定，直接支付给职工用于维持或提高其生活水平的各种工资外的补贴：如职工冬季取暖补贴、生活消费品价格补贴（粮油补贴、副食补贴、水电补贴、燃气补贴、房租补贴、伙食补贴、修理费、书刊费等）、独生子女补贴。

（3）单位内部补贴。用人单位根据本单位的实际情况自主决定给予职工的各项补贴，如职工上下班交通补贴，误餐补贴，通信补贴，探亲假路费补贴，婚丧假、年休假工资补贴。

（4）补充社会保险。除用人单位必须为单位劳动者办理的各种法定强制性的社会保险外，用人单位还可以自主决定为本单位职工购买补充商业保险。

（5）职工生活困难补助。是国家和用人单位对由于各种原因造成生活困难的职工，为保证其基本生活需要而给予的临时或长期性生活费补助。

【案例3－10】

丁某与昆山某公司签订劳动合同时，该公司提议不给丁某缴纳社会保险，而是将社会保险以现金的形式发放给丁某。

问：该公司的提议合法吗？

【案例分析】

不合法。用人单位依法应当承担劳动者的养老、医疗、失业、工伤和生育五大保险的缴费任务，一般需要按照工资总额的20%至40%缴纳社会保险。所以，虽然《企业所得税法》实现了工资的全部扣除，但由于高负担的社会保险费承担，使得许多用人单位不愿意为劳动者依法缴纳社会保险。如果用人单位想降低应当缴纳的社会保险费，其最佳途径是降低工资总额，对劳动者劳动报酬进行有效设计，使劳动报酬划分为计入工资总额的劳动报酬和不计为工资总额的劳动报酬之和。而不计入工资总额的劳动报酬就是《关于工资总额组成的规定》中明确列示的不属于工资总额的14种劳动者收入；例如伙食补贴、住房补贴、上下班交通补贴、通信补贴、生活消费品价格补贴（包括水电补贴、燃气补贴、房租补贴、修理费、书刊费）、独生子女补贴、探亲路费补贴、孝亲补贴、补充社会保险、住房公积金和生活困难补贴等。

相关知识链接

创业企业的激励制度的法律风险管理

（一）激励制度设计应当考虑税金和社会保险费等成本

作为用人单位在设计劳动者的劳动报酬时，需要考虑两大问题：一是企业所得税和个人所得税问题，二是社会保险费的缴费基数。由于通常劳动者获得的劳动报酬为个人所得税税前收入，依法劳动者需要缴纳个人所得税。所以，用人单位还是应当充分利用个人所得税政策进行必要的个人薪金结构的设计，使劳动者能够获得尽可能多的税后收入。激励制度设计不仅要考虑企业所得税的节税设计，还要考虑个人所得税中劳动者的成本。

（二）激励制度不应包括社会保险费

《关于贯彻执行〈中华人民共和国劳动法〉若干问题的意见》第53条规定：工资不包括单位支付给劳动者个人的社会保险费用。且社会保险费不能由劳动合同双方当事人按意愿自由约定，故约定用人单位将社会保险费直接支付给劳动者的做法是无效的。

（三）激励制度的设计不能跨越最低工资

在设计劳动报酬时，用人单位都必须恪守“最低工资”这一底线。所谓最低工资是国家规定的，当职工在法定工作时间内提供了正常劳动的前提下，用人单位在最低限度内应当支付足以维持职工及其平均供养人口的基本生活需要的工资，即工资的法定最低限额。国家对最低工资标准的规定与早先的规定有所不同，即依法应当由劳动者缴纳的社会保险费现在已经包含在最低工资标准中。同时，各地对最低工资的计算范畴并不太一样，比如江苏省规定住房公积金不能包含在最低工资中，而大多数地方规定住房公积金属于最低工资范畴。对此，需要查询各地具体政策，才能最准确地计算最低工资。由于工资是以货币方式支付，所以以实物形式发放的工资不能包含在最低工资中，比如在江苏省昆山市的用人单位，即使向劳动者提供包吃包住形式，向劳动者支付工资依然不能低于昆山市当前的最低工资标准每月1680元；在实践中，通常将因用人单位原因，劳动者没有提供正常劳动时的工资确定为最低工资，比如用工单位停工停产或劳动者待岗期间的工资。

（四）激励制度设计应避免“工资拒付”和“扣除”的劳动争议

工资争议是劳动争议中最常见的争议，依据最高人民法院的司法解释是，在劳动存续期间产生的支付工资争议，用人单位能够证明已经书面通知劳动者拒付工资的，书面通知送达之日为劳动争议发生之日；用人单位不能证明的，则劳动者主张之日为劳动争议发生之日。显然工资拒付通知书非常重要，但是在实务中用人单位基本无法很好地实现工资拒付通知书的送达。为避免因工资计发中的失误而导致工资争议的发生，我们最好在劳动合同中约定“工资核对”及“视同拒付通知”的条款。

用人单位不得克扣劳动者的工资。但是劳动者有下列情形之一的，用人单位可代扣劳动者工资：①用人单位代扣代缴的个人所得税。依据个人所得税相关规定，用人单位与劳动者之间未明确约定或者用人单位未以书面方式承诺向劳动者支付工资为税后工资的，用人单位向劳动者支付的工资均为税前工资；②用人单位代扣代缴的应当由劳动者个人负担的各项社会保险费用；③法院判决裁定中要求代扣的抚养费、赡养费；④法律法规规定可以从劳动者工资中扣除的其他费用；⑤因劳动者本人原因给用人单位造成经济损失的，用人单位可按照劳动合同约定要求其赔偿，经济损失的赔偿可以从劳动者的工资中扣除，但每个月的扣除额不得超过劳动者当月工资的20%，如果扣除后劳动者的剩余工资低于当地最低工资标准的，则必须按最低工资标准支付。

第五节 特殊劳动合同

【案例3－11】

张某于2012年进入某服装公司工作，合同期为1年。2013年，合同期满后，该服装公司将包括张某在内的约40名服装工人的劳动合同全部终止，改由某劳务公司与这些员工签订劳动合同，但这些员工仍派在该服装公司工作。2014年，因该服装公司与员工就员工的加班费用的计算及发放发生争议，员工以拖欠加班工资为由将劳务公司及服装公司一起诉至省劳动仲裁委。张某认为，他与劳务公司之间构成的是劳动关系，他与服装公司之间构成的是实际用工关系，而工资及加班费用等均由劳务公司支付，故要求劳务公司和服装公司承担连带赔偿责任。

劳务公司认为，该员工是与劳务公司构成劳动关系，但员工实际是为服装公司工作，也是根据服装公司的要求加班，该加班工资理应由服装公司承担。而服装公司认为，服装公司与劳务公司之间形成劳务派遣法律关系，服装公司不承担该员工的工资报酬，只是根据劳务派遣协议支付劳务公司相应的报酬，劳务派遣协议也没有明确服装公司承担派遣员工的加班费用，故员工向服装公司主张加班费用的连带赔偿责任没有法律依据。

【案例分析】

由于劳务派遣涉及派遣单位（用人单位）、实际用工单位、劳动者三方之间的关系。这里，至于派遣单位及实际用工单位的权利义务如何，如果不明确或者不作约定，很可能导致不必要的风险。随着市场经济的不断发展，多种灵活用工方式应运而生，劳务派遣和非全日制用工模式已成为当今劳动关系的主要发展趋势，故我国法律规定一方面鼓励和促进其发展，另一方面对其作一定的制约，以防其严重损害劳动者的合法权益。

劳务派遣公司作为员工的用人单位，承担工资等劳务报酬的发放以及社会保险的缴纳，但这是在正常工作下的费用承担，而员工实际为用工单位加班，加班费用应由实际用工单位承担。

相关知识链接

一、用工单位应慎重选择劳务派遣单位，及时签订劳务派遣协议

《劳动合同法》对劳务派遣单位的注册资本及对被派遣劳动者的告知义务、劳动合同期限、工资待遇与支付等作了专门规定，同时也要求派遣单位应承担用人单位的一切义务，如果劳务派遣单位未遵守《劳动合同法》规定，由劳动行政部门和其他有关主管部门责令改正；情节严重的，处以相应额度的罚款，并由工商行政管理部门吊销营业执照；给被派遣劳动者造成损害的，劳务派遣单位承担赔偿责任。而对于用工单位，如果与其合作的劳务派遣单位没有资质，是非法的，用工单位就要承担与劳动者存在事实劳动关系的风险；如果该劳务派遣单位没有实力，就可能克扣用工单位按照劳务派遣协议支付被派遣劳动者的劳动报酬，同时也存在劳务派遣单位向被派遣劳动者收取费用及不为劳动者缴纳社会保险等风险，以致由用工单位承担连带责任。

在合法的劳务派遣中，用工单位与被派遣劳动者不存在劳动关系，劳务派遣单位才与劳动者存在劳动关系。但是如果用工单位未与劳务派遣单位签订劳务派遣协议，那么，如果用工单位已经与该劳动者形成用工关系，还没有支付该劳动者工资或为劳动者缴纳社会保险，且在用工单位无法证明该劳动者与劳务派遣单位存在劳动关系的情况下，就存在用工单位与劳动者存在事实劳动关系认定的风险，用工单位增加无谓的用工成本；《劳动合同法》允许用工单位与劳务派遣单位在法定义务之外通过合同来约定对劳动者的义务，如果没有约定或约定不明确，作为实际的用工单位，显然它的风险远远大于劳务派遣单位。

虽然用工单位与劳务派遣人员不存在劳动关系，但《劳动合同法》规定，用工单位应当履行下列义务：①执行国家劳动标准，提供相应的劳动条件和劳动保护；②告知被派遣劳动者的工作要求和劳动报酬；③支付加班费、绩效奖，提供与工作岗位相关的福利待遇；④对在岗被派遣劳动者进行工作岗位所需的培训；⑤连续用工的，实行正常的工资调整机制。被派遣劳动者享有与用工单位的劳动者同工同酬的权利。用工单位无同类岗位劳动者的，参照用工单位所在地相同或者相近岗位劳动者的劳动报酬确定。因此，如果用工单位未尽到上述义务，损害劳动者利益的，应承担相应的赔偿责任。

二、对非全日制用工的管理

《劳动合同法》对非全日制用工作了特别规定，包括以小时计酬为主，劳动者在同一用人单位一般平均每日工作时间不超过 4 小时，每周工作时间累计不超过 24 小时，不得约定试用期，小时计酬标准不得低于用人单位所在地政府规定的最低小时工资标准，且劳动报酬结算支付周期最长不得超过 15 日。由于法律允许非全日制用工形式可采用口头协议，给用人单位也带来了潜在的风险。如果用工单位与非全日制用工的劳动者未签订书面

劳动合同，用人单位就无法证明与劳动者之间构成的是非全日制用工，就要被认定为事实劳动关系，承担事实劳动关系的相应责任，例如为劳动者办理社会保险；如果用人单位自用工之日起超过1个月不满1年未与劳动者订立书面劳动合同的，应当向劳动者每月支付2倍的工资。

三、创业企业制定集体合同的注意事项

集体合同是职工代表与企业代表协商讨论而订立的合同。集体合同一旦签订，对于企业及全体职工均具有约束力，并应及时向劳动行政部门报送集体合同文本。具体表现为：①集体合同的效力大于用人单位与劳动者签订的个别劳动合同；②劳动合同所规定的条款不能与集体合同相冲突；③关于劳动合同的条款约定不明时，首先按集体合同的约定履行。在职工代表履行集体合同期间，职工代表通常还要代表全体职工对企业履行合同义务进行监督检查并提出建议，维护全体职工的合法权益。因此，不可避免地得罪企业领导，故在实践中，企业认为某个职工代表不按企业的意思行事，就随意解除与该劳动者的劳动关系，《集体合同规定》指出，职工代表在劳动合同期内担任代表之日起5年内，除个人严重过失外，企业不得与其解除劳动合同。否则，该行为属于违法解除劳动合同，应按该职工代表的经济补偿金标准双倍支付赔偿金，造成职工代表损失的，还应承担赔偿责任。

四、创业企业对特殊劳动合同的风险管理

（一）签订详细的操作性强的劳务派遣协议

《劳动合同法》允许用工单位与劳务派遣单位在法定义务之外通过约定来分配对劳动者的义务，故双方签订细致明确的劳务派遣协议，有利于双方的和谐用工。并且，双方可在劳务派遣协议中，约定由用工单位协助做好对被派遣劳动者的考勤、考核工作，并及时向派遣单位汇报，每月提供派遣劳动者的考勤记录，提供劳动者的违纪记录及材料，以便派遣单位做出对劳动者发放工资或处罚的相关决定。

（二）劳务派遣单位与员工的劳动关系的管理

1. 劳务派遣单位与员工的劳动合同应当载明的事项

劳务派遣单位作为用人单位，应当履行用人单位对劳动者的全部义务，如依法招用劳动者、签订劳动合同以及解除劳动合同时支付经济补偿金、支付工资、参加社会保险并依法缴费等。劳动合同除了要有一般劳动合同的必备条款外，还要明确约定被派遣劳动者的用工单位以及派遣期限、工作岗位等情况。这主要是为了防止劳务派遣单位随意地将劳动者派遣到其他单位，尤其是一些条件恶劣的单位。

2. 最低劳动合同期限及支付最低工资的规定

为保证劳动者与派遣单位间形成较为稳定的关系，《劳动合同法》规定劳务派遣中的劳动合同的期限不得少于2年。劳务派遣单位按月向劳动者支付报酬，同时规定，劳动者在无工作期间，劳务派遣单位要支付不得低于劳动派遣单位所在地人民政府规定的最低工资标准的劳动报酬。另外，劳务派遣单位不得克扣用工单位按照劳务派遣协议支付给被派遣劳动者的劳动报酬。劳务派遣单位和用工单位不得向被派遣劳动者收取费用。

3. 根据劳务派遣的特性，在劳动合同中设置个性化的解除条款

在此类劳动合同中，由于劳务派遣人员的实际管理工作是由用工单位履行，故派遣单位应在劳动合同中加入如“因违反用工单位作业规程或劳动纪律被用工单位退岗的”“给用工单位或甲方造成直接经济损失×元以上或间接损失×元以上的”“因乙方原因被2家以上用工单位退岗的”等内容，以掌握解除劳动合同的主动权。

（三）实际用工单位的用工管理

《劳动合同法》规定，劳务派遣协议应当约定派遣岗位和人员数量、派遣期限、劳动报酬和社会保险费的数额与支付方式以及违反协议的责任。这就要求作为实际的用工单位，在与劳务派遣单位签订劳务派遣协议时，应对相关问题事先作好明确而具体的约定，以防止纠纷发生时责任不明。

1. 用工单位要履行对被派遣劳动者的告知义务

用工单位要告知被派遣劳动者的工作要求和劳动报酬，工作要求是指用工单位安排劳动者从事的岗位、对劳动者的能力和绩效要求。劳动报酬是劳动者履行劳动义务后享有的劳动权利，包括工资、奖金、津贴等形式。被派遣劳动者对此享有知情权，尤其是劳动报酬的多少、支付方式等，以免派遣单位克扣用工单位按照劳务派遣协议支付给被派遣劳动者的劳动报酬。

2. 支付加班费、绩效奖金并提供与工作岗位相关的福利待遇

用工单位向派遣单位支付报酬或管理费，派遣单位向被派遣劳动者支付劳动报酬。但是，作为加班加点工资报酬的加班费、绩效奖金与工作岗位相关的福利待遇等则都是在具体劳动中的报酬内容，由用工单位向被派遣劳动者支付。

3. 合理确定派遣期限

用工单位应当根据工作岗位的实际需要与劳务派遣单位确定派遣期限，不得将派遣期限分割而订立数个短期劳务派遣协议。

（四）及时签订及严格履行非全日制用工合同

《劳动合同法》虽然规定非全日制用工可采用口头协议，但是，由于未签订书面的劳动合同，对于用工单位而言存在被认定事实劳动关系的风险，故用人单位应在招用非全日制劳动者时，应注意以下几个方面：①与非全日制用工的劳动者签订非全日制用工劳动协议，并且双方各执一份；②工作时间为平均每日工作时间不超过4小时，每周工作时间累计不超过24小时；③非全日制用工双方当事人不得约定试用期；④终止用工，用人单位不向劳动者支付经济补偿金；⑤非全日制用工小时计酬标准不得低于用人单位所在地人民政府规定的最低小时工资标准；⑥非全日制用工劳动报酬结算支付周期最长不得超过15日。

（五）创业企业成立工会

如果用人单位能充分发挥工会的作用，不仅可以理顺劳动关系，甚至可以利用工会的调解职能化解用工矛盾、促进劳动关系的稳定和谐发展。在《劳动合同法》中涉及工会职责与权利的条款多达9条。概括而言，主要包括协商权，如用人单位制定规章制度时必须与工会或者职工代表协商；备案权，如用人单位单方解除劳动合同时应当事先将理由通知工会；监督权，如工会依法对用人单位履行劳动合同、集体合同的情况进行监督；代表权，如因履行集体劳动合同发生争议，经协商不成的，工会可以依法申请仲裁、提起诉讼。因此，用人单位应按《中华人民共和国工会法》成立工会，有利于用人单位对员工进行合法有效的管理，也有利于建立和谐稳定的劳动关系。

知识拓展

一、劳动法的概念与调整对象

（一）劳动的概念

劳动一词是多义词。《辞源》有三义，本义为：操作活动，典出《庄子》。《辞海》亦有三义，本义为：人们改变劳动对象使之适合自己需要的有目的的活动。《现代汉语词典》亦为三义，本义为：人类创造物质或精神财富的活动（另外两个含义是专指体力劳动或进行体力劳动）。

这三本权威词典在表述上虽有差异，但有一点是相同的，都强调了“创造”这一属性，也就是说，只有手脑并用地从事的活动产生了新的财富，这个活动才能称之为创造性劳动。在一般意义上，劳动指人们使用劳动资料，改变劳动对象使之适应自己需要的有意识、有目的的活动。劳动过程一般包括：①人类有目的的活动；②劳动资料；③劳动对象。

也有人认为，劳动是指能够对外输出劳动量或劳动价值的人类运动，是人维持自我生存和自我发展的唯一手段。

在劳动法中，劳动是指社会个体在用人单位的组织管理下，以单位成员的名义从事的有偿活动。

（二）劳动法的概念

劳动法是调整劳动关系以及与劳动关系密切联系的其他社会关系的法律规范的总称。在狭义上，劳动法是专指1994年7月5日第八届全国人大常委令第八次会议通过于1995年1月1日起正式生效的《中华人民共和国劳动法》；广义上的劳动法还包括：全国人大及其常委会制定的劳动法律，国务院制定的劳动行政法规，国务院各部委制定的劳动规章，地方性劳动法规和劳动规章，我国批准的国际劳工公约，其他规范性或准规范性文件。

制定劳动法的目的是保护劳动者的合法权益，维护、发展和稳定的劳动关系，有利于维护社会安定，促进经济发展和社会进步。

（三）劳动法的调整对象

1. 劳动关系

劳动法的调整对象主要是劳动关系。劳动关系，即劳动者与用人单位之间在实现劳动过程中发生的社会关系。这种社会关系具有下列特征：①当事人的特定性，一方是劳动者，另一方是用人单位。②其内容是在实现劳动过程中发生的社会关系。所谓劳动过程，就是劳动者参加到某个用人单位中劳动，使劳动者与用人单位提供的生产资料相结合的生产过程。③劳动关系具有人身关系、财产关系的属性，是活劳动与物化劳动相交换的关系。④劳动关系具有平等关系、隶属关系的属性。

2. 其他社会关系

劳动法还调整与劳动关系密切联系的其他社会关系：①管理劳动力方面的社会关系；②工会组织方面的社会关系；③社会保险方面的社会关系；④处理劳动争议方面的社会关系；⑤监督劳动法执行方面的社会关系。

二、劳动法的立法宗旨与适用范围

（一）劳动法的立法宗旨

为了保护劳动者的合法权益，调整劳动关系，建立和维护适应社会主义市场经济的劳动制度，促进经济发展和社会进步，根据宪法制定劳动法。

（二）劳动法的适用范围

中华人民共和国境内的企业、个体经济组织、民办非企业单位（以下简称用人单位）与劳动者建立劳动关系，订立、履行、变更、解除或者终止劳动合同，适用劳动法。

国家机关、事业单位、社会团体和与其建立劳动关系的劳动者，订立、履行、变更、解除或者终止劳动合同，依照劳动法执行。

三、劳动法律关系

劳动法律关系是指劳动法律规范在调整劳动关系过程中形成的法律上的劳动权利和劳动义务关系。劳动法律关系是受国家劳动法律规范调整和保护的劳动关系，是国家干预劳动关系的结果，具有以国家意志为主导、当事人意志为主体的特征。狭义的劳动法律关系当事人包括劳动者与用人单位，广义的劳动法律关系还包括工会组织和雇佣主组织（表3－1）。

表3－1　　狭义劳动法律关系

劳动法律关系	主体：劳动者，用人单位
	客体：劳动活动
	内容：劳动权利和劳动义务

1. 劳动者

劳动者是具有劳动能力，以从事劳动获取合法劳动报酬作为其生活资料来源的自然人，包括有劳动能力的我国公民、外国人和无国籍人。

自然人要成为劳动者，须具备主体资格，即须具有劳动权利能力和劳动行为能力。劳动权利能力是指自然人能够依法享有劳动权利和承担劳动义务的资格。劳动行为能力是指自然人能够以自己的劳动行为依法行使劳动权利和履行劳动义务的能力。依我国《劳动法》的规定，凡年满16周岁，有劳动能力的公民是具有劳动权利能力和劳动行为能力的人。即我国的劳动者的法定最低就业年龄为16周岁。文艺、体育和特种工艺单位招用未满16周岁的未成年人，须依据国家有关规定履行审批手续，并保障其接受义务教育的权利。除法律另有规定外，任何单位不得与未满16周岁的未成年人发生劳动法律关系，对可能危及未成年人健康、安全或道德的职业，最低就业年龄不得低于 18 周岁。用人单位不得招用已满 16 周岁未满 18 周岁的未成年人从事过重、有毒、有害的劳动或危险作业。

2. 用人单位

用人单位是劳动力使用和管理劳动者并付给其劳动报酬的单位。在我国，用人单位是依法成立的企业、事业单位、国家机关、社会团体、个体经济组织等。

作为劳动法律关系主体的用人单位，也应具有相应的主体资格，即同时具有用人权利能力和用人行为能力。用人权利能力是用人单位依法享有的用人权利和履行用人义务的资格；用人行为能力是指用人单位能够以自己的行为依法行使用人权利和履行用人义务的能力。用人单位的用人权利能力和用人行为能力的范围取决于法律、法规的规定以及用人单位的用人需求。

3. 劳动法律关系的内容

（1）劳动者的劳动权利和劳动义务（表 3－2）。

表 3－2　劳动者的劳动权利和劳动义务

劳动者权利	劳动权即平等就业权和职业选择权
	取得劳动报酬的权利
	休息休假的权利
	获得劳动安全卫生保护的权利
	接受职业技能培训的权利
	享受社会保险和社会福利的权利
	依法参加工会和职工民主管理的权利
	提请劳动争议处理的权利
劳动者义务	认真完成劳动任务 提高职业技能 执行劳动安全卫生规程 严格遵守劳动纪律和职业道德 爱护和保卫公共财产 保守国家秘密和用人单位商业秘密

（2）用人单位的权利和义务（表 3－3）。

表 3－3　用人单位的权利和义务

用人单位权利	招工权、用人权、奖惩权、分配权、辞退权
用人单位义务	依法保障劳动者享有劳动权利和劳动义务

四、劳动合同法

（一）劳动合同和劳动合同法

1. 劳动合同

劳动合同是指劳动者与用人单位签订的确立劳动关系、依法明确双方权利和义务的协议。建立劳动法律关系必须订立劳动合同。

劳动合同的特征：

（1）合法性。劳动合同必须依法以书面形式订立。作到主体合法、内容合法、形式合法、程序合法。只有合法的劳动合同才能产生相应的法律效力。任何一方面不合法的劳动合同，都是无效合同，不受法律承认和保护。

（2）协商一致性。在合法的前提下，劳动合同的订立必须是劳动者与用人单位双方协商一致的结果，是双方"合意"的表现不能是单方意思表示的结果。

（3）合同主体地位平等。在劳动合同的订立过程中，当事人双方的法律地位是平等的。劳动者与用人单位不因为各自性质的不同而处于不平等地位，任何一方不得对他方进行胁迫或强制命令，严禁用人单位对劳动者横加限制或强迫命令的情况。只有真正做到地位平等，才能使所订立的劳动合同具有公正性。

（4）等价有偿。劳动合同明确双方在劳动关系中的地位作用，劳动合同是一种双务有偿合同，劳动者承担和完成用人单位分配的劳动任务，用人单位付给劳动者一定的报酬，并负责劳动者的保险金额。

2. 劳动合同法

2008年实施的《劳动合同法》与1995年实施的《劳动法》相比较，是对劳动法确立的劳动合同制度的完善，更加注重劳动者合法权益的保护，规范用人单位订立、变更、解除、终止劳动合同的行为。它具有很强的操作性，明确了相关的法律责任，特别是用人单位违反《劳动合同法》的规定以及侵害劳动者合法权益应当承担的民事法律责任，即支付经济补偿金及赔偿金、加付工资等。

《劳动合同法》的适用范围：

（1）中华人民共和国境内的企业、个体经济组织、民办非企业单位、依法成立的会计师事务所、律师事务所等合伙组织和基金会等组织（简称用人单位）与劳动者建立劳动关系，订立、履行、变更、解除或者终止劳动合同，适用劳动合同法。

（2）国家机关、事业单位、社会团体和与其建立劳动关系的劳动者，订立、履行、变更、解除或者终止劳动合同，依照劳动合同法执行。

（3）事业单位与实行聘用制的工作人员订立、履行、变更、解除或者终止劳动合同，法律、行政法规或者国务院另有规定的，依照其规定，未作规定的，依照劳动合同法有关规定执行。

公务员以及比照公务员制度的事业组织和社会团体的工作人员以及非农场的农业劳动者、现役军人、家庭保姆不是劳动法调整的范围。

（二）书面劳动合同的订立

（1）订立劳动合同，应当遵循合法、公平、平等自愿（是订立原则）、协商一致、诚实信用的原则。

1）双方的先合同义务。

用人单位招用劳动者时，①应当如实告知劳动者工作内容、工作条件、工作地点、职业危害、安全生产状况、劳动报酬以及劳动者要求了解的其他情况（不告知为合同欺诈，否则合同无效）；②用人单位招用劳动者，不得扣押劳动者的居民身份证和其他证件；

③不得要求劳动者提供担保或者以其他名义向劳动者收取财物。

用人单位有权了解劳动者与劳动合同直接相关的基本情况，劳动者应当如实说明。

2）双方的后合同义务。

①用人单位应当在解除或者终止劳动合同时出具解除或者终止劳动合同的证明（影响劳动者重新就业、失业保险的享受）。②并在十五日内为劳动者办理档案和社会保险关系转移手续。劳动者应当按照双方约定，办理工作交接。③用人单位依照本法有关规定应当向劳动者支付经济补偿的，在办结工作交接时支付。④用人单位对已经解除或者终止的劳动合同的文本，至少保存两年备查。

劳动合同中约定的保密义务或者竞业限制，劳动者也要遵守（保密就是就业限制）。

（2）用人单位自用工之日起即与劳动者建立劳动关系。建立劳动关系，应当订立书面劳动合同。

注意：用工为劳动关系建立的唯一标准。

（3）已建立劳动关系，未同时订立书面劳动合同的，应当自用工之日起一个月内订立书面劳动合同。

（4）用人单位与劳动者在用工前订立劳动合同的，劳动关系自用工之日起建立。

用人单位自用工之日起超过一个月但不满一年未与劳动者订立书面劳动合同的，应当向劳动者每月支付两倍的工资。

注意：

（1）双倍工资仅指基本工资双倍。

（2）非全日制用工双方当事人可以订立口头协议（指以小时计酬为主，劳动者在同一用人单位一般平均每日工作时间不超过四小时，每周工作时间累计不超过二十四小时的用工形式）。

（三）劳动合同的分类和必要条款

1. 劳动合同的分类

用人单位与劳动者协商一致，可以订立固定期限劳动合同、无固定期限劳动合同和以完成一定工作任务为期限的劳动合同（例如建筑业合同）。

（1）固定期限劳动合同，是指用人单位与劳动者约定合同终止时间的劳动合同。

（2）无固定期限劳动合同，是指用人单位与劳动者约定无确定终止时间的劳动合同。无固定期限劳动合同的订立方式：

1）协商订立。用人单位与劳动者协商一致，可以订立无固定期限劳动合同。

2）法定强制。有下列情形之一，劳动者提出或者同意续订、订立劳动合同的，除劳动者提出订立固定期限劳动合同外，应当订立无固定期限劳动合同（劳动者对合同类型有单方选择权）：①劳动者在该用人单位连续工作满十年的；②用人单位初次实行劳动合同制度或者国有企业改制重新订立劳动合同时，劳动者在该用人单位连续工作满十年且距法定退休年龄不足十年的；③连续订立二次固定期限劳动合同，且劳动者无劳动合同法第39条和第40条第一项、第二项规定的情形（单位享有法定解除权的情形，劳动者有过错；以及非工伤和不胜任工作两种情形），续订劳动合同的。

3）推定签订。超过一年不签书面合同，视为签订了无固定期限合同。

法律责任中规定：用人单位违反本法规定不与劳动者订立无固定期限劳动合同的，自应当订立无固定期限劳动合同之日起向劳动者每月支付二倍的工资。

（3）以完成一定工作任务为期限的劳动合同，是指用人单位与劳动者约定以某项工作的完成为合同期限的劳动合同。

2. 劳动合同应当具备以下条款

劳动合同的必要条款是指劳动合同应当载明或者作出规定的事项。这些条款一般是劳动合同的基本内容，规定或约定对用人单位特别对劳动者非常重要或有根本影响的事项。劳动合同的必要条款是法律对劳动合同的强制性的要求。根据《劳动合同法》第十七条的规定，劳动合同应当具备以下法定条款：

①用人单位的名称、住所和法定代表人或者主要负责人；②劳动者的姓名、住址和居民身份证或者其他有效身份证件号码；③劳动合同期限；④工作内容和工作地点；⑤工作时间和休息休假（指带薪年休假）；⑥劳动报酬；⑦社会保险；⑧劳动保护、劳动条件和职业危害防护；⑨法律、法规规定应当纳入劳动合同的其他事项。

首先，试用期条款：

劳动合同期限三个月以上不满一年的，试用期不得超过一个月；劳动合同期限一年以上不满三年的，试用期不得超过二个月；三年以上固定期限和无固定期限的劳动合同，试用期不得超过六个月。

同一用人单位与同一劳动者只能约定一次试用期。

以完成一定工作任务为期限的劳动合同或者劳动合同期限不满三个月的，不得约定试用期。

其次，违约金条款：

适用对象：

（1）涉及培训的。用人单位为劳动者提供专项（一般职工技能之外的额外技能）培训费用，对其进行专业技术培训的，可以与该劳动者订立协议，约定服务期。

劳动者违反服务期约定的，应当按照约定向用人单位支付违约金。违约金的数额不得超过用人单位提供的培训费用。用人单位要求劳动者支付的违约金不得超过服务期尚未履行部分所应分摊的培训费用。

（2）涉及保密的。用人单位与劳动者可以在劳动合同中约定保守用人单位的商业秘密和与知识产权相关的保密事项。

对负有保密义务的劳动者，用人单位可以在劳动合同或者保密协议中与劳动者约定竞业限制条款。在竞业限制期限内按月给予劳动者经济补偿。劳动者违反竞业限制约定的，应当按照约定向用人单位支付违约金。竞业限制的人员限于用人单位的高级管理人员、高级技术人员和其他负有保密义务的人员。竞业限制的范围、地域、期限由用人单位与劳动者约定，竞业限制的约定不得违反法律、法规的规定。在解除或者终止劳动合同后，规定的人员到与本单位生产或者经营同类产品、从事同类业务的有竞争关系的其他用人单位，或者自己开业生产或者经营同类产品、从事同类业务的。竞业限制期限，不得超过二年。竞业期内可以到非竞业单位就业。

除上述的情形外，用人单位不得与劳动者约定由劳动者承担违约金。

（四）劳动合同的履行和变更

1. 劳动合同的履行

（1）用人单位与劳动者应当按照劳动合同的约定，全面履行各自的义务。用人单位应当按照劳动合同约定和国家规定，向劳动者及时足额支付劳动报酬。用人单位拖欠或者未足额支付劳动报酬的，劳动者可以依法向当地人民法院申请支付令；人民法院应当依法发出支付令。

（2）用人单位应当严格执行劳动定额标准，不得强迫或者变相强迫劳动者加班。用人单位安排加班的，应当按照国家有关规定向劳动者支付加班费。劳动者拒绝用人单位管理人员违章指挥、强令冒险作业的，不视为违反劳动合同。

（3）劳动者对危害生命安全和身体健康的劳动条件，有权对用人单位提出批评、检举和控告。

（4）国家采取措施，建立健全劳动者社会保险关系跨地区转移接续制度。

（5）劳动合同履行中的责任：

用人单位有下列情形之一的，由劳动行政部门责令限期支付劳动报酬、加班费或者经济补偿；劳动报酬低于当地最低工资标准的，应当支付其差额部分；逾期不支付的，责令用人单位按应付金额百分之五十以上百分之一百以下的标准向劳动者加付赔偿金：

①未依照劳动合同的约定或者国家规定及时足额支付劳动者劳动报酬的；

②低于当地最低工资标准支付劳动者工资的；

③安排加班不支付加班费的；

④解除或者终止劳动合同，未依照本法规定向劳动者支付经济补偿的。

2. 劳动合同的变更

劳动合同的变更是指在劳动合同开始履行但尚未完全履行之前，因订立劳动合同的主客观条件发生了变化，当事人依照法律规定的条件和程序，对原合同中的某些条款修改、补充的法律行为。此外，劳动合同的变更无需鉴证。

企业在进行劳动合同变更时，应注意以下几个方面：

（1）变更劳动合同必须在劳动合同依法订立之后，在合同没有履行或者尚未履行完毕之前的有效时间进行。

（2）变更劳动合同必须坚持平等自愿、协商一致的原则，即劳动合同变更必须经用人单位和劳动者双方当事人的同意。

（3）变更后的劳动合同必须合法，不得违反法律、法规的强制性规定。

（4）变更劳动合同必须采用书面形式。

（5）变更后的劳动合同文本应交付劳动者一份。

（五）解除劳动合同和无效（欺诈、胁迫）劳动合同情形

劳动合同的解除是指劳动合同订立后，劳动合同期限届满前，因出现法定的情形，一方单方面通知终止劳动关系，或用人单位与劳动者双方协商提前终止劳动关系的法律行为。

1. 协商解除

用人单位与劳动者协商一致，可以解除劳动合同。用人单位提出解除劳动合同并与劳

动者协商一致的，必须向劳动者支付经济补偿。劳动者主动提出辞职并与用人单位协商一致的，用人单位无须向劳动者支付经济补偿。

2. 劳动者单方解除劳动合同

（1）预告解除。劳动者提前三十日以书面形式通知用人单位，可以解除劳动合同。劳动者在试用期内提前三日通知用人单位，可以解除劳动合同。

（2）即时解除。用人单位有下列情形之一的，劳动者可以解除劳动合同：①未按照劳动合同约定提供劳动保护或者劳动条件的；②未及时足额支付劳动报酬的；③未依法为劳动者缴纳社会保险费的；④用人单位的规章制度违反法律、法规的规定，损害劳动者合法权益的；⑤因用人单位过错致使劳动合同无效的；⑥法律、行政法规规定劳动者可以解除劳动合同的其他情形；⑦用人单位以暴力、威胁或者非法限制人身自由的手段强迫劳动者劳动的，或者用人单位违章指挥、强令冒险作业危及劳动者人身安全的，劳动者可以立即解除劳动合同，无须事先告知用人单位。

3. 用人单位单方解除劳动合同的情形

（1）即时解除。劳动者有下列情形之一的，用人单位可以解除劳动合同：①在试用期间被证明不符合录用条件的；②严重违反用人单位的规章制度的；③严重失职，营私舞弊，给用人单位造成重大损害的（规章规定）；④劳动者同时与其他用人单位建立劳动关系，对完成本单位的工作任务造成严重影响，或者经用人单位提出，拒不改正的（兼职）；⑤因劳动者过错致使劳动合同无效的；⑥被依法追究刑事责任的。

（2）预告解除。有下列情形之一的，用人单位提前三十日以书面形式通知劳动者本人或者额外支付劳动者一个月工资后，可以解除劳动合同：①劳动者患病或者非因工负伤，在规定的医疗期满后不能从事原工作，也不能从事由用人单位另行安排的工作的（单位需给劳动者调一次岗）；②劳动者不能胜任工作，经过培训或者调整工作岗位，仍不能胜任工作的；③劳动合同订立时所依据的客观情况发生重大变化，致使劳动合同无法履行，经用人单位与劳动者协商，未能就变更劳动合同内容达成协议的。

（3）经济性裁员。有下列情形之一，需要裁减人员二十人以上或者裁减不足二十人但占企业职工总数百分之十以上的，用人单位提前三十日向工会或者全体职工说明情况，听取工会或者职工的意见后，裁减人员方案经向劳动行政部门报告，可以裁减人员：①依照企业破产法规定进行重整的；②生产经营发生严重困难的；③企业转产、重大技术革新或者经营方式调整，经变更劳动合同后，仍需裁减人员的；④其他因劳动合同订立时所依据的客观经济情况发生重大变化，致使劳动合同无法履行的。

裁减人员时，应当优先留用下列劳动者：①与本单位订立较长期限的固定期限劳动合同的；②与本单位订立无固定期限劳动合同的；③家庭无其他就业人员，有需要供养的老人或者未成年人的。用人单位依法裁减人员，在六个月内重新招用人员的，应当通知被裁减的人员，并在同等条件下优先招用被裁减的人员。

4. 用人单位不得解除劳动合同的情形

劳动者有下列情形之一的，用人单位不得预告解除和裁员解除劳动合同，但是还可以及时解除：

（1）从事接触职业病危害作业的劳动者未进行离岗前职业健康检查，或者疑似职业病病人在诊断或者医学观察期间的；

（2）在本单位患职业病或者因工负伤并被确认丧失或者部分丧失劳动能力的；

（3）患病或者非因工负伤，在规定的医疗期内的；

（4）女职工在孕期、产期、哺乳期的；

（5）在本单位连续工作满十五年，且距法定退休年龄不足五年的；

（6）法律、行政法规规定的其他情形。

5. 劳动合同的无效

无效劳动合同，从订立时起就没有法律约束力。劳动合同部分无效，不影响其他部分效力的，其他部分仍然有效。

下列合同为无效的合同：①采取欺诈、胁迫手段或者乘人之危，使对方在违背真实意思的情况下订立或变更劳动合同的；②用人单位免除自己的法定责任、排除劳动者权利的；③违反法律、行政法规强制性规定的。

对劳动合同的无效或者部分无效有争议的，由劳动争议仲裁机构或者人民法院确认。

6. 终止合同

劳动合同法定终止的情形，除劳动合同期满外，还包括：劳动者开始依法享受基本养老保险待遇的；劳动者死亡，或者被人民法院宣告死亡或者宣告失踪的；用人单位被依法宣告破产的；用人单位被吊销营业执照、责令关闭、撤销或者用人单位决定提前解散的等。

劳动合同解除或终止的后果，双方不再继续履行劳动合同。

用人单位应当在解除或终止劳动合同时向劳动者支付经济补偿的，在办结工作交接时支付。劳动者应当按双方约定，办理工作交接。

7. 经济补偿

用人单位存在违反工资支付、社会保险等方面的法律规定的行为，劳动者提出解除劳动合同的，用人单位必须支付经济补偿。

用人单位应当依法支付经济补偿的情形是：除用人单位维持或者提高劳动合同约定条件续订劳动合同（不低于原来的待遇），劳动者不同意续订的情况外，固定期限劳动合同期满终止的；因用人单位被依法宣告破产，或者用人单位被吊销营业执照、责令关闭、撤销或者用人单位决定提前解散，而终止劳动合同的。

经济补偿的支付标准：

（1）补偿的标准是根据劳动者在本单位工作年限，每满 1 年发给相当于 1 个月工资的经济补偿金。6 个月以上不满 1 年的，按 1 年计算，不满 6 个月的，向劳动者支付相当于半个月工资的经济补偿。

（2）劳动者在劳动合同解除或终止前 12 个月的平均工资低于当地最低工资标准的，按照当地最低工资标准计算。劳动者工作不满 12 个月的，按实际工作的月数计算平均工资。

（3）劳动者月工资高于用人单位所在地的市级人民政府公布的上年度职工月平均工资三倍的，向其支付经济补偿的标准按职工月平均工资三倍的数额支付，向其支付经济补偿的年限最高不超过十二年。

五、违反《劳动合同法》的法律责任

（一）用人单位违反劳动合同法的法律责任

1. 用人单位订立劳动合同违法的法律责任

（1）用人单位自用工之日起超过 1 个月不满 1 年未与劳动者订立书面劳动合同的，应当向劳动者每月支付 2 倍的工资。

（2）用人单位违反规定不与劳动者订立无固定期限劳动合同的，自应当订立无固定期限劳动合同之日起向劳动者每月支付 2 倍的工资。

（3）用人单位违反规定，以担保或者其他名义向劳动者收取财物的，由劳动行政部门责令限期退还劳动者本人，并以每人 500 元以上 2 000 元以下的标准处以罚款，给劳动者造成损害的，应当承担赔偿责任。

2. 用人单位履行劳动合同违法的法律责任

用人单位有下列情形之一的，由劳动行政部门责令限期支付劳动报酬、加班费或者经济补偿；劳动报酬低于当地最低工资标准的，应当支付其差额部分；逾期不支付的，责令用人单位按应付金额 50% 以上 100% 以下的标准向劳动者加付赔偿金：

（1）未按照劳动合同的约定或者国家规定及时足额支付劳动者劳动报酬的。

（2）低于当地最低工资标准支付劳动者工资的。

（3）安排加班不支付加班费的。

（4）解除或者终止劳动合同，未依照法律规定向劳动者支付经济补偿的。

3. 用人单位违法解除和终止劳动合同的法律责任

（1）用人单位违反劳动合同法规定解除或者终止劳动合同的，应当依照劳动合同法规定的经济补偿标准的 2 倍向劳动者支付赔偿金。

（2）劳动者依法解除或者终止劳动合同，用人单位扣押劳动者档案或者其他物品的，由劳动行政部门责令限期退还劳动者本人，并以每人 500 元以上 2 000 元以下的标准处以罚款，给劳动者造成损害的，应当承担赔偿责任。

4. 其他

用人单位招用与其他用人单位尚未解除或者终止劳动合同的劳动者，给其他用人单位造成损欠的，应当承担连带赔偿责任。

个人承包经营违反劳动合同法规定招用劳动者，给劳动者造成损害的，发包的组织与个人承包经营者承担连带赔偿责任。

（二）劳动者违反劳动合同法规定的有关法律责任

（1）劳动合同被确认无效，给用人单位造成损失的，有过错的劳动者应当承担赔偿责任。

（2）劳动者违反劳动合同中约定的保密义务或者竞业限制，劳动者应当按照劳动合同的约定，向用人单位支付违约金。给用人单位造成损失的，应当承担赔偿责任。

（3）劳动者违反劳动合同法规定解除劳动合同，给用人单位造成损失的，应当承担赔偿责任。

（4）劳动者违反培训协议，未满服务期解除或者终止劳动合同的，或者因劳动者严重违纪，用人单位与劳动者解除约定服务期的劳动合同的，劳动者应当按照劳动合同的约定，向用人单位支付违约金。

六、劳动基准法

劳动法对劳动关系的协调是以劳动标准为基础的，劳动基准就是劳动条件的最低标准。劳动基准法就是在劳动法中规定和确认的一系列劳动标准，要求用人单位必须遵守，要求用人单位向劳动者提供的劳动条件只能等于或优于劳动基准。劳动基准法主要是由劳动标准的各项法律制度所构成，包括工时基准、工资基准、劳动保护基准等。

（一）工时基准

1. 工作时间

工作时间又称劳动时间，指法律规定的劳动者为履行劳动义务，在用人单位从事劳动或工作的时间。它包括每日工作的小时数、每周工作的天数和小时数、工作时间的种类如下：

（1）标准工作时间，又称标准工时。是指法律规定的在一般情况下普遍适用的，按照正常作息办法安排的工作日和工作周的工时制度。我国的标准工时为劳动者每日工作 8 小时，每周工作 40 小时，在 1 周（7 日）内工作 5 天。实行计件工作的劳动者，用人单位应当根据每日工作 8 小时、每周工作 40 小时的工时制度，合理确定其劳动定额和计件报酬标准。

（2）缩短工作时间。是指法律规定的在特殊情况下劳动者的工作时间长度少于标准工作时间的工时制度。即每日工作少于 8 小时。缩短工作日适用于：

①从事矿山井下、高山、有毒有害、特别繁重或过度紧张等作业的劳动者；

②从事夜班工作的劳动者；

③哺乳期内的女职工。

（3）延长工作时间。是指超过标准工作日的工作时间，即日工作时间超过 8 小时，每周工作时间超过 40 小时。延长工作时间必须符合法律、法规的规定。

（4）不定时工作时间和综合计算工作时间。不定时工作时间，又称不定时工作制，是指无固定工作时数限制的工时制度。适用于工作性质和职责范围不受固定工作时间限制的劳动者，如企业中的高级管理人员、外勤人员、推销人员、部分值班人员，从事交通运输的工作人员以及其他因生产特点、工作特殊需要或职责范围的关系，适合实行不定时工作制的职工等。综合计算工作时间，又称综合计算工时工作制，是指以一定时间为周期，集中安排并综合计算工作时间和休息时间的工时制度。即分别以周、月、季、年为周期综合计算工作时间，但其平均日工作时间和平均周工作时间应与法定标准工作时间基本相同。对符合下列条件之一的职工，可以实行综合计算工作日：

①交通、铁路、邮电、水运、航空、渔业等行业中因工作性质特殊，需连续作业的职工；

②地质及资源勘探、建筑、制盐、制糖、旅游等受季节和自然条件限制的行业的部分职工；

③其他适合实行综合计算工时工作制的职工。

实行不定时工作制和综合计算工时工作制的企业，应根据劳动法的有关规定，与工会和劳动者协商，履行审批手续，在保障职工身体健康并充分听取职工意见的基础上，采用集中工作、集中休息、轮流调休、弹性工作时间等适当方式，确保职工的休息休假权利和生产、工作任务的完成。

2. 休息休假的概念和种类

休息休假又称休息时间，是指劳动者在国家规定的法定工作时间外自行支配的时间，包括劳动者每天休息的时数、每周休息的天数、节假日、年休假、探亲假等。

休息休假的种类：

（1）一个工作日内的休息时间。一个工作日内的休息时间是指劳动者在每个工作日应有的休息和用膳时间，即午休时间。间歇时间一般不少于半个小时；实行单班制或双班制的企业，间歇时间应规定在工作开始后 4 小时；对怀孕 7 个月的女职工应给予工间休息时间。

（2）两个工作日之间的休息时间。两个工作日之间的休息时间一般为 15 ~ 16 小时，无特殊情况应保障职工连续使用不得间断。

（3）公休假日。国家机关、企业事业单位实行统一的工作和休息时间，每周的星期六和星期日为休息日。对于因生产工作需要等不能在公休假日休息的，可使职工在一周内的其他时间轮流休息。

（4）法定节日。法定节日是指劳动者脱离职业劳动用于欢度节日、开展纪念、庆祝活动的节假日。

1）全体劳动者享有的节假日。

①新年（元旦）：放假 1 天（1 月 1 日）；

②春节：放假 3 天（农历除夕、正月初一、初二）；

③清明节：放假 1 天（农历清明当日）；

④劳动节：放假 1 天（5 月 1 日）；

⑤端午节：放假 1 天（农历端午当日）；

⑥中秋节：放假 1 天（农历中秋当日）；

⑦国庆节：放假 3 天（10 月 1 日、2 日、3 日）。

全体公民放假的假日，如果适逢星期六、星期日，应当在工作日顺延补假。

2）部分劳动者享有的节假日。

①妇女节（3 月 8 日）：妇女放假半天；

②青年节（5 月 4 日）：14 周岁以上的青年放假半天；

③儿童节（6 月 1 日）：不满 14 周岁的少年儿童放假 1 天；

④中国人民解放军建军纪念日（8 月 1 日）：现役军人放假半天。

上述节日适逢每周的休息日时，不再补假。

各地区少数民族节日，由少数民族所在地省级人民政府根据各民族风俗习惯，分别自行规定。

3）其他纪念节日，如护士节、教师节、记者节、植树节等，均不放假。

（5）探亲假。探亲假是指与父母或配偶分居两地的职工，每年享有的与父母或配偶团聚的假期。

①未婚职工探望父母：每年一次，假期为20天。可两年合并享受，假期为45天。往返路费由所在单位负担。

②已婚职工探望父母：每4年一次，假期20天，往返路费在本人月标准工资30%以内的自理，超过部分单位负担。

③探望配偶的，每年给予一次，假期为30天，往返路费，单位负担。凡实行休假制度的职工，应在休假期探亲，如休假期太短，可由单位补足天数。

（6）年休假。年休假指法律规定的职工满一年的工作年限后，每年享有的连续带薪休息假日。年休假的休假时间，一般根据工龄长短和劳动者年出勤率的高低而决定。

从2008年1月1日起施行的《职工带薪年休假条例》第3条规定："职工累计工作已满1年不满10年的，年休假5天；已满10年不满20年的，年休假10天；已满20年的，年休假15天。""国家法定休假日、休息日不计入年休假的假期。"

3. 加班加点的主要法律规定

（1）加班加点的概念。加班是指职工根据用人单位的要求，在法定节日或公休假日从事生产或工作，比如周末加班、节假日加班；加点是指职工根据用人单位的要求，在标准工作日以外继续从事生产或工作。比如一天工作了10小时等。

（2）法律规定。

①禁止延长工作时间。《劳动法》第43条规定，"用人单位不得违反本法规定延长劳动者的工作时间"。《国务院关于职工工作时间的规定》第6条规定，"任何单位和个人不得擅自延长职工工作时间"。《国务院关于职工工作时间的规定的实施办法》第7条规定，"各单位在正常情况下不得安排职工加班加点"。

②限制延长工作时间。《劳动法》第41条规定，延长工作时间，一般每日延长不得超过1小时；因特殊原因需要延长工作时间的，在保障劳动者身体健康的条件下，每日延长不得超过3小时，但每月不得超过36小时。

《劳动法》第90条规定，用人单位违反本法规定，延长劳动者工作时间的，由劳动行政部门给予警告，责令改正，并可以处以罚款。

③例外规定

《劳动法》第42条规定，在下列情形下，工作时间的延长是不受限制的：①发生自然灾害、事故或因其他原因，威胁劳动者生命健康和财产安全，需要紧急处理的；②生产设备、交通运输线路、公共设施发生故障，影响生产和公众利益，必须及时抢修的；③法律、法规规定的其他情形，主要有：因特殊情况在法定节日或公休日不能间断工作的，如公交车；必须利用法定节日或公休日的停产期间进行设备检修、保养的；为完成国防紧急任务等。

4. 延长工作时间的工资标准

由于劳动者在延长工作时间期间的劳动付出的额外性，所以劳动法规定，用人单位应当支付高于劳动者正常工资的报酬。

（1）安排劳动者延长工作时间的，支付不低于工资的150%的工资报酬；

（2）安排劳动者在休息日工作又不能安排补休的，支付不低于工资200%的报酬；

（3）安排劳动者在法定节假日工作的，支付不低于工资的300%的工资报酬。

（二）劳动保护基准

1. 劳动保护的概念

劳动保护是国家和单位为保护劳动者在劳动生产过程中的安全和健康所采取的立法、组织和技术措施的总称。

包括劳动安全保护和劳动卫生保护。

为了保证劳动者的劳动安全，防止和消除劳动者在劳动和生产过程中的伤亡事故，防止生产设备遭到破坏，我国《劳动法》和其他相关法律、法规制定了劳动安全技术规程。安全技术规程包括：①机器设备的安全；②电气设备的安全；③锅炉、压力的容器的安全；④建筑工程的安全；⑤交通道路的安全。企业必须按照这些安全技术规程使各种生产设备达到安全标准，切实保护劳动者的劳动安全。

为了保护劳动者在劳动生产过程中的身体健康，避免有毒、有害物质的危害，防止、消除职业中毒和职业病，我国制定了有关劳动卫生方面的法律、法规：《劳动法》《环境保护法》《工厂安全卫生规程》《国务院关于加强防尘防毒工作的决定》《关于防止厂矿企业中粉尘危害的决定》《工业企业设计卫生标准》《工业企业噪声卫生标准》《防暑降温措施暂行办法》《中华人民共和国尘肺病防治条例》等。这些法律、法规都制定了相应的劳动卫生规程，主要包括以下内容：①防止粉尘危害；②防止有毒、有害物质的危害；③防止噪声和强光的刺激；④防暑降温和防冻取暖；⑤通风和照明；⑥个人保护用品的供给。企业必须按照这些劳动卫生规程达到劳动卫生标准，才能切实保护劳动者的身体健康。

2. 劳动保护的内容

（1）对未成年工的特殊劳动保护。未成年工是指年满 16 周岁不满 18 周岁的劳动者。由于未成年工的身体还没有完全发育成熟，从事某些工作会危害生长发育和身体健康。因此，国外对未成年人就业作出了一些保护性的规定，主要包括：①用人单位不得安排从事矿山井下及有毒有害的工作；②不得安排从事重体力劳动；③不得安排从事其他禁忌从事的劳动，包括森林业伐木、流放及守林作业、高空作业、放射性物质超标的作业以及其他会影响生长发育的作业；④要对未成年工定期进行健康检查。一般说来，这些未成年人虽然已经可以参加工作，但生理上和心理上还不成熟，家长最好不要让他们过早参加工作。如果能让他们在就业之前参加一两年的职业技术培训，掌握一些实用技术，在外出以后就能发挥自己的优势。

（2）对女职工的特殊保护。又称为女职工在劳动方面的特殊保护，是指根据女职工身体结构、生理机能的特点以及抚育子女的特殊需要，在劳动方面特殊权益的法律保障。

为维护女职工的合法权益，减少和解决女职工在劳动和工作（以下统称劳动）中因生理特点造成的特殊困难，保护其健康。禁止安排女职工从事矿山井下、国家规定的第四级体力劳动强度的劳动和其他女职工禁忌从事的劳动。女职工在月经期间，所在单位不得安排其从事高空、低温、冷水和国家规定的第三级体力劳动强度的劳动。女职工在怀孕期间，所在单位不得安排其从事国家规定的第三级体力劳动强度的劳动和孕期禁忌从事的劳动，不得在正常劳动日以外延长劳动时间；对不能胜任原劳动的，应当根据医务部门的证明，予以减轻劳动量或者安排其他劳动。怀孕七个月以上（含七个月）的女职工，一般不得安排其从事夜班劳动；在劳动时间内应当安排一定的休息时间。怀孕的女职工，在劳动时间内进行产前检查，应当算作劳动时间。女职工产假为九十天，其中产前休假十五天。难产的，增加产假十五天。多胞胎生育的，每多生育一个婴儿，增加产假十五天。有不满一周岁婴儿的女职工，其所在单位应当在每班劳动时间内给予其两次哺乳（含人工喂养）时间，每次三十分钟。多胞胎生育的，每多哺乳一个婴儿，每次哺乳时间增加三十分钟。女职工每班劳动时间内的两次哺乳时间，可以合并使用。哺乳时间和在本单位内哺乳往返途中的时间，算作劳动时间。女职工在哺乳期内，所在单位不得安排其从事国家规定的第三级体力劳动强度和哺乳期禁忌从事的劳动，不得延长其劳动时间，一般不得安排其从事夜班劳动。

七、劳动争议的处理

（一）劳动争议

1. 劳动争议的概念和分类

劳动争议又称劳动纠纷，是指劳动双方当事人因执行劳动法律、法规或履行劳动合同、集体合同发生的争执。主要包括：工作时间、休息休假、劳动报酬、劳动纪律、录用和辞退、劳动保护、劳动条件、劳动保险等方面。

根据《劳动争议调解仲裁法》规定，劳动争议分为：

（1）因确认劳动关系发生的争议；

（2）因订立、履行、变更、解除和终止劳动合同发生的争议；

（3）因除名、辞退和辞职、离职发生的争议；

（4）因工作时间、休息休假、社会保险、福利、培训以及劳动保护发生的争议；

（5）因劳动报酬、工伤医疗费、经济补偿或者赔偿金等发生的争议；

（6）法律、法规规定的其他劳动争议。

解决劳动争议的方式有：协商、调解、仲裁和诉讼。

2. 劳动争议的内容和分类（表3－4）

表3－4　劳动争议的内容和分类

劳动争议（我国境内企业与职工之间的争议）	因企业开除、除名、辞退职工和职工辞职、自动离职发生的争议
	因执行国家有关工资、保险、福利、培训、劳动保护的规定发生的争议
	因履行劳动合同发生的争议
	法律、法规规定的其他劳动争议

（二）劳动争议的处理机构

1. 劳动争议调解委员会

劳动争议调解委员会是用人单位内部设立的，调解本单位发生的劳动争议的群众性组织。它由职工代表、用人单位代表和工会代表组成，用人单位代表的人数不得超过调解委员会总人数的1/3，调解委员会的主任由工会代表担任。

2. 劳动争议仲裁委员会

劳动争议仲裁委员会是国家授权、依法独立地对劳动争议案件进行专门仲裁的机构。劳动争议仲裁委员会由劳动行政部门代表、同级工会代表、用人单位方面的代表组成，上述三方代表人数相等，其主任由劳动行政部门代表担任。

3. 人民法院

我国尚未设立劳动法院或劳动法庭，由各级人民法院的民事审判庭审理劳动争议案件。

（三）劳动争议的处理程序（图3－1）

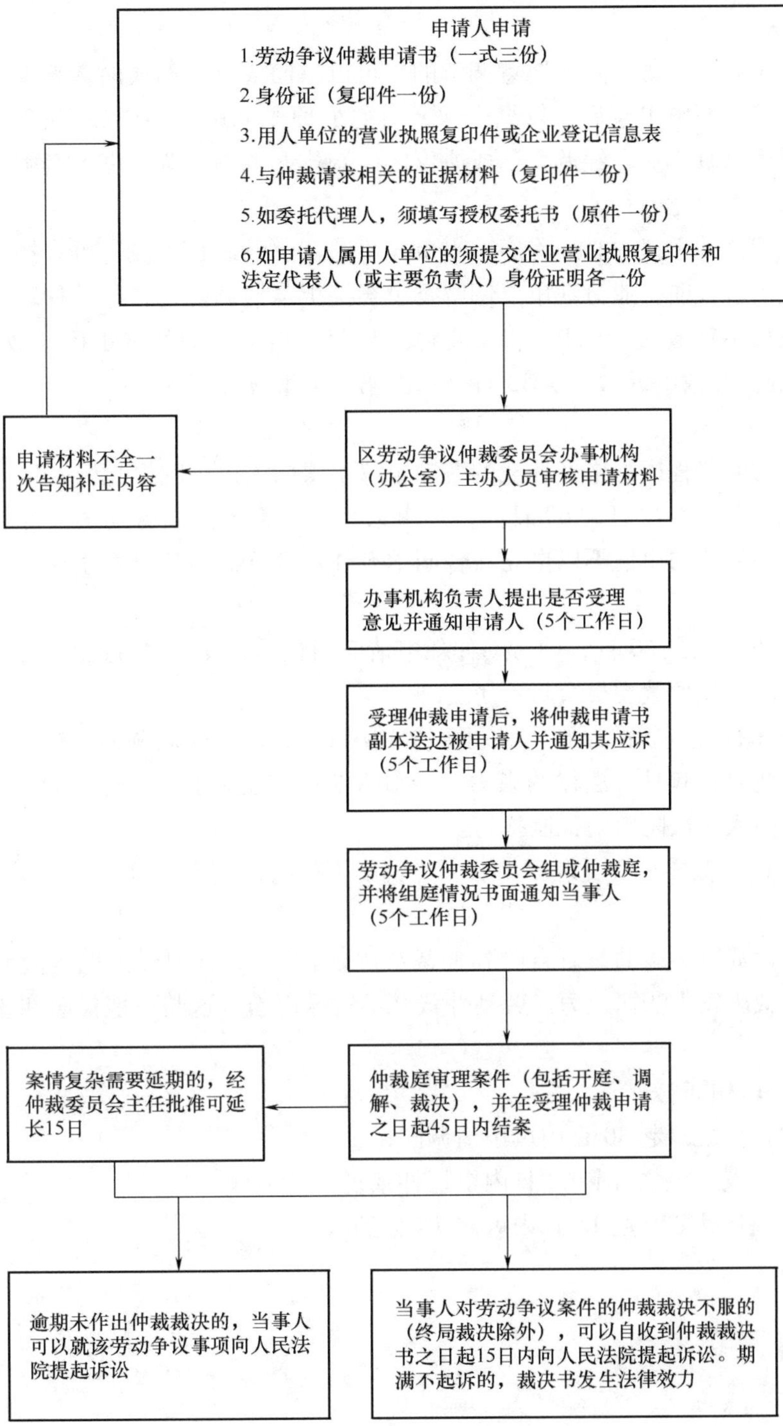

图3－1　劳动人事争议处理流程图

1. **双方自行协商解决**

劳动争议发生后，当事人应当协商解决，协商一致后，双方可达成和解协议，但和解协议无必须履行的法律效力，而是由双方当事人自觉履行。协商不是处理劳动争议的必经程序，当事人不愿协商或协商不成的，可以申请调解或仲裁。

2. **调解解决**

劳动争议发生后，当事人双方愿意调解的，可以书面或口头形式向调解委员会申请调解。调解委员会接到调解申请后，依据合法、自愿的原则调解，并应在30日内结束，到期未结束的，视为调解不成。经调解达成协议的，制作调解书。调解书无必须履行的法律效力，靠双方当事人自觉履行。

调解不是处理劳动争议的必经程序，当事人不愿调解或调解不成，可直接向仲裁委员会申请仲裁。从当事人向企业劳动争议调解委员会提出申请调解之日起，仲裁申诉时效中止，中止期间最长不得超过30日。结束调解之日起，当事人的仲裁申诉时效继续计算。调解超过30日的，仲裁申诉时效从30日之后的第一天继续计算。

3. **仲裁**

仲裁是诉讼的前置程序，未经仲裁的劳动争议不得向人民法院提起诉讼。

（1）自劳动争议发生之日起60日内，当事人可以书面形式向劳动争议仲裁委员会提出仲裁申请。劳动仲裁的申请不以事先在合同中有仲裁条款或是争议发生后达成仲裁的书面协议为条件。

（2）仲裁申诉时效是60日，即劳动仲裁申请应当在争议发生之日起60日内提出。超过此期限的，劳动争议仲裁委员会将不予受理。

（3）仲裁应贯彻先调解的原则，经调解达成协议的，应制作调解书。仲裁调解书具有法律效力，自送达之日起具有法律约束力，当事人必须自觉履行，一方当事人不履行的，另一方当事人可向人民法院申请强制执行。

（4）劳动争议仲裁委员会受理案件后，经调解不成的，应当在60日内作出裁决。

4. **诉讼**

当事人对仲裁裁决不服的，可自收到仲裁裁决之日起15日内向人民法院起诉。逾期不起诉的，仲裁裁决发生法律效力。劳动仲裁并不排斥诉讼，这与一般民事纠纷的裁审择一不同。

（四）劳动争议的时效

（1）自争议发生之日起30日内可申请调解；

（2）必须自争议发生之日起60日内申请仲裁；

（3）仲裁裁决送达之日起15日内可向法院起诉。

学生实操

要求：根据本项目所学知识，完成下面劳动争议案例的分析。

1. 女大学生张某2009年8月应聘进入某家电制造有限责任公司从事销售工作。双方约定：①劳动合同的期限为 3 年，其中试用期 1 年；②张某在公司期间的待遇，完全按照公司的有关规定执行；③出现患病或者受伤等特殊情况时，责任自负，公司概不负责；④张某由于结婚、生育等事情请假，按照普通事假处理。

2009 年 12 月中旬的一天，张某在出差期间不慎摔伤，住院医疗半个月，花费 3 500 元。事后，该公司便以张某缺勤达半个月为由，扣除其半个月的工资，并辞退张某。于是，双方发生争议。

问题：

（1）该合同的内容是否合法？其中哪些违法？

（2）公司的做法是否合法？

（3）如果张某要求该公司补发那半个月的工资并补偿医疗费用，该要求合法吗？

（4）张某依法可以通过哪些途径解决此争议？

2. 丁某于 2009 年 3 月被某纺织厂录用。合同期自 2009 年 3 月 25 日至 2012 年 3 月 25 日，双方约定试用期 3 个月，自 2009 年 3 月 25 日至 2009 年 6 月 25 日。2009 年 9 月 15 日，该厂发现丁某不能完成工作任务，不能胜任工作，便以不符合录用条件为由提出解除与丁某的劳动合同。丁某不服，多次与纺织厂协商，并不断找关系向该厂领导说情，均遭拒绝。此事拖了很长一段时间后，丁某无奈，于 2010 年 6 月向当地劳动争议仲裁委员会提出申诉。

问题：

（1）纺织厂解除劳动合同是否合法，为什么？

（2）劳动仲裁委员会应不应该受理此案，为什么？

3. 李某与某企业签订了为期 5 年的劳动合同，合同规定李某从事厨师工作。合同订立后，企业未经协商，三年中多次变更李的工作岗位并以李未缴纳单位向职工集资的 1 000 元为由，扣发了李某 3 个月工资。为此，李某向劳动争议仲裁委员会提出申诉，要求补发工资并解除劳动合同。企业提出反诉，要求李某承担在上岗前企业自办临时培训的费用。劳动仲裁委员会支持了职工的申诉请求，驳回了企业的反诉请求。

问题：

在本案中用人单位的哪些行为及要求不符合法律规定？

4. 南京市某市民李某应聘到一家公司，工作 1 个月后，发现自己不适合这份工作，想与用人单位解除劳动合同。但合同中约定，李某需在该单位工作满 1 年。按《劳动合同法》规定，李某是否可以辞职？

5. 2010 年 10 月 15 日，闫某在工作中与其他部门员工因工作原因发生矛盾，引起打架事件。事后公司以闫某打架严重违反公司规章制度为由与其解除劳动合同。闫某称其在打架事件中是为保护机器设备而遭受人身伤害，实为此次打架事件的受害者，公司单方面解除劳动合同属于违法，向劳动仲裁委员会提起劳动仲裁。公司单方面解除劳动合同是否违法？为什么？

思考与练习

一、单项选择题

1. 劳动法的调整对象是（　）。

A. 人与自然的关系

B. 劳动关系

C. 劳动关系及与其密切联系的一些社会关系

D. 一切社会关系

2. 下列关于集体合同表述错误的是（　）。

A. 集体合同草案需要由职工代表大会或职工大会通过

B. 我国的集体合同的期限一般是 1 ~ 3 年

C. 在我国，依法签订的集体合同对于该企业的非工会会员也有效力

D. 变更集体合同需要由工会先提出

3. 未成年工须持有什么才能上岗工作？（　）

A. 未成年工健康检查表

B. 未成年工登记表

C. 未成年工登记证

D. 毕业证

4. 下列关于劳动合同的特点，表述错误的是（　）。

A. 劳动合同的主体特定，包括用人单位和劳动者

B. 劳动合同的内容，是当事人之间的权利义务关系

C. 劳动合同内容的任意性

D. 劳动合同主体地位上的从属性

5. 按照规定，企业支付工资必须书面记录支付劳动者工资的数额、时间、领取者的姓名以及签字，并保存（　）以上备查。

A. 1 年

B. 2 年

C. 3 年

D. 5 年

6. 根据我国法律规定，我国最低的就业年龄为（　）。

A. 14 岁

B. 15 岁

C. 16 岁

D. 18 岁

7. 自劳动争议调解组织收到调解申请之日起（　）日内未达成调解协议的，当事人可以依法申请仲裁。

A. 10

B. 15

C. 30

D. 60

8. 下列权利中不属于我国劳动者权利范围的是（ ）。

A. 平等就业和选择职业的权利

B. 取得劳动报酬的权利

C. 获得劳动安全卫生保护的权利

D. 罢工权

9. 我国目前实行每日工作时间（ ）小时，每周工作时间（ ）小时的标准工作时间制度。

A. 8；44

B. 8；40

C. 10；44

D. 10；40

10. 根据《劳动合同法》第十九条第二款，同一用人单位与同一劳动者在约定试用期时（ ）。

A. 可以多次约定试用期

B. 只有在与劳动者解除或终止劳动合同一段时间后又重新雇佣时才可以重新约定试用期

C. 只能约定一次试用期

D. 由双方协商约定试用期的次数

二、多项选择题

1. 下列应当签订无固定期限劳动合同的有（ ）。

A. 张某，在某国企连续工作十五年

B. 王某，在某单位工作五年，距离退休还有十二年

C. 李某，与工作单位连续订立两次固定期限劳动合同

D. 赵某，工作两年仍然未与工作单位签订书面劳动合同

2. 某公司欲解除与职工李某之间的劳动合同，其所提出的如下解约理由或做法中，哪些是有法律依据的？（ ）

A. 李某经过培训仍不能胜任现工作

B. 李某不满 25 周岁而结婚，违反了公司关于男职工满 25 周岁才能结婚的规定

C. 公司因严重亏损而决定裁员，因此解除与李某的劳动合同

D. 李某非因公出车祸受伤住院，公司向李某送去 3 个月工资并通知其解除劳动合同

3. 对于无固定期限的劳动合同的说法，下列哪些是错误的？（ ）

A. 无固定期限的劳动合同以某项工作或工程的时间长度为准，当某项工作或工程完成后，劳动合同自行终止

B. 无固定期限的劳动合同无论出现何种情况都不得解除、终止

C. 劳动者在同一用人单位连续工作满 10 年以上，当事人双方同意续延劳动合同的，

如果劳动者提出订立无固定期限的劳动合同，应当订立

D. 若出现法律、法规规定或双方约定的可以解除、终止劳动合同的条件，该劳动合同就可以解除、终止

4. 下列适用《劳动法》的是（　）。

A. 个人独资企业和其雇用的人员

B. 某公安局与其聘请的清洁工人

C. 某家庭与其雇用的家庭保姆

D. 某包工队招的农民工

5. 下列关于劳动争议解决的表述不正确的有（　）。

A. 劳动争议仲裁委员会由劳动行政部门代表、同级工会代表、用人单位方面的代表组成，主任由劳动行政部门代表担任

B. 提出仲裁要求的一方应当自劳动争议发生之日起 60 日内向劳动争议仲裁委员会提出书面或口头申请

C. 劳动争议当事人对仲裁裁决不服的，可以自收到仲裁裁决书之日起 15 日内向人民法院提起诉讼

D. 因履行集体合同发生争议，当事人协商解决不成的，可以自争议发生之日起 15 日内直接向人民法院提起诉讼

三、名词解释题

1. 集体合同

2. 劳动争议

四、简答题

劳动合同的特征是什么？

项目四 创业企业中的合同法律风险

项目导入

“财富的一半来自合同”形象地说明了合同在提高经济效益中具有举足轻重的地位。企业经济效益的提高，主要是靠企业的自我发展、自我约束、自我完善、自我保护的能力，这些能力在某种程度上与企业合同的管理是息息相关的。

交易合同法律风险，是指在合同订立、生效、履行、变更、转让、终止及违约责任的承担过程中，合同当事人一方或双方利益损害或损失的可能性。合同在企业中运用的广泛性，决定了合同法律风险的广泛性。

通过本项目的学习，让学生掌握合同的概念，合同订立过程；了解合同成立与合同生效的区别；了解合同履行中当事人可行使的同时履行抗辩权、后履行抗辩权，不安抗辩权等。学生应重点掌握合同的订立程序、合同生效的法律要件、合同履行过程中的维权方式，帮助学生最大限度地避免创业企业交易合同的法律风险。

第一节 合同的签订

【案例 4－1】

甲公司与乙厂签订了一份铝材购销合同，约定甲公司在合同签字生效时支付定金 30 万元人民币，甲公司也如数支付了定金。事后铝材价格看涨，乙厂毁约。甲公司多次交涉无效后起诉，依照我国《合同法》第 115 条规定“收受定金的一方不履行合同的，应当双倍返还定金”，要求法院责令乙厂双倍返还定金。该合同经审查后确认为有效合同，乙厂违约，但最后法院只判定乙厂退还 30 万元及承担利息损失。原来，合同中将法律固定术语“定金”写作“订金”。一字之差痛失 30 万元。

资料来源：http：//max. book118. com/html/2014/1227/10913744. html

【案例分析】

关于定金条款，除了上述《合同法》的相关条款外，在《担保法》的六章中也有明确规定。定金合同一旦签订，则视为主合同成立，开始发生效力。约定了定金，一旦一方当事人不履行合同约定或者履行合同不符合约定，另一方当事人有权选择定金条款请求双倍返还定金，或者违约责任条款，要求违约方支付违约金。定金实际是一种债的担保，它发挥着制裁违约方、补偿守约方的双重功能。但是“订金”却不具有法律上的担保意义，所以才会出现上面那一种结果。

【案例4－2】

甲厂将一批半成品交给乙厂加工，合同中关于加工数量、质量、价格、违约责任均有明确规定，交货地点写明是甲指定的仓库，运输工具、运输费用由乙厂负责。加工完成后，甲厂要求乙厂将布料分别运到陕西、吉林、成都等地仓库。乙厂大呼上当，如果将这些布匹分别运到西北、东北、西南，并承担运费的话，所收取的加工费还不够支付运费。乙厂不肯运，甲厂就告到了法院，并说它与陕西、吉林、成都都已签订了合同，由于乙厂违约导致交货逾期，使自己遭受重大经济损失，要求赔偿。

资料来源：http：//doc. mbalib. com/view/d17f0d09e5dabb21e284431218fd5ef8. html

【案例分析】

这个合同纠纷也是因合同约定不明确引起。“甲指定的仓库”表面上看毫无问题，而运到甲方指定的仓库也是一个很合理的要求，但“甲指定的仓库”到底是哪些仓库，哪里的仓库，在国内还是在国外，具体地址是什么？如果在订立合同时约定清楚，或许乙厂就不会陷入这个文字陷阱中。

在经济生活中，企业与老客户之间订立合同通常不会约定得太详细，认为多此一举，会显得对对方不信任。恰恰应当把合同中的某些细节根据实际情况约定清楚，最大限度地避免因合同条款约定不明确而可能产生的纠纷，保证合同目的的顺利履行，这才是对双方权益最大的尊重，更能显示出一种坦诚与诚信。

【案例4－3】

产品购销合同

供方：武汉蓝天拖拉机制造有限公司　　　　合同编号：WH－08－　－　－

需方：张三、李四

一、产品、型号、厂家、数量、金额、供货时间及地点

产品名称	商标牌号	规格型号	生产厂家	数量	单价（元）	总金额（元）	备注
					合计		
人民币（大写）：							

二、质量要求：供方对质量负责的条件和期限：按__________标准。

三、交（提）货地点、方式在__________（具体地点）交货。

四、运输方式费用负担：送货、供方负担运费。

五、合理损耗及计算方法：__________。

六、包转标准、包装物的供应：__________。

七、验收标准及提出异议期限：货到后十天内。

八、结算方式与期限：到货后一月内结清货款。

九、如提供担保，另立合同担保书，作为合同附件。

十、违约责任：________________。

十一、解决合同的方式：通过协商方法解决；协商不成，任何一方可向武汉仲裁委员会或供方所在地人民法院起诉。

名称（章）：	名称（章）：贵州 A 公司
地址：武汉黄鹤拖拉机制造有限公司销售总公司	地址：
法定代表人：李东风	法定代表人：
委托代理人：	委托代理人：

签订时间：　　年　月　日

资料来源：百度文库

思考：合同存在的法律问题及诉讼隐患

【案例分析】

（1）卖方抬头是蓝天拖拉机公司，盖章却是黄鹤销售总公司，而且当时这个总公司还不存在。

（2）落款的买方是贵州的 A 公司，抬头的买方却变成了二级经销商即收货人。

（3）仲裁机构与法院管辖相互排斥。

（4）诉讼主体难以确定。

相关知识链接

签订合同时有哪些注意事项：

第一，注意合同名称与合同内容是否一致。

有些公司使用合同统一文本，这本是好事，但由于对合同性质了解不细，会出现张冠李戴的事情。例如本是加工承揽合同，却使用买卖合同文本，为合同以后的履行和适用法律条款增添了争议。

第二，注意列明每项商品的单价。

有些公司在买卖合同中，标的是多类商品，但却只在合同中明确各类商品的总价款，而不确定具体每种商品的单价，一旦合同部分履行后发生争议，就难以确定尚未履行的部分商品的价款。

第三，在合同中明确违约金和赔偿金计算方法。

《合同法》虽然规定一方违约，另一方可以向其追索违约金或赔偿金，但如果合同中没有明确数额或计算方法，法院就会视为双方当时放弃违约金权利，而不予支持。增加赔偿实际损失的举证难度。

第四，确定管辖法院。

合同的双方当事人可以在书面合同中协议选择被告住所地、合同履行地、合同签订地、原告住所地、标的物所在地法院管辖，但不得违反对级别管辖和专属管辖的规定。如果直接约定有难度，也可以约定："如发生争议，双方均可向各自经营所在地法院提起诉讼。"

第五，注意用词严谨。

例如合同中常见的约定："合同在双方签字盖章后生效。"但是一方只签字没有盖章，在法院对方就可能会提出由于合同只签字没有盖章，因此合同还未生效的主张。因此此处应当约定："合同在双方法定代表人或授权人签字或单位盖章后生效。"

第六，签约对象的主体资格。

当前，经营单位的性质、种类、背景比较复杂，有关部门的管理不到位现象比较普遍。在此情况下，为防范欺诈行为，减少交易风险，非常有必要考虑交易对方的主体资格、履行合同能力、信用情况等。主体资格方面应当查看一下对方的营业执照和企业参加年检的证明资料。不能仅凭其名片、介绍信、工作证、公章、授权书、营业执照复印件等证件。因为有的企业因连续两年不参加年检很有可能已被工商部门吊销营业执照。

第七，合同条款的对等性。

合同条款的对等性是公平原则的重要内容。不要签义务多、责任重、权利少这类一边倒的合同，例如合同只规定我方违约要如何处理而无对方违约如何处理的内容。同样，也不要签订权利多、义务少的、责任轻的合同，否则另一方可能以该合同违背公平原则对合同的有效性提出抗辩。

第八，注意定金与订金的区别。

定金是债的一种担保方式。债务人履行债务后，定金应当抵作价款或者收回。给付定金的一方不履行约定债务的，无权要求返还定金；收受定金的一方不履行约定债务的，应当双倍返还定金。实践中如把定金写成订金，因订金在法律上被认定为预付款，不具有担保功能。

第九，注意项目分包合同的特殊要求。

公司承揽的有些项目是从其他承包商那里分包而来，此类合同涉及一个重要的问题是发包方是否允许承包商对项目进行分包。根据合同法的规定，分包要经过发包方的同意，否则分包行为无效。因此一定要注意原合同的约定，应当向承包商提出此问题并要求其征得发包方同意将工程分包给我方。

第十，仲裁机构名称要写具体、明确。

合同中也可以约定由仲裁委处理双方的争议，仲裁的优点是速度快、效率较高，费用也比法院节省。约定仲裁机构应当明确。仲裁为一裁终审制，不再允许向法院提起诉讼。

第二节 合同的效力

【案例 4－4】

某瓷器公司产品积压，急于推销产品，周转资金，便派出几名推销员，到全国各地推销产品，并与每人约定按推销出的产品总额的百分比发给奖金。推销员程某找到在某百货公司当业务员的朋友丁某，让其帮忙推销瓷器。百货公司进货需经领导审批，最近该公司刚进了一批瓷器，领导不会同意进货，但是丁某以前曾请程某办过事，此次为报答程某，使用自己手中盖过章的空白合同书与程某签订了一份购买瓷器公司100 000元瓷器的买卖合同，交给程某，程某向瓷器公司的领导交差后，按规定得到了一笔奖金。

瓷器公司按合同规定给百货公司发去了价值100 000元的瓷器，并通过银行托收货款。百货公司负责人得知此事后，坚持其未授权丁某购买这批货，拒绝收货，并通知银行拒付货款。瓷器公司则认为，合同上盖了百货公司的公章，怎么能说没授权呢？瓷器公司坚持要求百货公司履行合同。

那么，丁某和程某签订的购销瓷器合同有效吗？百货公司是否应当收货？

资料来源：李建伟．公司法案例－裁判经典与法理解释［M］．中国政法大学出版社，2008年9月．

【案例分析】

本案中，丁某所持的加盖公章的空白合同书，在签订合同的过程中，应当被视为授权委托书，授权委托书是证明代理人享有代理权以及其代理权限的书面文件。因而百货公司的业务员丁某出具空白合同书，与程某签订的瓷器买卖合同，无疑应视为丁某持有百货公司的授权委托书，以代理人的身份与瓷器公司签订了合同。在这一代理关系中，百货公司是被代理人，虽然丁某作为百货公司的代理人与瓷器公司签订合同时并无代理权，但是由于百货公司内部管理不严，空白合同书漫天飞，既然丁某出具了盖有百货公司公章的空白合同书，使瓷器公司可以确信他有代理权，那么丁某与瓷器公司所签订的合同就应该是有效的。最高人民法院在有关司法解释中指出，合同的签订人用委托单位的合同专用章或者加盖公章的空白合同书签订合同的，应当视为委托单位授予合同签订代理权，委托单位对合同签订人签订的合同应当承担责任，百货公司作为委托单位，即被代理人，应当负授权人的民事责任，按合同规定接受这批瓷器，并支付货款，若百货公司想解除合同，必须承担赔偿损失的民事责任。

当然，丁某滥用代理权，越权代理，不顾被代理人的利益，擅自签订瓷器买卖合同，根据《民法通则》的有关规定，他应当对因此而给百货公司造成的损害承担赔偿的责任。

相关知识链接

空白合同法律风险的防范措施：

一、核实空白合同的真实性

对凡是未经企业法定代表人签约而是由特定业务员仅持加盖公章的空白合同订约的当事人应提高警惕。必须核实对方的营业执照，对方业务员的授权委托书，该单位的联系方式，该单位是否继续存在，业务员订立合同对该单位是否有约束力等。具体方式可以是电话询问、传真、邮件、上门考察等方式，当然上门考察最为可靠。

二、严格对空白合同的控制与管理

（1）原则上不签发空白合同。在民事纠纷中，盖章的空白合同容易构成他人“依法有理由相信”的证据，稍一疏忽，就可能形成代理纠纷，进而引来官司。因此，如果没有必要，企业最好不要使用盖章的空白合同。

（2）必须要签发空白合同的，应进行登记，并说明用途。对于必须使用盖章空白合同的，应当加强管理，因此，每一份签发的空白合同必须登记，以便进行控制。

（3）空白合同使用后，应当及时交公司审核备案。设立合同签订后的“跟踪”制度，签订合同的，要落实合同审核，发现问题可及时补救，并做好归档工作。

（4）未按原计划用途使用的空白合同，应当及时收回。应及时责令合同承办人将合同收回并撤销。只有做好合同管理，才能防范纠纷发生，避免企业遭受经济损失。

三、加强公司印章管理

应当加强对公司印章的管理，或保留这些部门印章、专用印章，统一收归某一部门集中管理，专人负责，明确其使用的范围及权限；或将部分部门专用印章销毁，公司所有对外事务统一使用公章，不得使用部门章，若部门擅权，严格处罚；同时应加强对公司印章使用的审批登记制度，做到一份合同一份登记，从而在经营活动中更有效地避免法律风险的产生。

【案例 4－5】

合同约定：仪表厂供给煤气厂煤气表散件 7 万套。履行中，因生产煤气表散件的主要原材料铝锭价格飞涨，单价由签约时的 4 400 元上涨到 16 000 元，发生纠纷。

思考：该案如要求仪表厂按原合同约定价格履行，显失公平。该案该如何处理？

资料来源：百度文库

【案例分析】

最高人民法院对此作出明确规定：由于不可归责于当事人双方的原因，作为合同基础的客观情况发生了非当事人所能预见的根本性变化，以致按原合同履行显失公平的，可以根据当事人的申请，按情势变更原则变更或解除合同。

注意：《民法通则》和《合同法》均没作具体规定，最高人民法院有关司法解释规定，实务中也处理过，可申请法院强制性调整或解除合同。

当事人原则上不承担损害赔偿责任。

相关知识链接

合同解除应注意的问题：

（1）事先约定。为避免合同履行风险，掌握解除合同的主动权，当事人在订立合同时，可以对合同履行过程中出现哪些事实导致合同解除的问题明确进行约定。

（2）及时通知并积极寻求解决。

当约定解除、法定解除的条件出现时，应当通知对方，合同自通知到达对方时解除。

提示：切忌对合同履行不管不问或单方擅自撕毁协议。

（3）应当及时行使自己的权利。

《合同法》规定："法律规定或当事人约定解除权行使期限，期限届满当事人不行使的，该权利消灭。"

若法律没有规定或当事人没有约定解除权行使期限的，特别应当注意对方所作出的催告时间。

（4）及时反应。接到解除通知的另一方如有异议，应及时向被告住所地或合同履行地的人民法院起诉，也可以依据仲裁协议向仲裁机关提出请求，确认解除合同的效力。

第三节 合同的履行

【案例4-6】

A公司协议购买B公司电脑设备并约定：A公司预付货款后对方10日内供货。后B公司因欠数家银行贷款，办公场所、库存商品、银行账户相继被法院查封、冻结，无法履行供货义务。A公司拒付预付款，要求解除合同。

B公司提出A公司违约在先，应偿付违约金。A公司认为拒付预付款、解除合同，系因B公司无法供货，实属自保。

资料来源：百度文库

【案例分析】

本案难题：在B公司已实际无法履行合同义务的情况下，A公司交付预付款后，其自身合法权益的确得不到有效保护。本案的实质：对先履行义务的当事人合法利益的保护，对防范合同欺诈有重要作用。

《合同法》为A公司自我保护提供了法律武器——不安抗辩权。即应当先履行债务的当事人在对方欠缺资力或欠缺信用等危险情况下可中止履行，直到解除合同。A公司的正确做法是，暂停支付预付款并通知B公司。如B公司在合理期限内既未恢复履行能力又未提供适当担保时，A公司可解除合同。

应当先履行债务的当事人，有确切证据证明对方有下列情形之一的，可以中止履行：

（1）经营状况严重恶化；

（2）转移、抽逃资金，以逃避债务；

（3）丧失商业信誉；

（4）有丧失或可能丧失履行债务能力的其他情形。

注意事项：

（1）不安抗辩权是一种自助权，只要有证据证明对方履行合同义务有现实危险，就可以中止履行合同，而无须经对方同意，或经诉讼、仲裁等程序。

（2）必须有确切证据证明对方有上述情况之一的，才能行使不安抗辩权，否则承担违约责任。

（3）权利人暂时中止履行合同义务，应及时通知对方。

（4）如果对方提供了适当担保或在合理期限内恢复了履行能力，应当恢复履行。

(5) 对方在合理的期限内未恢复履行能力并且未提供适当担保的，中止履行的一方可解除合同。

相关知识链接

双务合同履行中的抗辩权

一、同时履行抗辩权

(一) 同时履行抗辩权的概念

同时履行抗辩权是指当事人互负债务且没有先后履行顺序，一方在对方履行债务不符合约定时，拒绝履行自己的合同义务的权利。

(二) 同时履行抗辩权的成立条件

(1) 当事人须因同一双务合同而互负义务。

(2) 当事人双方互负的债务没有先后履行顺序且均已届清偿期。

(3) 对方未履行债务或未按约定履行债务。

(4) 对方可能履行债务。

(三) 同时履行抗辩权的效力

二、先履行抗辩权

(一) 先履行抗辩权的概念

先履行抗辩权是指在双务合同中应当先履行的一方当事人没有履行合同义务的，后履行一方当事人拒绝履行自己的合同义务的权利。

(二) 先履行抗辩权的成立条件

(1) 当事人因同一双务合同而互负义务。

(2) 当事人一方须有先履行的义务。

(3) 先履行一方到期未履行债务或未按约定履行债务。

第四节 违约责任的追究

【案例 4 -7】

甲公司与乙公司依法订立一份总货款为 20 万元的购销合同。合同约定违约金为货款总值的 5%。同时，甲公司向乙公司给付定金 5 000 元，后乙公司违约，给甲公司造成损失 2 万元。甲公司依法向乙公司要求多少才能最大保护自己利益并得到法律支持?

争议：

观点一：甲公司应要求 2 万元。理由是：《合同法》第 116 条规定："当事人即约定违约金，又约定定金的，一方违约时，对方可以选择使用违约金或者定金条款。"同时第

114 条第 2 款规定："约定的违约金低于造成的损失的，当事人可以请求人民法院或者仲裁机构予以增加；约定的违约金过分高于造成的损失的，当事人可以请求人民法院或者仲裁机构予以适当减少。"通过这二条可以看出，定金条款与违约金条款不能同时适用，而违约金条款与损害赔偿可以并用，但以找齐为原则。因此，本案甲公司若选择违约金条款，乙公司应支付违约金 1 万元，因损失大于违约金，甲公司可以要求增加至 2 万元。而甲公司选择定金条款，仅能要求双倍返还 1 万元。

观点二：甲公司应要求 3 万元。我国《合同法》所规定的定金在性质上属于违约定金，适用于债务不履行的行为或其他根本违约行为。同时，定金责任是一种独立于其他责任形式的制裁措施（具有惩罚性），这一点可以从双倍返还中体现出来，而且，定金的适用不以实际发生的损害为前提，定金责任的承担不能替代损害赔偿。赔偿损失，又称违约损害赔偿，根据《合同法》第 107 条规定，违约方因不履行或不完全履行合同义务而给对方造成损害，依法和依据合同的规定应承担的损害赔偿责任。从该条可以看出，损害赔偿责任是因债务人不履行合同债务所产生的责任；损害赔偿责任原则上仅具有补偿性而不具有惩罚性。损害赔偿具有一定程度上的任意性并以赔偿当事人实际遭受的全部损害为原则。因此，定金是独立于损害赔偿的一种责任形式，两者是可以并用的。但也不能认为它与损害赔偿金毫无关系，定金与损害赔偿责任的联系表现在定金责任与损害赔偿责任的并用不能超过全部货款的总值，这体现在《担保法》对定金数额的限定上面。因此，该案甲公司可以向乙公司要求 3 万元，即定金双倍返还 1 万元加上损害赔偿 2 万元。

观点三：甲公司应要求 2.5 万元。理由如下：合同法规定的定金条款与违约金条款不能并用，违约金条款与损害赔偿，定金与损害赔偿均能并用。但有一定限制，定金或违约金与损害赔偿使用后，获得的利益不能超过受到的损失。

资料来源：http：//www. shangxueba. com/ask/2291230. html

【案例分析】

要想很好地分析该案例，应首先分清三种责任的性质：损害赔偿、违约金和定金。

在该案中，甲公司主张 2 万元不能最大限度地保护其利益，因为，因乙公司违约，甲公司已受损 2 万元，加上甲公司已付乙公司的 5 千元定金，实际上甲公司已损失 2.5 万元，肯定不能保护自己的合法权益。若甲公司主张定金双倍返还加上损失共 3 万元，这时就违背了损害赔偿的补偿性原则，导致交易双方的不公平。因此，甲公司可以向乙公司要求 2.5 万元。对此可通过三种路径达到：

一是以违约金提出要求，因违约金为 1 万元，尚不足弥补造成的损失，可增加至损失额 2 万元，同时要求乙公司退回交付的 5 千元，总额为 2.5 万元。

二是以损害赔偿提出要求，损失额为 2 万元，加上已付的 5 千元（这也应包括在损失之列），这时总额也为 2.5 万元。

三是以定金合并损害赔偿提出要求，根据限制赔偿理论赔偿的有限性，获得的利益不能超过受到的损失，以赔偿损失额为限度，也为 2.5 万元。

相关知识链接

损害赔偿，又称违约损害赔偿，是指违约方因不履行或者不完全履行合同义务而给对方造成损失，依法和依据合同的规定应承担损害赔偿的责任。损害赔偿原则上仅具有补偿性而不具有惩罚性。从等价交换原则出发，任何民事主体一旦造成他人损害都必须以等量的财产予以补偿。一方违约后，另一方必须赔偿对方因违约遭受的全部损失。损害赔偿符合这一交易原则。但也有少数例外情况，欺诈违约行为具有惩罚性就是例外情况。我国《合同法》第113条规定：“经营者对消费者提供商品或者服务有欺诈行为的，依照《中华人民共和国消费者权益保护法》（以下简称《消费者权益保护法》）的规定承担赔偿责任。”《消费者权益保护法》第49条：“经营者提供商品或者服务有欺诈行为的，应当按照消费者的要求增加赔偿其受到的损失，增加赔偿的金额为消费者购买商品的价款或者接受服务的费用的1倍。”这个规定只是损害赔偿的例外，并非损害赔偿的一般原则。

违约金，是指当事人预先设定的，在一方违约后作出的独立于履行行为以外的给付。违约金主要具有补偿性特征，同时兼有惩罚性。《合同法》第114条第2款规定：“约定的违约金低于造成的损失的，当事人可以请求人民法院或者仲裁机构予以增加；约定的违约金过分高于造成的损失的，当事人可以请求人民法院或者仲裁机构予以适当减少。”从这条可以看出，主张违约金时，可以损失额作为要求增加或者减少的法定依据。因此，违约金主要体现为补偿性。在守约方没有遭受损失时，违约金就具有一定的惩罚性。

定金，是指合同当事人为了确保合同的履行，依据法律或者合同的规定，由一方按合同标的额的一定比例预先给付的金额。定金包括立约定金、成约定金、解约定金还有证约定金等。定金的数额不得超过主合同标的额的20%。定金罚则是一种惩罚性规定，目的在于督促当事人正确、积极行使权利。

通过以上分析可以看出，定金、违约金与损害赔偿金是三种不同的责任形式。为了维护公平、等价的交易秩序，防止权利人得到过多的额外利益，我国《合同法》第116条规定了，定金与违约金条款不能同时适用，只能选择其一的做法，从法律上明确了定金与违约金竞合时不能同时使用。同时我国《合同法》第114条规定了违约金可以与损害赔偿并用，并有一定的限制。但没有规定定金与损害赔偿能否同时使用的问题，从理论上讲，两者并用是符合《合同法》规定的，因为二者是相互独立的责任形式。但应该是有限制的，在约定的定金双倍返还不足以赔偿受害人损失时，受害人可以要求适用定金并要求赔偿损失。因为赔偿损失主要是补偿性的，当事人因为取得定金会减轻自己的损失额，所以适用时要求总额不能超过损失额。这要分几种情况：

（1）损失小于适用定金所得款时，受害方可要求定金，这既补偿了损失，又具有一定的惩罚作用。

（2）在不存在损失时，可只要求定金，这时仅是对违约方的惩罚。

（3）在损失大于适用定金所得款时，受害方可要求二者并用，但赔偿总额以不超过损失额为限。这就体现了对受害方的补偿。这时也可仅要求赔偿损失，与并用效果相同。

知识拓展

一、买方履行合同时的注意事项

1. 确定卖方提供的标的物有无权利瑕疵

买卖合同标的物的权利瑕疵，是指第三人对标的物主张权利，买方不能取得所有权或不能取得完全的所有权。为保证买方能够取得不受争议的财产，买方必须要求卖方在订立合同时提前说明，该出卖物是其拥有所有权和合法处分权的财产，如果卖方未将标的物上存有第三人的权利的情形预先告知买方，则买方有权请求降低价格或解除合同和要求赔偿损失。

2. 确定标的物有无质量缺陷

卖方出卖的标的物必须符合法律的规定，如果标的物有表面缺陷（通常方法检查即可发现的缺陷），买方应于接受标的物的当时提出；如果标的物有隐蔽缺陷（即需要经过技术鉴定或在使用过程中才能发现的缺陷），买方应于规定的期限内提出。卖方交付的标的物有缺陷，买方有权拒收。买方已接受的，卖方应根据情况承担降价、修理、更换、退货、支付违约金、赔偿损失等责任。但是，如果卖方在订立买卖合同时已对标的物的缺陷作了声明，或买方知道标的物的缺陷而愿意购买，则卖方对标的物的缺陷不负责任。

3. 敦促卖方按约定和法律规定的时间、地点和方式，完整地交付标的物和办理有关手续。

例如对于房产、机动车辆、船舶必须办理登记手续。

二、卖方履行合同时的注意事项

1. 主动明确价格条款

价格是买卖合同的一项重要条款。如果价格条款没有或不明确，买方付款就没有标准，没有依据，很容易发生纠纷。

2. 敦促买方按合同规定的时间和方式支付价款

在即时清结的买卖合同中，买方应按规定支付价款，否则，可要求买方承担违约责任。

3. 敦促买方接受标的物

一般来说，买方订立合同的目的就是取得标的物，买方不按约定及时接受标的物这会给卖方造成不利。卖方若遇买方无故拒不接受标的物或由于买方的原因无法交付的情况，为终结买卖关系也可将标的物交公证机关或有关单位。

三、合同签订中的风险防范

（一）签订前对合作对象的审查（调查）

了解合作对象的基本情况，有助于在签订合同的时候，在供货及付款条件上采取相应的对策，避免风险的发生。

（1）了解合作方的基本情况，保留其营业执照复印件，如果合作方是个人，应详细记录其身份证号码、家庭住址、电话。了解这些信息有利于我方更好地履行合同，同时，当出现纠纷的时候，有利于我方的诉讼和法院的执行。

（2）审查合作方有无签约资格。我国法律对某些行业的从业资格作了限制性规定，没有从业资格的单位和个人不得从事特定的业务，如果我方与没有资格的主体签订此类合同将给我方带来经济损失（无效合同的处理方法：《合同法》第五十八条，合同无效，因该合同取得的财产，应当予以返还；不能返还或者没有必要返还的应当折价补偿。有过错的一方应当赔偿对方因此所受的损失，双方都有过错的，应当各自承担相应的责任）。

（3）调查合作方的商业信誉和履约能力。尽可能对合作方进行实地考察，或者委托专业调查机构对其信誉情况进行调查。

（二）合同各主要条款的审查

合同都应当采取书面的形式订立。订立合同时，要力争做到用词准确，表达清楚，约定明确，避免产生歧义。对于重要的合同条款，要仔细斟酌，最好是参考一些标准文本并结合交易的实际情况进行增删，对于重要的合同应请专业律师审查防患于未然。对合同条款的审查，不仅要审查文字的表述，还要审查条款的实质内容。

（1）规格条款。对于多规格产品尤其要注意。我们在与客户协商的时候，要对各型号产品的具体规格作出说明，同时详细了解客户的需要。避免供需之间出现差错。

（2）质量标准条款。根据我方的产品质量情况明确约定质量标准，并约定质量异议提出的期限。同时应认真审查合同中约定的标准和客户的需求是否一致。《合同法》第125条规定：当事人对合同条款有争议的，应当按照合同所使用的词句，合同的条款，合同的目的，交易习惯以及诚实信用原则，确定该条款的真实意思。

（3）包装条款。对于购货方提出的特殊包装方法应当引起足够的重视。

（4）交付方式条款（送货条款）。如果货物送往本地，当明确约定送货地点，这关系到纠纷处理时法院的管辖；如果货物送往外地，则尽量不要写明，而应争取约定由本地法院管辖。此外，合同中应列明收货方的经办人的姓名。这样做的目的是防止经办人离开后，对方不承认收货的事实，给诉讼中的举证带来困难。施工企业人员的变动较为频繁，当对方更换新的经办人时，应当要求对方提供授权委托书。

（5）付款条款。应明确约定付款的时间。模棱两可的约定会给合作方找到拖延付款的理由。以下付款时间的表述就有不足之处：

①甲方收到货物后付款；应更正为“甲方收到货物后10日内付款”。

②检验合格后付款；应更正为“检验合格后__________日内付款”。

（6）违约责任条款。如果合同由合作方草拟，则应当注意审查有无不平等的违约责任条款和加重我方责任的违约责任条款。

（7）争议处理条款。

1）约定诉讼管辖地，争取在我方所在地法院起诉。诉讼管辖地的约定要明确。约定管辖的法院应依照《中华人民共和国民事诉讼法》第25条约定，只有以下五个地方的法院可供当事人协议管辖：原告所在地；被告所在地；合同签订地；合同履行地；标的物所在地。但是不得违反专属管辖和级别管辖的规定。约定管辖常见的错误有：

①表述不清楚，容易产生歧义，如，“如果发生争议，可由双方各所在地法院管辖”；

②约定由上述五个地方以外的法院管辖；

③约定违反了级别管辖的规定，如普通案件约定由某地中级人民法院管辖；

④约定违反了专属管辖的规定。

2）如果采用仲裁的方式，仲裁条款要明确约定某一个仲裁机构，而且该仲裁机构必须客观存在，否则将导致条款无效。

我国仲裁机构设立的原则：《仲裁法》第十条规定：仲裁委员会可以在直辖市和省、自治区人民政府所在地的市设立，也可以根据需要在其他设区的市设立，不按行政区划层层设立。从此可以看出，县一级人民政府所在地不设立仲裁机构的。

（8）在这里特别提醒：货物所有权约定条款的运用，约定了货物的所有权仍归我方的情况下，我方可以基于物权而拥有请求返还、请求损害赔偿等权利。

（9）对于对方提供的格式合同应特别注意：要应势而变，不可以不加审查地完全适用其条款。

（三）签订时的注意事项

（1）合作方应加盖其单位的公章。或者合作方的经办人应提供加盖了其单位公章的签约授权委托书；

注意：

①对方的授权委托书应该由我方保存，以便在发生纠纷时作为证据。

②如果对方是加盖分公司、部门的印章或者是部门经理、业务人员等都需要明确的授权委托书。

（2）加盖的公章应清晰可辨。

（3）合同文本经过修改的，应由双方在修改过的地方盖章确认。

（4）争取取得合作方的营业执照复印件。

（四）担保合同

为了防范风险，在与合作方签订合同的时候，应尽量取得对方提供的担保。关于担保合同应注意以下几个问题：

（1）担保合同的当事人：担保人不一定是本合同的一方当事人，在担保合同中，担保人只能是本合同以外的第三人。

（2）哪些财产可以用于提供担保？

依照《担保法》第三十七条规定，下列财产不得抵押：①土地所有权；②耕地、宅基地、自留地、自留山等集体所有的土地使用权，（担保法关于该款有除外规定）；③学校、幼儿园、医院等以公益为目的的事业单位、社会团体的教育设施、医疗卫生设施和其他社会公益设施；④所有权、使用权不明或者有争议的财产；⑤依法被查封、扣押、监管的财产；⑥依法不得抵押的其他财产。

提醒注意：我国法律对某些财产的抵押规定必须经过登记合同才能生效（土地使用权，城市房地产，乡（镇）、村企业厂房等建筑物，林木，航空器，船舶，车辆，企业的设备和其他动产）。

（3）哪些人不可以作为保证担保的保证人？

国家机关，学校医院等以公益为目的的事业单位社会团体以及企业法人分支机构职能部门，不得为保证人。但是，企业法人的分支机构有法人的书面授权的，可以在授权的范围内提供保证。

（4）定金条款：

①应明确所缴款项的性质是“定金”。定金条款应写明“定金”字样，《最高人民法院关于适用〈担保法〉若干问题的司法解释》第118条规定：当事人交付留置金、担保金、保证金、订约金、押金或者订金等，但没有约定定金性质的，当事人主张定金权利的，人民法院不予支持。

②定金不得超过主合同标的额的百分之二十。《担保法》第九十一条规定，定金不得超过主合同标的额的百分之二十；第八十九条规定，给付定金的一方不履行约定的债务的，无权要求返还定金；收受定金的一方不履行约定的债务的，应当双倍返还定金。对于超过百分之二十的部分，可以作为预付款，可以要求返还。但不具备定金的性质。

（五）签订以后

（1）将其复印件交由履行部门存查，保证依约履行。

（2）及时归档保管，以免丢失。

（3）公司应当制定合同管理制度，对合同进行规范管理。

四、合同的履行中的风险防范

合同的履行过程会有许多不能确定的因素，双方可能会对合同进行变更；一方可能会违约；可能会因不可抗力而导致合同不能履行等。

做为产销一体化的企业，我方在送货的时候，必须由合同中注明的经办人签收货物，或者由经对方书面授权的其他人签收。实践中，履行过程的风险更多的是来自对方的履约情况和在履行过程中相关证据的缺失。

（一）接收支票时应注意的事项

对支票的审查。支票付款的情况下，有可能是购货方用别的单位的支票支付货款。实践中，只要支票是真实有效的，一般都可以接受。接收支票当时应重点审查以下内容，避免银行退票带来的麻烦和损失：

（1）收款人名称是否正确；

（2）书写是否清楚，字迹是否潦草；

（3）大小写的金额是否一致；

（4）大写数字是否正确。例如：数字“3”的正确汉字写法是“叁”，而不是“参”。一般的银行对于这两个字不会特别注意，但是实践中有过因此字书写错误而遭退票的案例，应尽量避免这种错误；

（5）印鉴（公章和法定代表人印章）是否清晰；

（6）如果是经过背书的支票，应审查背书是否连续；

（7）有无伪造变造的痕迹。

（二）出具收据和接收收据时的注意事项

案例：A公司给B公司开出了发票，B公司出具了以下收据：“今收到北京A公司发票NO123456号，壹份金额5万元。B公司。张三。2002年12月31日。”请大家指出这张收据的缺陷（遗漏的相关信息：相对应的合同；款项是否已经支付；公司的公章）。

经营过程中如果对方要求先出发票并挂账，应当让对方出具收条，并一定要在收据中注明“以上款项未付”。这样做，该张收具就同时具有欠款确认书的作用。对于其他的收据也应将有利的相关信息都包含进去。

（三）出现纠纷时的处理方法

（1）应本着友好协商的态度来处理问题，这样有利于我方收集到有利的证据。一旦起了冲突和争执，对方往往采取不合作的态度，从而使事情陷入僵局。

（2）签订还款协议注意事项：在协议中应当写明对方承认的欠款数额；还款的具体时间；回避双方还有争议的其他事项；约定如果首次还款期满仍不依约还款，则视为全部到期；约定如果对方不依约付款，则由我方所在地法院管辖；协议还应加盖欠款单位的公章。

（四）履行风险的防范手段

（1）遇到法定条件或者合作方违约可能损害到我方利益的情况时，可以采取中止履行和解除合同的方法来保护我方的权益。

1）中止履行的条件：《合同法》第 68 条规定，有确切证据证明对方有下列情况之一的，可以中止履行：①经营状况严重恶化；②转移财产、抽逃资金，以逃避债务；③丧失商业信誉；④有丧失或者可能丧失履行债务能力的其他情形。

对于分批送货分批付款方式，如果对方某批货款没有如期支付时应给予充分的重视，如果继续送货，可能会受到更大的损失。当然，是否中止合同的履行应视具体情况而定，不能一概而论。

2）解除合同的条件：《合同法》第 94 条规定，有下列情形之一的，当事人可以解除合同：①因不可抗力致使不能实现合同目的；②在履行期限届满之前，当事人一方明确表示或者以自己的行为表明不履行主要债务；③当事人一方迟延履行主要债务，经催告后在合理期限内仍未履行；④当事人一方迟延履行债务或者有其他违约行为致使不能实现合同目的；⑤法律规定的其他情形。

（2）综上所述，在签订合同时一定要做到以下几步：

①要全面分析对方资信、实力；

②根据双方的实际情况完善合同文本和相关条款；

③要签订书面合同并加盖公章并签字，审查盖章单位和签字人的授权范围；

④履行过程中要跟踪审查对方的资信、履约能力等，并保存好履行过程中的相关证据；

⑤出现纠纷时要作好诉讼、调解、变更协议等多种准备；

⑥向专业律师请教并作最后审核。

五、不可抗力

我国《民法通则》和《合同法》中关于不可抗力是这样规定的：不可抗力是指不能预见、不能避免并不能克服的客观情况。不可抗力是独立于人的行为之外，并且不受当事人意志所支配，在各国法律中都是免责事由。但是关于不可抗力的内容和适用范围则很难由法律作出具体规定，这就需要当事人在合同中订立不可抗力条款，来具体确定不可抗力的内容和适用范围。下面具体谈一谈。

1. 关于不可抗力的约定

当事人在设立不可抗力条款时，应采取何种方式确定不可抗力事件，对此有两种不同观点。一种观点认为，当事人在合同中订立不可抗力条款时，应通过列举方式明确规定不可抗力事件。只有明文列举才有排他的效力，而且只有在条款中所明确列举的事件发生时才可导致当事人被免除责任。如果发生的事件是条款中没有明文列举的，即使阻碍了合同履行也不能导致当事人被免责。另一种观点认为，不可抗力条款应采取概括式的方式，此种观点认为，列举式的方式已不符合现代贸易的需要，在实践中当事人设定不可抗力条款应采取概括式的方式。这两种观点都有一定道理，但比较而言列举式的观点更为合理。主要理由在于：当事人设立不可抗力条款旨在对法律关于不可抗力的规定作出具体的补充。法律的规定常常过于原则，如果当事人在合同中订立的不可抗力条款也同样过于原则，将很难起到补充法律规定不足的作用。

2. 关于不可抗力对责任的影响

我国法律明确规定，如出现不可抗力事件，则应免除当事人的履行责任，但值得注意的是，我国《合同法》第117条规定，“因不可抗力不能履行合同的，根据不可抗力的影响，部分或全部免除责任，但法律另有规定的除外。”可见，我国法律认为，不可抗力的发生不一定导致当事人被全部免除责任；是否应当被全部免除，应依具体情况确定。在许多情况下，不可抗力的发生，只是暂时阻碍合同的履行，而并不是导致合同完全、永远地不能履行，在此情况下解除合同，确实不如采取维持合同效力并延期履行的方式更有利于维持合同的严肃性，并充分实现当事人的订约目的。根据我国合同法规定，因不可抗力而免责有如下例外：

（1）金钱债务的迟延责任；

（2）在迟延履行期间因发生不可抗力，不得免除违约方的责任。

3. 如何签订合同中的不可抗力条款

对于不可抗力的定义，《合同法》中第117条第2款作出了明确界定，即“本法所称不可抗力，是指不能预见、不能避免并不能克服的客观情况”。

在合同中，通常可以约定不可抗力条款。不可抗力条款是一种免责条款，即免除由于不可抗力事件而违约的一方的违约责任。

合同中约定的不可抗力条款一般应规定的内容有：

（1）不可抗力事件的范围，即哪些属于不可抗力。具体来说，不可抗力包括自然灾害和社会事件。对于自然灾害造成的不可抗力事件，各国合同法一般均予以承认；但对于构成不可抗力的社会事件的范围，却难以达成一致意见，实践中，主要由当事人在合同中约定哪些社会事件为不可抗力事件。

（2）不可抗力事件发生后通知对方的期限，合同法第118条规定：“当事人一方因不可抗力不能履行合同的，应当及时通知对方，以减轻可能给对方造成的损失，并应当在合理期限内提供证明。”合同法仅规定要“及时”通知，合同当事人可约定具体的期限。

（3）出具的证明文件及证明机构。

（4）不可抗力事件的法律后果。合同法第117条第1款规定：“因不可抗力不能履行合同的，根据不可抗力的影响，部分或者全部免除责任，但法律另有规定的除外。当事人迟延履行后发生不可抗力的，不能免除责任。”

六、规范合同模板

新版贷款质押合同用于公路收费权质押

出质人（甲方）：__________　　质权人（乙方）：__________

住所：__________　　住所：__________

法定代表人：__________　　法定代表人：__________

电话：__________　　电话：__________

为确保借款人__________和乙方于__________年__________月__________日签订的编号为__________合同（以下简称主合同）的履行，甲方愿意以其有权处分的公路收费权作质押。乙方经审查，同意接受甲方的权利质押。甲、乙双方经协商一致，订立本协议。

第一条　质押的标的

甲方用作质押的标的是__________公路的收费权（以下简称公路收费权）。

第二条　质押的期限

公路收费权的质押期限自本合同生效时起，至借款人还清主合同项下全部贷款本息时止。

第三条　担保的范围

甲方担保的范围包括贷款本金、利息、违约金、损害赔偿金、质权实行的费用等有关费用。

第四条　专用账户的设立和托管

（一）甲方应在本合同生效后________日或在本合同项下质押公路开始收费之前，到乙方分行或其指定的________行（以下称指定行）开设公路收费（或规费）专用账户。

（二）如果甲方在乙方指定行开设公路收费专用账户，甲方应每日将__________通行费收入存入该专用账户，指定行监管该专户资金的存入与使用，甲方不得将其公路通行费收入私自存入非乙方指定的账户。

（三）对甲方在指定行开设的质押专用账户内的资金，指定行代乙方进行日常监管，并定期向乙方通报该账户内资金的收入和使用情况，对单笔资金支用数额超过__________元的，应征得乙方同意后方可予以办理支付手续。乙方定期检查该账户资金收入与支出情况，甲方和指定行应予积极配合。

（四）指定行每周一向乙方提供上周甲方在质押专户内每笔资金流入与流出凭证复印件，并以传真或特快专递等快捷方式送达乙方。

（五）如果甲方在乙方分行开设公路收费（或规费）专用账户，甲方应每日将__________通行费收入存入乙方认可的__________行，并由该行最迟在3个工作日将上述资金全额转入甲方在乙方分行设立的公路收费权专用账户。

（六）甲方保证在乙方贷款本金到期日、每季结息日前10日，在乙方分行或指定行的专用账户中备有足够的资金用以偿还乙方的当期贷款本息；乙方可在到期日或结息日当日从甲方在分行设立的专用账户中直接扣收贷款本息或指示指定行从甲方在其设立的专用账户中以特种转账方式扣收贷款本息，如甲方不按期足额偿还贷款本息，乙方将按第九条的约定实现质权。

第五条　保险

（一）在本合同签订之后1个月之内，乙方有权要求甲方到其认可的保险公司办妥公路的工程建设保险。

（二）在本合同项下公路竣工验收后1个月之内，乙方有权要求甲方到其认可的保险公司办理公路财产保险。

第六条　担保的补足

如果公路收费权的价值非因乙方过错发生减少，以至于公路收费权不足以为主合同提供充分担保时，或者保险公司依法不予赔偿或所赔偿的金额不足以偿还全部贷款本息时，乙方有权要求甲方提交经乙方认可的质物予以补足，或者提供其他担保。

第七条　质押登记

甲方应在本合同签订后1个月内到有权管理部门办妥公路收费权质押登记手续，登记所需费用由甲方承担；

甲方领取质押权证书后，应在1周内交乙方收执。

第八条　甲方的其他义务

（一）甲方保证质押公路按期建成并投入使用。

（二）在本合同有效期内，甲方保证质押公路处于正常运营状态。

（三）在本合同有效期内，未征得乙方书面同意，甲方不得擅自将公路收费权出售、转让、赠予或以其他方式加以处分。

（四）在本合同有效期内，甲方进行承包、租赁、兼并、合并、分立、合资、联营、股份制改造等经营方式变更或产权变动时，应提前60天通知乙方，并征得乙方书面同意，本合同项下的义务由变更后的机构承担或双方达成新的协议。

第九条　质权的实行

借款人未按主合同的约定向乙方支付利息、偿还本金，或者借款人有其他违约事件发生，或者借款人在质押期限内被依法宣告破产、解散，乙方有权采取以下措施：

（一）乙方分行直接或要求指定行将公路收费专用账户中相当于乙方到期贷款本息数额的资金划交乙方。如果公路收费专用账户中的资金不足以清偿乙方的到期贷款本息，乙方有权自行或要求指定行将此后一段时间之内公路收费专用账户新增的资金直接划交乙方，直至乙方的到期贷款本息全部得到清偿为止。

（二）如果乙方采取前款所述措施以后尚未能使自己的到期贷款本息全部得到清偿，乙方可以依法处分公路收费权，并以所得价款优先受偿自己的到期贷款本息。处分收费权所得不足以使乙方的到期贷款本息全部得到清偿的，乙方可以继续向借款人追偿。

第十条　违约责任

（一）甲方违反本合同第四条、第五条、第六条、第七条、第八条约定的，乙方有权停止发放主合同项下贷款，视情况提前收回已发放的贷款本息，并可要求甲方支付贷款总额__________%的违约金。

（二）甲方的上述违约行为给乙方造成损失的，甲方应给予赔偿。

第十一条　双方商定的其他事项__________。

第十二条　合同的变更与解除

本合同生效后，甲方、乙方不得擅自变更或解除本合同；需要变更或解除本合同时，应经甲、乙双方协商一致，并达成书面协议；在达成书面协议之前，本合同各项条款仍然有效。

第十三条　争议或纠纷的解决

甲、乙双方在履行本合同期间发生的争议或纠纷，双方须通过协商解决；协商不成的，应向乙方所在地人民法院起诉。

第十四条　合同的生效和终止

本合同自公路收费权质押登记手续办理完毕之日起生效，至借款人还清主合同项下全部贷款本息时终止。

第十五条　本合同正本一式__________份，各方各执一份，副本__________份。

甲方（盖章）：__________　　　　乙方（盖章）：__________

代表人（签字）：__________　　　　代表人（签字）：__________

__________年____月____日　　　　__________年____月____日

学生实操

要求：根据所学知识，分析下列三个案例，并回答问题。

（一）甲公司需要乙公司生产的一套精密成套设备，双方找丙公司商议，由丙公司购买并直接租给甲公司。甲、乙、丙三方签订了如下合同：①由丙公司付给乙公司货款 500 万元；②乙公司将精密成套设备代办托运给甲公司；③甲公司承租该设备，期限为 10 年，每年租金为 80 万元。该合同由甲、乙、丙公司的法定代表人签字，甲、丙公司加盖了合同专用章，乙公司未加盖合同专用章。丙公司签订上述合同后，为筹措资金欲向丁银行借款 300 万元，丁银行要求提供担保，丙公司请求戊公司作保，戊公司允诺。丙、丁、戊签订了如下合同：①丁银行借给丙公司 300 万元，预扣 1 年的利息 30 万元，实际交付丙公司 270 万元；②戊公司承担保证责任，但丙公司应付给戊公司担保费 30 万元。合同由三方签字并加盖了各自的合同专用章。乙公司签订合同后与庚公司又签订了一份运输合同。甲公司签订合同后，为顺利安装和操作该设备，又与辛公司签订了一份技术咨询合同，但合同未约定根据咨询意见作出决策的损失承担。根据《合同法》及相关法律回答下列问题：

1. 甲、乙、丙之间的合同属于《合同法》上的哪种合同？

2. 现假设乙公司以未加盖合同专用章为由，主张合同无效，其理由能否成立？为什么？

3. 丙与丁银行的借款合同中的借款数额应为多少？为什么？

4. 丙、丁、戊所签的合同中约定支付30万元的担保费是否有效？为什么？

5. 现假设丙公司到期不能偿还丁银行的借款，戊公司应承担何种性质的保证责任？为什么？

6. 现假设乙公司交付的设备质量不符合要求，甲公司可否向乙公司追究违约责任？为什么？

7. 现假设甲公司根据辛公司的符合要求的咨询报告进行操作发生事故，辛公司是否承担赔偿责任？为什么？

8. 现假设庚公司因承运设备过程中有过错造成设备损失，应由谁向庚公司索赔？为什么？

9. 现假设乙公司向甲公司交付货物后，甲公司使用过程中部分部件正常磨损，需要维修，该维修费应由谁承担？为什么？

10. 现假设辛公司在提供技术咨询过程中形成了一项新的技术成果，且未与甲公司约定该技术成果的归属。该技术成果归谁享有？为什么？

（二）甲影剧院利用自有的闲置设备和场所开办了一个餐馆，经工商部门登记为集体企业，由张某承租经营。合同规定，租赁期限为5年。在租赁期限届满前5个月，影剧院张贴“承包启事”，将餐馆对外租赁招标，陈某以“全年自愿上交承包额5万元，原则上先预交全年承包垫金后开业”投标。影剧院开标后通知其中标，限定陈某于10日内交付第1年租金5万元，并言明该餐厅的实际情况，待原合同期满时双方正式签订合同。陈某预交了租金5万元，由影剧院开具收据。后由于张某要求继续承租经营，影剧院与张某续签了租赁合同后通知陈某，愿意退还陈某所预交的租金，并赔偿其实际损失。但陈某不同意，向人民法院起诉，请求依法确认其承租经营权，停止张某的经营活动。利用所学法律知识，谈谈你对本案的处理意见。

（三）市民钱先生工作稳定，小有积蓄，准备购置房产。但上海市区房屋的高价位让钱先生“退避三舍”，经过多番比较后，他决定在宝山“安营扎寨”。但跟着中介看了多处房屋后，不是房型不够满意，就是房价仍然超过自身预算。最后，终于在某小区寻到一户满意的房屋，而且比市场价低了不少。于是2009年10月11日，钱先生毫不犹豫与房主孙女士签订了《房地产买卖居间协议》，该协议约定，该房产总价款为96万元，签订本协议之日，买方向卖方支付2万元定金。正当钱先生为自己买到便宜房兴奋之余，突然从该房产邻居处得知，该房产已被查封。钱先生又从他人处得知孙女士在外已是负债累累。于是，钱先生放弃了购买该房产的幻想。2009年11月，钱先生向宝山法院起诉要求孙女士双倍返还定金4万元，并赔偿误工费、交通费等经济损失合计8 000元。

在庭审中，孙女士辩称，签订《房地产买卖居间协议》之前房屋已经被法院查封了，但其本以为自己可以与债权人达成协议，让对方申请解除查封的，因此才敢与钱先生签订《房地产买卖居间协议》。后因协商不成，房屋继续被查封，现仅同意将2万元定金返还钱先生。

问：如果你是法官，你会怎么判决？

思考与练习

一、单项选择题

1. 甲公司与乙公司签订买卖合同。合同约定甲公司先交货。交货前夕，甲公司派人调查乙公司的偿债能力，有确切材料证明乙公司负债累累，根本不能按时支付货款。甲公司遂暂时不向乙公司交货。甲公司的行为是（ ）。

A. 违约行为

B. 行使同时履行抗辩权

C. 行使先诉抗辩权

D. 行使不安抗辩权

2. 甲与乙订立了合同，约定由丙向甲履行债务，现丙履行的行为不符合合同的约定，甲有权请求（ ）。

A. 丙承担违约责任

B. 乙承担违约责任

C. 乙和丙承担违约责任

D. 乙或者丙承担违约责任

3. 上海某工厂向广州某公司购买一批物品，合同对付款地点和交货期限没有约定，发生争议时，依据合同法规定（ ）。

A. 上海某工厂付款给广州某公司应在上海履行

B. 上海某工厂可以随时请求广州某公司交货，而且可以不给该厂必要的准备时间

C. 上海某工厂付款给广州某公司应在广州履行

D. 广州某公司可以随时交货给上海某工厂，而且可以不给该厂必要的准备时间

4. 甲收藏唐伯虎名画一幅，价值约 10 万元，甲的其他财产价值为 10 万元。甲因做生意失败外债欠 60 万元。一日，甲将唐伯虎的画作价 1 万元卖给从香港来的表弟乙，则下列表述正确的是（ ）。

A. 若乙不知甲欠巨额外债，则甲的债权人只能行使代位权

B. 只有在乙明知此买卖有害于债权人的债权的情况下，债权人才可行使代位权

C. 不管乙是否知道此买卖有害于债权人的债权，债权人均可行使撤销权

D. 若乙明知此买卖有害于债权人的债权，则债权人可行使撤销权

5. 关于代位权行使的要件，不正确的表述是（ ）。

A. 债权人与债务人之间有合法的债权债务存在

B. 债务人对第三人享有到期债权

C. 债务人怠于行使其权利，并且债务人怠于行使权利的行为有害于债权人的债权

D. 债权人代位行使的范围是债务人的全部债权

6. 债务人欲将合同的义务全部或者部分转移给第三人，则（ ）。

A. 应当通知债权人

B. 应当经债权人同意

C. 不必经债权人同意

D. 不必通知债权人

7. 定金的数额不得超过主合同标的额的（　）。

A. 10%

B. 20%

C. 50%

D. 30%

8. 下列关于代位权特征的表述，不正确的是（　）。

A. 代位权是债权人代替债务人向债务人的债务人主张权利

B. 代位权是债权人以债务人的名义向债务人的债务人行使的权利

C. 代位权是债权人请求债务人的债务人向债务人履行义务而非向债权人履行义务

D. 代位权的行使必须在法院提起诉讼，请求法院允许债权人行使代位权

9. 在债务人下列行为中，债权人可行使撤销权的是（　）。

A. 债务人放弃继承权

B. 债务人将其汽车无偿转让给其弟弟

C. 债务人拒绝接受赠予

D. 债务人将其手表丢弃

10. 李某与王某约定，将各自收藏的一幅名画与对方交换，双方都在合同上签字盖章，但合同没有约定谁先履行。假定李某在自己未履行前，便要求王某履行，王某可以行使（　）。

A. 同时履行抗辩权

B. 先履行抗辩权

C. 不安抗辩权

D. 先诉抗辩权

11. 甲公司与乙公司签订了钢材购买合同后，又与丙公司签订了钢材销售合同。1 个月后，钢材涨价，乙方拒绝履行与甲公司的合同，造成甲公司无法履行与丙公司的合同。在这种情形下，向丙公司承担违约责任的主体是（　）。

A. 乙公司

B. 甲公司

C. 甲公司和乙公司

D. 行业主管部门

12. 甲享有对乙的到期债权 100 万元，同时，甲欠丙 80 万元，该债务已到期。此时，甲没有其他财产偿还给丙，但为逃避该笔债务，甲一直不积极催讨对乙的到期债权。据此，下列说法正确的是（　）。

A. 丙可以以自己的名义起诉乙

B. 丙的诉讼请求为 100 万元

C. 丙既可以以自己的名义起诉乙，也可以以甲的名义起诉乙

D. 丙可以以乙为被申请人向仲裁机构申请仲裁

13. 合同既约定违约金，又约定定金的，一方违约时，守约方可以（　）。

A. 选择适用违约金或者定金条款

B. 适用违约金条款

C. 适用定金条款

D. 违约金和定金条款一并适用

14. 违约行为中的瑕疵给付或加害给付，属于（　）。

A. 履行不能

B. 不完全履行

C. 迟延履行

D. 受领迟延

二、不定项选择题

1. 某钢厂与某建筑企业签订了一份钢材购销合同，合同约定钢厂向建筑企业供应钢材50吨，交货期限为2003年12月之前，企业在验货后1个月内向钢厂付款。钢厂如约向企业交付钢材50吨，企业在验货时发现该钢材含硫量、含碳量严重超标。如用该钢材建楼，必然发生严重质量事件。企业于是拒收该批钢材，拒绝付款。因建筑急需，企业只好向另一公司高价采购所急需之钢材。基于上述情况，企业可行使下列哪些权利？（　）。

A. 先履行抗辩权

B. 违约责任请求权

C. 不安抗辩权

D. 合同解除权

2. 甲企业与乙企业签订了一份红木家具购销合同，甲企业为供货方，乙企业为需方。合同约定，甲企业应于合同签订后第10个月内向乙企业供应红木家具10 130套，乙企业在收到家具后2个月内付清全部货款。在甲企业的合同履行期届满时，甲企业通过其他渠道了解到，乙企业已处于破产边缘，于是甲企业便未按期向乙企业发货，但甲企业未通知乙企业，乙企业为接受该批货物，向附近一货场签订了货场租用合同，并为此支付租用费1万元。因甲企业未向乙企业按期发货，乙企业欲追究甲企业的违约责任而引起纠纷。下列表述正确的是（　）。

A. 甲企业拒绝发货是行使不安抗辩权

B. 甲企业不承担未按期发货的违约责任

C. 甲企业应承担赔偿租用费1万元的损失

D. 甲企业未按期发货，应承担违约责任

项目五 创业企业知识产权的法律风险

项目导入

世界经济已经步入知识经济时代，知识产权作为一种无形资产，它能够被买卖或转让，是企业最重要的经济资源。苹果、微软等国际知名企业之所以能够发展壮大并获得稳固的竞争优势，都是因为重视知识产权的保护，都从发展战略的高度来认识和对待知识产权问题。中国企业知识产权保护意识的淡薄，其知识产权极易受到侵犯，也容易侵犯其他企业的知识产权。企业要防范知识产权法律风险，创业者首先需要认识到知识产权面临着哪些法律风险，并了解防范这种法律风险的方法。

通过本项目的学习，让学生掌握知识产权的含义、专利申请及法律风险；了解因注册商标及著作侵权引起的常见法律纠纷；了解企业的商业秘密存在的法律风险及企业应如何建立保密制度。

第一节 专利权侵权风险

【案例5－1】

德国BASF（巴斯夫）公司诉南通施壮化工有限公司、北京阳光克劳沃生化技术有限公司侵犯发明专利权纠纷案。

一审法院判决结果：①南通施壮化工有限公司于本判决生效之日起，停止生产、销售使用涉案专利方法制造的涉案“垄鑫综合土壤消毒剂”产品；②北京阳光克劳沃生化技术有限公司于本判决生效之日起，停止销售涉案“垄鑫综合土壤消毒剂”产品；③南通施壮化工有限公司于本判决生效之日起10日内，赔偿BASF公司经济损失人民币20万元及因本案诉讼支出的合理费用人民币13 000元；④驳回BASF公司的其他诉讼请求；⑤案件受理费人民币8 800元，由BASF公司负担2 000元，由南通施壮化工有限公司负担人民币6 000元，由北京克劳沃生化有限公司负担人民币800元。

二审法院判决结果：驳回上诉，维持原判。

资料来源：http：//www. 110. com/panli/panli_ 112512. html

【案例分析】

根据专利法的相关规定，专利侵权纠纷涉及新产品制造方法的发明专利的，制造同样产品的单位或者个人应当提供其产品制造方法不同于专利方法的证明。本案产品制造方法专利涉及的并非新产品，故原告应举证证明被告使用的制造方法侵犯了其专利权。本案在侵权判定中，未将二者的制造方法进行逐一比对，而是开创性地根据被告产品中所包含的三种特征性杂质确认其使用的助剂为亚烷基二胺，进而认定其使用了涉案专利方法。（德国）BASF公司是全球最大的化工有限公司，其运用法律武器维护其自身知识产权的合法权益，为企业的发展提供了有力的法律保障。外国公司对专利权的保护意识是值得我国中小企业借鉴和学习的，中国企业由于法律意识淡薄，很容易侵犯别国的知识产权而遭到起诉。同时，在自己的权益被侵犯时，又很少运用法律武器来捍卫自身的合法权益，在知识产权的竞争中常常处于不利的地位。

相关知识链接

一、专利概述

专利是知识产权的重要组成部分，对它的认识一般有三种含义：一是专指权利；二是受到专利法保护的发明创造；三是专利文献。但人们习惯上所说的专利主要指专利权。是指公民、法人或其他组织依法对其获得专利的发明创造在一定期限内享有的专有权利。其特征具有独占性、时间性、地域性。根据我国《专利法》第二条的规定，专利法保护的客体包括发明、实用新型和外观设计三种。授予专利权的发明和实用新型，应当具备新颖性、创造性和实用性。新颖性，是指该发明或者实用新型不属于现有技术；也没有任何单位或者个人就同样的发明或者实用新型在申请日以前向国务院专利行政部门提出过申请，并记载在申请日以后公布的专利申请文件或者公告的专利文件中。创造性，是指与现有技术相比，该发明具有突出的实质性特点和显著的进步，该实用新型具有实质性特点和进步。实用性，是指该发明或者实用新型能够制造或者使用，并且能够产生积极效果。本法所称现有技术，是指申请日以前在国内外为公众所知的技术。

二、专利申请

专利不是伴随着发明创造的完成而自动产生，而是需要申请人按照专利法规定的程序和手续向专利机关提出书面申请，经审查合格，才能获得。专利权是法律赋予申请人实施其发明创造的权利，任何人要实施专利，除法律另有规定的以外，必须得到专利权人的许可，并按双方协议支付费用，否则就是侵权。发明专利需要实质性审查，实用新型和外观设计只需要进行初步审查，没有实质审查要求，在初步审查通过后，直接予以登记和公告。专利申请的程序根据类型不同而有所差异：

1. 发明

申请—初步审查—补正—公开或依申请提前公开—依申请实审—修改—授权决定—授权公告和专利证书

审查时间：1.5 ~5 年

保护时间：20年，自申请日计算

2. 实用新型

申请—初步审查—补正—授权决定—授权公告和专利证书

审查时间：约9~11个月

保护时间：10年，自申请日计算

3. 外观设计

申请—初步审查—补正—授权决定—授权公告和专利证书

审查时间：约5~7个月

保护时间：10年，自申请日计算

权利人获得专利权后，任何人实施该专利，均需要得到专利权人的授权许可并支付专利使用费，否则就构成侵权。在专利权领域的法律风险主要有以下几类：

（1）专利申请的法律风险；

（2）技术合同法律风险；

（3）专利侵权法律风险。

三、专利申请的法律风险

（一）专利申请策略不当带来的法律风险

若申请专利的策略不当，将可能给企业造成严重的损失。对于发明创造的保护有两种途径，一种是申请专利；另一种是作为商业秘密进行保护。某项发明创造如果不符合专利法规定的专业要求，而企业去申请专利，则存在如下法律风险：由于不符合专利法规定的专业要求，专利申请将被驳回。该技术持有人只能依据商业秘密制度进行保护。但根据专利法的规定，申请专利需将有关材料公开并公布。这意味着竞争对手可通过公开合法的渠道获得公司的技术开发情况。因此，该技术不仅无法获得专利，还由于技术资料已经公开而无法获得作为商业秘密形式的保护。

有些发明创造虽然符合专利法的要求，申请后能获得专利权，但是由于专利保护具有期限性，一旦期限截止，专利权人也丧失专用权。所以，如果某项发明创造，权利人预计竞争对手无法在短期内研发获得，该企业就不如采用商业秘密的方式进行保护。

（二）专利说明书及权利要求书撰写不当带来的法律风险

《专利说明书》是指经过专利审查、授予专利权的文件。《专利说明书》确定了专利保护范围。《专利说明书》描述不同，法律确认的保护范围就不同。《权利要求书》是专利申请文件最重要的文件之一，是确定国家对某项发明创造划定保护范围的文件。

《专利说明书》及《权利要求书》的重要性如此显著，撰写这些法律文书就应特别谨慎、字斟句酌。否则，由于撰写不当带来的法律风险可能使企业的发明创造无法获得适当的法律保护，一般后果是导致法律对该项发明创造的保护范围变窄。

（三）专利侵权的法律风险

权利人获得专利权后，最大的法律风险就是专利侵权。一方面，专利权人有遭到他人侵权的可能；另一方面，也有企业侵犯其他人的专利权利的可能。

企业获得专利权之后，应在该专业领域内进行侵权产品或者侵权行为的跟踪，及时发现被侵权的事实，保留相关证据以便及时制止侵权和进行索赔；企业在实施某项产品生产，在投放市场前应检索有关专利文献，了解自己的产品是否侵犯了他人的专利。

第二节 商标权侵权风险

【案例5-2】

2009年春晚由赵本山、小沈阳、毛毛共同推出了小品《不差钱》，小沈阳因此迅速蹿红。和原名沈鹤相比，小沈阳这个艺名很好记。但是如果从品牌管理的角度看，以“小沈阳”作为艺名有所缺憾。

【案例分析】

运动员李宁退役后注册了“李宁”商标；赵本山的名字也可以注册商标使用，如“本山”家具、“本山”药业等。惟独小沈阳不能将“小沈阳”注册为商标，生产“小沈阳”酒。因为我国《商标法》第十条第二款规定，县级以上行政区划的地名或者公众知晓的外国地名，不得作为商标使用。所以，除非“小沈阳”再换一个艺名，否则“小沈阳”想进行品牌延伸是存在法律障碍的。

相关知识链接

商标概述

商标是极为重要的无形资产，几乎承载了企业所创造的全部商誉。一位跨国公司的CEO曾经说过，尽管公司拥有多项重大发明专利，但与公司拥有的一件驰名商标相比，公司的任何一项发明专利都是微不足道的，并且其全部发明专利的价值之和也比不上该商标的价值。

商标俗称“牌子”，它在日常生活中起着非常重要的区别作用。现代科技的发展，仅凭肉眼识别不同产品的好坏已经非常困难，消费者就要借助于商标来判定不同生产者或服务者提供的商品或服务质量的好坏。随着人们对商标的重视，商标保护和商标法律纠纷也逐年增加。

商标权，是商标注册人对其注册的商标所享有的权利。商标仅仅作为一种标识并不以注册为条件，但是如果想让商标具有专属权利，就必须进行商标注册。在我国，很多中小企业由于缺乏专业的人才，故而很多商标都没有进行登记注册，其合法的权益得不到有效的法律保护。

【案例5-3】

1999年9月，王守义集团注册“十三香”并拥有了商标所有权。当时，同样生产“十三香”调味品的山东定陶永兴调味品厂向国家商标局提出异议：根据我国商标法的相关规定，“商品（十三香）的通用名称和图形”不能用来注册商标。他们指出“十三香”是13种天然香料研磨而成，“十三”表示原料和成分的组成和数量，“香”表示商品的性质和特点，同“五香粉”一样，“十三香”是调味品的通用名称，不能予以注册。国家商标局认为：“十三香”不是调味品的通用名称，王守义十三香已经有了一定的知名度，具备商标应有的显著性。永兴调味品厂再次提出复审后，国家商标评审委员会下发“十三香”商标异议复审裁定书（2003年第1264号）：“将‘十三香’作为商品通用名称无明确依据”“‘王守义’和‘十三香’之间存在密切联系，成为消费者识别调味的标志，‘十三香’商标理应予以注册”。后该案经过北京市第一中级人民法院和北京市高级人民法院二审，都认定该商标可以注册。2004年4月23日作出终审裁决。这意味着全国有几千家生产“十三香”的企业都不能在产品上使用“十三香”标识。

北京时间2008年8月8日下午5点，德国慕尼黑当地时间8月8日上午11点，王致和集团诉德国OKAI公司商标侵权和不正当竞争案在慕尼黑地方法院正式开庭，双方代理律师展开了激烈的交锋。王致和集团最终胜诉。

资料来源：http：//www. sipo. gov. cn

【案例分析】

以上两个案例都涉及商标被抢注的问题。企业可选择的应对之策有三：①以重金买回本该属于自己的商标；②更换新的商标；③通过法律手段维权。但这三种情形都需要付出高昂的代价。为了避免陷于被动就需要提前申请商标，预防抢注等非法行为的发生。

在王致和案中，当事人积极应对跨国纠纷。一方面，在夺回商标后，可以在德国注册自己的商标，有了属于自己的知识产权；另一方面，这场官司也使“王致和”在国内外媒体曝光率骤增，有效地扩大了企业形象传播，极大地提升了品牌价值。

面对时代变迁和更加残酷的市场竞争，像“十三香”“王致和”等老字号要重铸辉煌，必须光大自己的品牌，学会运用法律武器保护自己的品牌，而绝不能对“借光”经营或恶意侵权听之任之。因此，提高知识产权意识和能力，加强自主知识产权的管理与应用，是老字号企业的当务之急。

相关知识链接

因注册商标引起的常见法律纠纷（之一）

商标被抢注的法律风险

我国商标保护采用注册原则，未经注册的商标不具有专属权利，在被他人使用时，无法进行权利保护。商标从申请到核准注册，一般需要较长时间。于是不少中小企业往往采取先投放市场、然后再根据实际市场效果决定是否注册商标的策略。当产品热销、品牌知名度上升的时候，如果被他人抢先注册，企业就不得不花高价再从抢注者手里回购，造成巨额损失。因此，被他人抢注商标的法律风险属于企业的高风险。

防范该类法律风险的方法是：不要先行使用商标直到商标已经培养成熟后才申请注

册，而应在产品投入市场前，先申请商标。

【案例5-4】

北大方正集团有限公司（下称北大方正公司）原员工因离职后创办了深圳市方正数码有限公司（下称深圳方正公司）。该公司使用“方正”为企业名称，生产MP3等电子产品。

2007年1月，北大方正公司、深圳北大方正公司将深圳方正公司起诉到深圳市中级人民法院，请求法院判定深圳方正公司停止商标侵权行为、深圳方正公司变更企业名称等诉讼请求。

法院认为，北大方正公司、深圳北大方正公司将“方正”作为企业“字号”使用，又注册了“方正”商标，具有一定的知名度。而深圳方正公司成立之后，在名称中使用“方正”字号，易使公众对商品来源产生混淆，认为深圳方正公司与北大方正公司、深圳北大方正公司存在关联，深圳方正公司的行为违背了诚实信用原则，构成不正当竞争，应承担相应民事责任。

资料来源：http：//www.legaldaily.com.cn/zmbm/content/2009-03/12/content_1052766.html

【案例分析】

在该案件中，如果北大方正只是将“方正”作为企业字号使用，而未申请商标，那本案可能将是另外一种结果。这充分说明了字号与商标保护相互结合的战略非常有意义。如果企业字号也作为商标进行了保护，那么遇到类似问题，就可以诉诸法院，要求依法解决。

相关知识链接

因注册商标引起的常见法律纠纷（之二）

（一）字号与商标保护相互结合的战略

公司如果在公司名称命名的过程中考虑到公司字号和公司商标一致，是不错的商标战略。客户只要记住了企业字号，也就记住了企业商标；或者记住了商标，也就记住了企业的字号。

企业在字号与商标领域的法律风险为：将他人的注册商标相同或近似的文字作为企业的字号使用，可能被诉侵权；或者自己的商标被他人作为字号使用，自身的商标权遭受侵害。防范该类法律风险的方式为：

（1）不要将与他人注册商标相同或近似的文字作为企业的字号在相同或类似商品上突出使用。《最高人民法院关于审理商标民事纠纷案件适用法律若干问题的解释》第一条第一项规定，“将与他人注册商标相同或近似的文字作为企业的字号在相同或类似商品上突出使用，容易使相关公众产生误认的”，属于《商标法》第52条第（五）项规定的“给他人注册商标专用权造成其他损害的”侵权行为。

（2）避免与他人商标中的文字和企业名称中的字号相同或者近似。国家工商局《关于解决商标与企业名称中若干问题的意见》第四条规定，“商标中的文字和企业名称中的字号相同或者近似，使他人对市场主体及其商品或服务的来源产生混淆（包括混淆的可能性），从而构成不正当竞争的，应当依法予以制止”。国家工商局《企业名称登记管理规定》第五条规定，“登记主管机关有权纠正已登记注册的不适宜的企业名称”。

（二）进行防御商标注册的战略

防御商标是指同一商标所有人将其著名商标在各种不同类别商品上分别予以注册，以防被别人在这些商品上注册该商标。注册防御商标的目的，并非是要立即使用这些商标，而是限制他人在某些其他相关类别的商品或服务上使用或注册与主商标（被防御商标）相同或相近似的商标，起到一定的防御保护作用，由于这种商标具有防御作用，故称为防御商标。例如，北京国美电器有限责任公司先后注册了“国美电器”“国美”“COME”“GUOMEI”文字和图形商标，涉及九个类别。

缺乏防御性商标注册的法律风险主要有：①近似或类似商标被他人抢注的法律风险。因为同一类别的商品中，存在多个近似或类似的商标，将直接导致商标权淡化。②相同商标在不同类别被抢注的法律风险。商标法除了对驰名商标实施跨类别保护外，并不对一般商标实施跨类别保护。他人在其他类别注册相同名称商标，必然导致企业商标权淡化，影响企业形象，限制企业未来跨行业的发展。

防范策略：在进行商标注册的时候，应考虑未来可能涉足的行业，提早进行防御性商标注册，为自身企业的发展解除一定的后顾之忧。

（三）商标转让中的法律风险及防范

1. 商标转让时未一并转让相同或者相近似的商标

一般情况下，转让的商标往往都是具有一定知名度的商标。其余在同一种或者类似商品上注册的相同或者近似的商标并不被转让人和受让人重视。然而，由于这些商标极易混淆或者淡化转让的商标，一旦出让人自行使用或者再将这些商标转让给第三方，将给受让人造成严重损害，也会造成市场对涉及的商标的混淆。

根据我国《商标法实施条例》第二十五条的规定，转让注册商标的，商标注册人对其在同一种或者类似商品上注册的相同或者近似的商标，应当一并转让。未一并转让的，由商标局通知其限期改正；期满不改正的，视为放弃转让该注册商标的申请，商标局应当书面通知申请人。

根据上述规定，防范策略为：审查转让商标是否有在同一种或者类似商品上注册的相同或者近似的商标，应当一并转让。

2. 商标转让未办理备案登记

商标转让必须要依法办理转让备案登记手续。如果自行转让商标而未办理登记，就要按照商标法的有关规定接受行政处罚。

根据我国《商标法》第三十九条规定：“转让注册商标的，转让人和受让人应当签订转让协议，并共同向商标局提出申请。受让人应当保证使用该注册商标的商品质量。转让注册商标经核准后，予以公告。受让人自公告之日起享有商标专用权。”

根据上述规定，防范策略为：转让注册商标之时，就向商标局提出申请，办理转让备案登记手续。

（四）商标许可使用的法律风险

商标权人有权许可他人使用其注册商标。我国《商标法》第四十条规定："商标注册人可以通过签订商标使用许可合同，许可他人使用其注册商标。许可人应当监督被许可人使用其注册商标的商品质量。被许可人应当保证使用该注册商标的商品质量。经许可使用他人注册商标的，必须在使用该注册商标的商品上标明被许可人的名称和商品产地。商标使用许可合同应当报商标局备案。"

商标使用许可合同存在的法律风险主要有：①超出商标使用权范围的法律风险。被许可人使用许可商标的商品或服务，应当与商标注册的使用范围一致，不得超出商标局核准使用的商品或服务的范围，否则有可能侵犯他人的商标权。②有些企业故意隐瞒实际的生产人名称和产地。未标明被许可人的名称和商品产地是法律明确禁止的。根据《商标法》第四十条第二款规定："经许可使用他人注册商标的，必须在使用该注册商标的商品上标明被许可人的名称和商品产地。"③未将使用许可合同备案。我国《商标法》第四十条第三款条规定："商标使用许可合同应当报商标局备案。"《商标法实施条例》第四十三条规定："许可他人使用其注册商标的，许可人应当自商标使用许可合同签订之日起3个月内将合同副本报送商标局备案。"

（五）商标的国际注册

中国加入世贸组织后，为了拓宽国际市场，有一定规模的企业在商标注册的时候，应考虑商标的国际注册。有些企业在国内默默发展壮大，未在国外申请商标。当某一天企业实力强大想进入国际市场的时候，却发现企业的商标已经被他人抢注了。

防范策略为抢先在自己未来的出口国家或地区申请注册商标，以使自己的品牌不因别人的抢注而不能进入。具体方式是，可以根据《商标国际注册马德里协定》，通过国家商标局向世界知识产权组织（WIPO）的国际局提交国际注册申请，这样就可以一次申请，而同时在该公约的成员国中获得注册。

（六）驰名商标的特殊保护

驰名商标是指经过有关机关（国家工商总局商标局、商标评审委员会或人民法院）依照法律程序认定为"驰名商标"的商标。

由于驰名商标既具有一般商标的区别作用，又影响范围广、被相关消费者和经营者所熟悉，具有极大的商业价值。《保护工业产权巴黎公约》《与贸易有关的知识产权协定》都对驰名商标的特殊保护作了特殊的规定。

根据《最高人民法院关于审理涉及计算机网络域名民事纠纷案件适用法律若干问题的解释》和《最高人民法院关于审理商标民事纠纷案件适用法律若干问题的解释》的规定，人民法院对依法认定的驰名商标给予特殊的保护，即对注册的驰名商标不但给予商标专有权的全部司法保护，还给予跨商品、服务类别的特殊保护。

根据《商标法》第14条规定，认定驰名商标应当考虑下列因素：①相关公众对该商标的知晓程度；②该商标使用的持续时间；③该商标的任何宣传工作的持续时间、程度和地理范围；④该商标作为驰名商标受保护的记录；⑤该商标驰名的其他因素。

驰名商标的认定方式有：行政认定和司法认定两种认定方式。行政认定是指，由商标局、商标评审委员会在商标权争议案件中，根据当事人的申请认定驰名商标的行为。司法认定是指，由设立知识产权庭的中级人民法院，在商标权争议案件中，根据当事人的申请认定驰名商标的行为。

一旦获得了驰名商标的认定，该商标就可以获得商标专有权的全部司法保护，还给予跨商品、服务类别的特殊保护。甚至将商标的保护延伸到互联网，他人将驰名商标作为域名注册，是不被允许的。鉴于驰名商标能得到优于一般注册商标的保护，有实力的企业应争取自己的商标获得驰名商标的认定和保护。

第三节 著作权侵权风险

【案例5-5】

动画片“喜洋洋与灰太狼”在全国热播后，“喜洋洋与灰太狼”的卡通形象受到了全国观众的喜爱，于是一些商家为了让产品热销，擅自将“喜洋洋与灰太狼”的卡通形象印到了产品上。

江苏省江阴市一家超市销售了印有“喜洋洋”卡通图像儿童泳裤而成为被告，经“喜羊羊与灰太狼”卡通造型著作权人的合法授权，原告上海天络行文化传播有限公司享有“喜羊羊与灰太狼”系列卡通造型作品的著作权，并有权在中国大陆地区维护该卡通形象的知识产权。原告认为超市在未经原告授权的情况下销售印有“喜羊羊”等卡通造型的儿童泳裤，侵犯了原告公司的著作财产权，于是将江阴某大型超市告上法庭，要求立即停止侵权行为，并赔偿人民币共计8万元。经过法院调解，超市赔偿原告上海天络行文化传播有限公司66 000元。

2014年的“双十一前夜探营阿里园区”新闻中，出现了大量身着“翅膀卫衣”的员工。而后，享有该款“翅膀卫衣”设计版权的设计师吉承表示阿里员工身穿的卫衣实为盗版，并写公开信向马云讨说法。据悉，该款卫衣实为菜鸟网络科技有限公司为员工购买，而这家公司恰恰是阿里巴巴旗下的。假如你是一个资深的淘宝达人，你一定对此事不会感到惊讶。进入淘宝页面，大量通过“明星同款”“香奈儿风”等字眼吸引消费者的“爆款”大部分就是侵权的假货。对此，阿里巴巴采取的态度却是通过各种渠道推广，提高这些“爆款”的点击率与销量。不得不说，阿里巴巴对于知识产权的尊重确实有待提高。

【案例分析】

超市在购货前没有对供货商是否拥有相应的知识产权进行核实，也没有对负责进货的员工进行知识产权方面的法律培训，对知识产权法律风险认识不足，缺乏内部知识产权管理机制，导致最终成为被诉对象。

而在电子商务中，据目前国内法律，同类知识产权侵权案件一般不追究网络交易平台，个别案件以淘宝作为被告也常以败诉告终。电商在知识产权保护上可谓沉疴多年。阿里案中的这位设计师的较真精神却是个好范本，不但不放过每一个侵权的细节，还发去了通知，让穿着假货的阿里员工提供购买的地点与数量。她的行为与勇气值得每个无奈的被侵权者学习。阿里这样的大企业应该懂得品牌知识产权的重要性，作为电商平台，应运用互联网技术通过后台主动与司法机关联手打击网上侵犯知识产权的行为，与公安机关形成合作机制，合理地承担大企业应有的社会责任。对于成长中的原创的中小品牌要扶植好，在网络上打造健康的品牌生长环境。

相关知识链接

一、著作权概述

著作权，是指作者和其他著作权人对文学、艺术和科学工程作品所享有的各项专有权利。它是自然人、法人或者其他组织对文学、艺术或科学作品依法享有的财产权利和人身权利的总称。著作财产权是无体财产权，是基于人类智慧所产生之权利，故属智慧财产权，是知识产权的一种。著作权自作品创作完成之日起产生，在中国实行自愿登记原则。

二、著作权的分类

（一）著作人身权

著作人身权是指作者通过创作表现个人风格的作品而依法享有获得名誉、声望和维护作品完整性的权利。该权利由作者终身享有，不可转让、剥夺和限制。作者死后，一般由其继承人或者法定机构予以保护。根据中国《著作权法》的规定，著作人身权包括：发表权，即决定作品是否公布于众的权利；署名权，即表明作者身份，在作品上署名的权利；修改权，即修改或者授权他人修改作品的权利；保护作品完整权，即保护作品不受歪曲、篡改的权利。著作人身权具有如下特点：

（1）著作人身权整体的不可转让性；

（2）不可剥夺性；

（3）个别权利的可继承性（如发表权）；

（4）著作人身权的永久性。

（二）著作财产权

著作财产权是作者对其作品的自行使用和被他人使用而享有的以物质利益为内容的权利。著作财产权的内容具体包括复制权、发行权、出租权、展览权、表演权、放映权、广播权、信息网络传播权、摄制权、改编权、翻译权、汇编权以及应当由著作权人享有的其他权利。

（三）著作权的邻接权

邻接权是指作品传播者对在传播作品过程中产生的劳动成果依法享有的专有权利，又称为作品传播者权或与著作权有关的权益。广义的著作权可以包括邻接权。狭义的著作权与邻接权的关系极为密切。没有作品，就谈不上作品的传播，因而邻接权以著作权为基础；对于著作权合理使用的限制，同样适用于对邻接权的限制，邻接权的保护期也为50年。邻接权与著作权的主要区别是：邻接权的主体多为法人或其他组织，著作权的主体多为自然人；邻接权的客体是传播作品过程中产生的成果，而著作权的客体是作品本身；邻接权中除表演者权外一般不涉及人身权，而著作权包括人身权和财产权两方面的内容。

三、企业常见的著作权纠纷

在知识产权领域，很多企业经营者对商标、专利及商业秘密会比较重视，而对于著作权的风险往往认识不够，随着我国工业化程度的不断提高，企业产品中的知识产权程度会越来越高，而其中著作权所占的成分也相应会越来越高。企业日常经营中碰到的著作权纠纷会日益显现出来，比较常见的有以下几种类型的著作权纠纷：

（一）著作权侵权纠纷

这类侵权纠纷大多在企业对外宣传、自身文化建设等过程中出现，很多企业随着自身的不断发展壮大，对外宣传的需求会越来越强烈，而对外宣传必须有一定的载体，比如说制作广告宣传画册、企业杂志，创办企业网站，利用图片对产品进行外包装、确定企业广告语、对企业进行形象设计等。而在上述载体中最常见的宣传载体就是企业广告宣传画册，企业广告宣传画册一般由图片（包括企业外观建筑、产品、车间、生产设备、许可证书、奖励证书、荣誉证书、产品商标等照片）、企业历史文字说明、产品用途、功能介绍及产品参数等内容构成，它可以最直接、最明了地展现一个企业及其产品的外观形象，使参阅人可以第一时间了解一个企业及产品的概况。因此，许多企业都会自行设计或聘请专门的设计机构为企业制作广告宣传画册，以此来提升企业的竞争力。但是往往由于著作权法律保护意识的欠缺，有些企业或设计机构为了方便，会在设计制作广告宣传画册过程中将其他同行的产品图片、产品说明书等直接为己所用，或者做些简单改动就作为自己的作品，这样很可能发生侵权。

根据著作权载体的不同，企业常见的著作权侵权有以下几种：①企业广告宣传画册和企业杂志中使用的文章、图片作品，未经权利人同意、未支付报酬而侵犯他人著作权。②企业在企业网站建设过程中，复制、抄袭他人的网页设计模式，或刊登与他人网页选择、编排基本相同的文章等构成侵权。另外，有的企业在网站上提供的文字、图片等及其上传、下载、存储等行为侵犯了他人的著作权中的信息网络传播权。③企业产品说明书、外包装设计或产品广告语抄袭同行企业而侵犯其他企业的著作权，这里所指的抄袭并非指一字不差的照搬，而是指一件作品的整体效果相同。当然，同种产品的说明书的创作，不同的作者只要系独立完成且具有独创性，即使构思相似也不会构成对他人著作权的侵犯。企业产品包装的设计应当是企业自行设计、委托他人设计或是经著作权人合法许可、转让著作权的设计。否则，随意参考他人的设计或随意利用他人的图片也容易发生侵权。④企业软件著作权侵权纠纷，这类纠纷最主要的表现就是企业购买、使用盗版软件。⑤企业销售明知是侵犯他人著作权的商品而间接侵犯他人的著作权。

（二）企业著作权归属纠纷

正如前面所述，企业为了对外宣传及企业自身运营，需要制作广告宣传画册或是编写企业杂志，进行网站建设，开发软件等。这些宣传资料的制作所需要的文字、图片、影像、网站页面、程序、计算机软件等作品，要么是由企业员工创作，要么委托专门的设计机构或是网络公司制作，这里就会发生这些作品的著作权归属问题。主要是区分职务作品与非职务作品，确定委托作品的权利归属等问题。我国《著作权法》第16条规定，公民为完成法人或者其他组织工作任务所创作的作品是职务作品，除本条第 2 款的规定以外，著作权由作者享有，但法人或者其他组织有权在其业务范围内优先使用。作品完成 2 年内，未经单位同意，作者不得许可第三方以相同方式使用该作品。有下列情形之一的职务作品，作者享有署名权，著作权的其他权利由法人或者其他组织享有，法人或者其他组织可以给予作者奖励：①主要是利用法人或者其他组织的物质技术条件创作，并由法人或者其他组织承担责任的工程设计图、产品设计图、地图、计算机软件等职务作品。②法律、行政法规规定或者合同约定著作权由法人或者其他组织享有的职务作品。《著作权法》第 17 条规定，受委托创作的作品，著作权的归属由委托人和受托人通过合同约定。合同未作明确约定或者没有订立合同的，著作权属于受托人。但是，尽管我国法律对职务作品及委托作品的著作权归属作了规定，但现实生活中，企业与职工间，企业与设计单位、网络公司间还是常发生权属纷争，特别是计算机软件著作权权属发生纠纷的事件越来越多。

（三）企业著作权合同纠纷

《著作权法》规定，使用他人享有著作权的作品主要通过双方当事人订立著作权转让合同和取得著作权使用许可进行的。企业在经营过程中会发生包括购买计算机软件、购买相关作品的版权等交易。如果在对这些他人享有著作权的作品的采购中不订立书面合同，或是书面合同内容不详细明确，就会为日后双方间发生纠纷埋下隐患，甚至因为在合同订立过程中审查不当，会发生著作权侵权事件。这类纠纷包括著作权转让合同纠纷、著作权许可使用合同纠纷、出版合同纠纷等。

四、企业应提高著作权意识，签订周详的书面合同

企业要充分认识到，作品都是智力成果，是脑力劳动的产物，应当尊重著作权人的权利，增强守法观念与意识，养成独立创作的习惯。若需要使用他人的作品，应当征得权利人的同意，并签署书面转让或许可协议。要与设计部门、网络公司或广告公司签订严密的合同，约定著作权侵权风险由这些单位承担之外，还应要求这些单位声明作品为其独立创作，并由其提供侵权赔偿担保。

在内部管理过程中，如果涉及企业与员工间的著作权事宜，企业与员工应事先就相关著作权权利归属订立书面协议。例如：企业与员工间就开发软件订立权属协议，明确约定著作权的归属，因为计算机软件的开发不是企业个别员工短期可以完成的项目，而是一项长期性的企业员工集体的劳动，需要企业资金的投入，更需要大量的人力资源成本。因此，对于计算机软件开发的成果，最好事先由企业与员工双方约定著作权的归属。在一般情况下，约定由企业享有企业员工计算机软件职务作品的著作财产权，让企业前期大量的付出能够获得合理的回报。同时，合同中也应保障参与员工的署名权等人身权利，另外对有贡献的员工也应约定奖励。企业对于企业杂志、广告画册、对外宣传资料在编辑、出版、发行等方面，应当与员工对作品的署名权、修改权、复制权、发行权、出租权、展览权、表演权、放映权、广播权、信息网络传播权、摄制权、改编权、翻译权、汇编权、转让权、获得报酬权等权属有一个明确的公平合理的约定。与相关编辑、出版、发行单位签订详细的合同，以明确责任与权利归属，避免以后发生纠纷。

企业在经济往来中会签订大量的著作权使用许可合同，以计算机软件许可合同最为常

见，应当注意：①查明著作权、许可权是否具有合法著作权或著作权授权证明，著作权、许可权是否存在许可合同的限制，因为独占性的授权许可的被许可人是禁止将著作权再许可给他人的。这里还需要指出的是，在我国目前著作权登记采取的是自愿登记的原则，非强制性登记，故而从国家版权保护中心或各省级版权局查询到的著作权登记情况只是著作权权属的初步证明，不能作为著作权权属的确认证明。②合同中应当明确许可的是哪部分著作财产权及许可使用权的性质，著作财产权的种类前面已作了论述，包括复制权、发行权、出租权、信息网络传播权等。合同中未被许可的权利，被许可人不得行使。许可使用权的性质包括专有（或称为“独占”）使用权和非专有使用权，专有使用权的被许可人有权排除包括著作权人在内的任何人以同样方式使用作品。③合同还应明确许可使用的地域、期间，特别是要区分中国内地、香港特别行政区、澳门特别行政区、中国台湾地区。④合同还应明确许可使用报酬的支付时间与方式。在著作权使用许可合同纠纷中，很大部分是许可报酬的纠纷，因此在订立合同时就应当十分明确载明报酬的多少及支付时间、方式等。⑤最好在合同中约定“作者著作权及作品合法性保证条款”，在此条款中，许可人承诺保证著作权无瑕疵，作品不侵犯他人肖像权、名誉权、姓名权等人身权内容，否则，许可人应承担相应责任。

第四节 商业秘密侵权风险

【案例 5 –6】

杭州 A 化学制品有限公司系专业生产化工产品的知名企业。自 1990 年开始，陆续开发了“去油灵”、高温匀染剂、碱减量促进剂、氨基硅酮织物整理剂等技术产品。部分产品获得过国家技术鉴定和技术奖励，其中“去油灵”是国家级新产品。

萧山 B 染料助剂厂、萧山 C 染化助剂厂、杭州 D 精细化工厂自 1993 年开始，采用利诱手段，贿赂 A 公司掌握该技术的一名职员陈某，非法获取了上述技术的产品配方、制作工艺、制作方法等技术秘密。随后，上述三厂大量制造了侵权产品，获得了巨额经济利益。

A 公司随后向杭州市中级人民法院提起诉讼要求判令三被告立即停止侵犯原告商业秘密的行为，赔偿原告损失 800 万元。

【案例分析】

本案的争议焦点有三：

（1）原告生产的技术产品是否属于原告的商业秘密？原告认为这些技术产品具有技术性、秘密性、经济性和实用性，并且采取了保密措施，属于原告商业秘密。被告认为这些技术产品属于公知、公用的现有技术，不符合商业秘密的构成条件，不属于商业秘密。

（2）商业秘密是否具有独立性？原告认为商业秘密不同于专利，同一项商业秘密可由两个以上的主体分别独立掌握和使用。由于被告早于原告掌握和生产了原告所谓的“侵权产品”，因而即使这些产品配方属于商业秘密，被告在原告开始生产这些技术产品后继续生产和销售，也不构成侵权。原告则认为，原告的技术具有技术性和秘密性，完全不同于被告所谓的“自有技术”，被告尚未掌握，才会使用非法手段获得原告技术秘密。

(3) 被告有无因侵权而获利？原告要求被告赔偿损失有无事实依据？原告认为被告获取技术后，进行了大量的生产，按被告销售侵权产品的数量和同类行业的一般利润计算，被告应赔偿原告损失 800 万元，被告则否认生产、销售事实。

原告代理律师在代理诉讼过程中，调取了陈某商业受贿罪的案卷和税务机关关于被告进行税务检查所取得的增值税发票等材料，从而取得了证明被告采用利诱手段获取原告技术并大量生产销售侵权产品的充分证据，并围绕对商业秘密侵权行为构成要件的分析，认为被告构成了对原告商业秘密的侵权，应承担本案的民事责任。

法院认为：三被告采用非法手段，获取并使用 A 公司的“去油灵”、高温匀染剂、碱减量促进剂、氨基硅酮织物整理剂等技术，侵犯了 A 公司的商业秘密，属于不正当竞争，应承担过错责任。三被告应停止使用并不得披露上述 A 公司的技术信息，赔偿 A 公司损失。

经过庭审后，被告萧山 B 染料助剂厂、杭州 D 精细化工厂与原告达成调解书，两被告保证不再生产、销售原告的技术产品，保证不再泄露上述产品配方、流程，并赔偿原告一定的经济损失。被告萧山 C 染化助剂厂因严重资不抵债，在诉讼期间歇业清算，法院将其清算单位萧山市 E 村村民委员会列为被告，在调解无效后作出一审判决，判令 E 村村民委员会用萧山 C 染化助剂厂企业剩余资产支付原告损失款 34 614.91 元，赔偿原告损失 81 005.09元。宣判后，E 村村民委员会未上诉。

商业秘密最大的特点就是秘密性，不为公众所知悉，所以企业保护商业秘密过程中最大的法律风险就是时刻面临着商业秘密泄露的风险，泄露的渠道可能在企业内部，也可能在外部。

相关知识链接

一、商业秘密概述

商业秘密，根据《反不正当竞争法》的规定，商业秘密指不为公众所知悉、能为权利人带来经济利益、具有实用性并经权利人采取保密措施的技术信息和经营信息。受法律保护的技术信息和经营信息必须具备四个条件：①不为公众所知，即秘密性；②具有经济价值；③具有实用价值；④采取了保密措施。从广义上讲，构成一个企业竞争优势的任何机密的商业信息都可以被认为是商业秘密，除持有人以外的任何人未经许可使用这些信息都将被认为是一种不公平的行为和侵犯了商业秘密。根据《反不正当竞争法》第 10 条规定，经营者有下列情形之一的，即属侵害他人的商业秘密：①以盗窃、利诱、胁迫或者其他不正当手段获取权利人的商业秘密；②披露、使用或者允许他人使用前项手段获取的权利人的商业秘密；③违反约定或者违反权利人有关保守商业秘密的要求，披露、使用或者允许他人使用其所掌握的商业秘密。第三人明知或者应知前款所列违法行为，获取、使用或者披露他人的商业秘密，视为侵犯商业秘密。当事人有上述行为之一，给企业造成损害后果的，企业可以向有管辖权的人民法院提起诉讼，请求被告承担停止侵权和赔偿损失的民事责任。

商业秘密与其他知识产权相比，具有如下几个特点：①商业秘密保护范围广泛。与专利制度保护的专利相比，商业秘密制度保护的技术范围更大，凡是能够用专利制度保护的专有技术都可以采用商业秘密制度来保护；而有些可借助商业秘密保护的技术，专利制度则无能为力。②商业秘密保护成本低。商业秘密保护无需申请专利、维护专利的费用，其成本相对较低。③商业秘密保护没有期限限制。专利保护则具有期限性，专利期满后，发明创造进入公有领域，所有人都可以免费实施。而若采用商业秘密的方式保护，只要企业保密工作做得好且不泄密，就可以永远使用下去。因此，对技术难度大，预计其他企业在一定期限内不可能开发出来的专有技术，企业应考虑选择采用商业秘密方式进行保护。

二、常见的商业秘密法律风险

商业秘密法律风险中最根本的就是商业秘密的泄露风险。企业应注意如下环节发生商业秘密泄密的法律风险：

（一）核心人才的流动泄露商业秘密

掌握商业秘密的技术人员或管理人员被业务竞争的单位“挖走”，是企业商业秘密泄露的主要途径。

防范人才流动导致的商业秘密泄露，应注意从签署与核心人才的劳动合同入手，在与他们的劳动合同中，应对商业秘密的保护作出明确的约定。

（二）非法“卧底”导致商业秘密泄露

某些公司为了减少成本，采取向对手委派“卧底”（商业间谍）的方式，获取竞争对手的商业秘密。

为了避免这种商业间谍导致商业秘密泄密，企业的人事主管部门在核心人才的人事任免、聘用方面，应仔细审查被录用的职员的职业背景和经历，辨别是否可能系竞争对手委派的“卧底”。

（三）发表学术论文带来商业秘密的泄密

某些企业的专业人士为了建立和巩固其个人在本领域的学术地位和专业威望，通过发表学术论文的形式，介绍其最先进的研究成果。论文发表后，该技术进入了公众视野，企业无法通过商业秘密来保护该技术。

企业防范发表论文泄露商业秘密的法律风险的方法是：企业与职员签署合同，约定工作范围内的技术和方法不得以讲座、技术交流、发表论文等任何形式泄露。

（四）接待来访等原因泄露商业秘密

明星企业通过接受采访、参观等途径，可以提高企业的公众形象。然而，采访、参观本身也是商业秘密泄露的重要渠道。

防范类似风险的方法是，企业建立完善的对外接待方式，注意在接受采访和参观过程中商业秘密的保护；组织的参观应避开核心的敏感区域；与来访者、参观者签订保密协议；不把最核心的秘密介绍给来访记者等。

三、企业应建立保密机制

（一）对内部员工的保密制度

1. 以签署保密协议来约束在职员工

《劳动法》第22条规定，劳动合同当事人可以在劳动合同中约定保守企业商业秘密的有关事项；《劳动合同法》第23条规定，用人单位与劳动者可以在劳动合同中约定保守用人单位的商业秘密和与知识产权相关的保密事项。

与员工签署保密协议是企业保护自身商业秘密的一项重要措施，一旦员工将企业商业秘密泄露，企业可要求其赔偿，构成刑事责任的，可向公安机关报案要求立案侦察。

2. 签署竞业限制条款来约束离职员工

《劳动合同法》第23条规定，对负有保密义务的劳动者，用人单位可以在劳动合同或者保密协议中与劳动者约定竞业限制条款，并约定在解除或者终止劳动合同后，在竞业限制期限内按月给予劳动者经济补偿。劳动者违反竞业限制约定的，应当按照约定向用人单位支付违约金，这是企业与劳动者签订保守商业秘密的法律依据。

所谓竞业禁止是指在劳动关系中或曾经存在的劳动关系中，劳动者负有保护用人单位的商业秘密，不得兼职从事与用人单位相同或者类似业务的竞争性行为。竞业禁止作为一项禁止性规则，其主要的价值是保护商业秘密。凡有这种约定的，单位应向有关人员支付一定数额的补偿费。

（二）对外部人员的保密制度

外部人员是指企业员工之外的人，如被许可使用人，与企业进行谈判、协商的商业伙伴或参观者等。

对于商业合作伙伴、被许可人、供应商、客户等，应当在与其的业务合同中明确约定商业秘密的保密条款，或者另行签署保密协议。有些合同双方互负保密义务，如《技术开发合同》；有些合同单方负有保密义务，如《委托开发合同》，一般来说开发完成的技术秘密归委托方所有，受托人负保密义务。

对于到企业的参观者、访问者可能接触到企业的文件资料、生产车间、工艺流程等，应当在企业保密制度中设置访问流程、陪同人员及权限等来规范，以保护企业的商业秘密。

（三）完善对物的保密制度

这里所说的对物的保密制度是指采取物理的保密措施。比如，设立专门的文件室保管技术资料，设立摄像头、设立分级的打卡权限制度、设立计算机防火墙等物理防护措施来保护商业秘密。此类保护制度需要有专门的安保人员实施。

（四）确定知识产权保护方法的综合保护

对于很多商业秘密，企业可以适用多种知识产权的综合保护。

假设公司研制了一种新产品，通过技术人员和法律专家分析，其中某一创新点在产品投放市场后易于被“反向工程”解密，而其他都是不易被产品所反映的工艺程序、结构等信息，那么企业可以针对那一项创新点去申请专利的保护，而对其他适用商业秘密的保护。同时，对于产品开发阶段以图纸、配方、实验报告等有形的载体表现出来的无形技术知识，又可以对这些图纸、文件等加以《著作权法》的保护。如果，一旦这项含有商业秘密的产品享有盛誉占领了市场，还可以借助《商标法》的保护，其他人即使利用了同样的方法或配方制成了同样的产品，但由于不能使用该畅销商品的注册商标，也就不能挤占该畅销产品的市场从而获利。例如，驰名全球的可口可乐饮料，即使有人分析出其配方，制成同样的饮料，也仍不能使用“可口可乐”商标，不可能轻易进入市场，打开销路。由此《商标法》对商业秘密也起到了一定程度的保护作用。

知识拓展

一、知识产权的含义

知识产权是一个经过长期发展、不断演变而形成的概念。广而言之，是指智力活动在工业、科学、文学和艺术等领域所产生的合法权利。权利人对其所创作的智力劳动成果所享有的专有权利，一般只在有限时间内有效。各种智力创造比如发明、文学和艺术作品以及在商业中使用的标志、名称、图像以及外观设计，都可被认为是某一个人或组织所拥有的知识产权。《世界知识产权组织公约》所界定的知识产权范围，包括：①关于文学艺术和科学作品的权利；②关于表演艺术家的表演、录音和广播的权利；③关于人类在一切领域内的发明的权利；④关于科学发现享有的权利；⑤关于工业品外观设计的权利；⑥关于商品商标、服务商标、商号及其他商业标记的权利；⑦关于制止不正当竞争的权利；⑧其他一切来自工业、科学及文学、艺术领域的智力创作活动所产生的权利。

二、知识产权的法律特征

1. 知识产权

知识产权是一种无形财产权利，这是与有形财产权相比较而言。

（1）权利主体：物权的一物一主与知识产权的一物多主。

（2）权力客体：物权的有形物是载体；客体是智力成果，表现为一定的信息。

（3）权利内容：物权是对物的财产的占有、使用、处分和收益，通常是与物联系在一起的；知识产权不占据空间，难以实际控制，容易脱离所有人的占有。内容主要是许可使用、转让，与物分离并可以多次平行行使。

2. 知识产权的专有性

其含义是指：第一，智力成果所有人对自己创造的智力成果享有独占权，任何人非经权利人许可都不得享有或使用其智力成果，否则即属侵犯权利人的专有权；第二，权利人对自己的智力成果享有专利，可以在不违反法律的前提下以自己认为合适的任何方式使用自己的智力成果，并因使用而获得利益，也可以因允许他人使用该智力成果而收取报酬；第三，对同一项智力成果，例如同样的发明，不允许有两个或几个同种知识产权并存，即一个专利权排斥另一个同一发明专利权；第四，一项智力成果只能授予一次专有权，即一部作品、一个商标、一项专利，专有权的授予只有一次。

3. **知识产权的时间性**

知识产权的时间性，即知识产权仅在一个法定的期限内受到保护，法律对知识产权的有效期作了限制，权利人只能在一定的期限内对其智力劳动成果享有专有权，超出这一期限，权利便会终止，其智力成果便进入公有领域，任何人都可自由使用而不发生侵权问题。知识产权中各类专有权时间限制有所不同，对知识产权加以时间上的限制，是为解决保护智力成果创造者合法权益和促进科学、技术、文化进步之间的矛盾的需要。

4. **知识产权的地域性**

知识产权的地域性，指依照一个国家的法律确认和保护的知识产权，只在该国领域内具有法律效力，在其他国家原则上不发生效力。在国际公法领域签订了许多国际公约或双边及多边协议，使知识产权保护趋于国际化。但地域限制不可能完全取消，因为，即使按照国际公约，各类知识产品在国外要取得知识产权，仍须遵守进口国的法律规定，而各国法律的有关规定是不尽一致的。

三、知识产权的分类

（一）按照知识产权内容划分

按照知识产权内容，知识产权划分为文学艺术知识产权、工业知识产权和其他知识产权。

文学艺术知识产权：著作权、邻接权。

工业知识产权：专利权、商标权。

其他知识产权：商业秘密权、厂商名称原产地名称。

工业产权与著作权的主要区别：

（1）著作权和工业产权的标的所反映的领域和作用不同，其表现形式也有所区别。

（2）与工业产权相比，著作权的独占性和排他性程度更弱些。

（3）两者产生的程序不一样。由于著作权制度赋予独立完成同样或相似作品的作者均享有著作权，所以，著作权通常可以自动产生。工业产权的排他性导致必须由特定的机构、法律机制完成必要的技术和法律上的鉴别、审查授权方可产生。

（二）按照内容组成划分

按照内容组成，知识产权划分为人身权利与财产权利。

1. **人身权利**

按照内容组成，知识产权由人身权利和财产权利两部分构成，也称之为精神权利和经济权利。

所谓人身权利，是指权利同取得智力成果的人的人身不可分离，是人身关系在法律上的反映。例如，作者在其作品上署名的权利，或对其作品的发表权、修改权等，即为精神权利。

2. **财产权利**

所谓财产权是指智力成果被法律承认以后，权利人可利用这些智力成果取得报酬或者得到奖励的权利，这种权利也称之为经济权利。它是指智力创造性劳动取得的成果，并且是由智力劳动者对其成果依法享有的一种权利。

（三）按照知识产权的特性划分

按照知识产权的特性，知识产权划分为创造性成果权和识别性标记权。

创造性成果权包括：专利权，工业品外观设计权，集成电路布图设计权，商业秘密权，著作权，邻接权，计算机软件等。

识别性标记权包括：商标权，商号权（厂商名称），地理标记权（原产地名称、货源标记），反不正当竞争法中的识别性标记权等。

四、国际知识产权保护

1970 年 4 月 26 日《世界知识产权组织公约》生效，世界知识产权组织正式成立。1974 年 12 月世界知识产权组织成为联合国的一个专门机构，总部设在日内瓦。属于其管理的条约包括《保护工业产权巴黎公约》《保护文学和艺术作品伯尔尼公约》《商标国际注册马德里协定》等共 28 个。其中《保护表演者、录音制品制作者与广播组织罗马公约》（以下简称《罗马公约》）由世界知识产权组织、联合国教科文组织、国际劳工组织共同管理。不属于世界知识产权组织管理的重大的国际知识产权公约有两个：一是联合国教科文组织主持签订的《世界版权公约》；二是属于关贸总协定的《与贸易有关的知识产权协定》。

五、科学技术的发展对知识产权提出的新课题

以集成电路、计算机软件、多媒体、卫星传播、生物工程为主的当代高新技术成为知识产权的新客体，如互联网上的著作权保护问题、搜索引擎链接的法律问题、电子商务中的知识产权保护问题、基因技术、动植物品种的知识产权保护问题等。如何对其保护，正成为世界各国的一大新课题。知识产权保护制度随着新世纪的来临，知识经济正悄然兴起。当前，我国也和其他国家一样正在积极采取措施，准备迎接知识经济的挑战。从知识产权的角度看，知识经济的核心主要是知识产权的开发和利用。因此，知识经济时代加强和完善知识产权的法律保护，营造一个鼓励知识竞争、知识创新，适合知识经济发展的法制环境显得尤为重要。知识经济的到来必将引起社会诸多方面的深刻变革，世界上很多国家都在大力修改知识产权法律。我国是一个发展中国家，虽然目前尚处于工业化过程中，与知识经济还有一段距离，但是我们可以考虑从局部突破，在一些尖端领域达到世界领先水平，进而再使之普及化。这就要求我们必须建立健全一套前瞻性很强的知识产权法律体系，从某种意义上讲，这种超前的立法将有助于我国早日从工业经济迈入知识经济时代。根据知识经济的特点，我国的知识产权法应主要从以下几个方面加以完善：①加大知识产权的保护力度，扩大知识产权保护范围。②知识产权保护国际化程度应进一步加强。③知识产权保护期限应适当缩短。④国家还应进一步完善适应知识经济发展的知识产权司法保护体系、行政执法体系和协调指导机构等，以加强对知识产权的保护，推动知识经济发展。

学生实操

工程师王某开发了一种计算机软件，某计算机公司闻讯后打算购买，但因价格问题双方未达成协议。计算机公司遂复制后自用。问题：

1. 计算机公司的做法是否侵权？
2. 计算机软件著作权保护哪些内容？
3. 计算机软件著作权保护期如何计算？

思考与练习

一、单项选择题

1. 甲比乙早一周完成了一个相同的发明，但乙比甲早一天提出了专利申请，若此发明符合授予专利的条件，请问应当将专利授予（　）。

A. 甲

B. 乙

C. 甲、乙共有

2. 在下列主题中，（　）可获得外观设计专利的保护。

A. 饮料

B. 饮料的配方

C. 饮料的包装盒

3. 管理专利工作的部门在专利权人请求其处理侵犯专利权的行为时，可以（　）。

A. 认定侵权行为成立，责令停止侵权行为并确定赔偿数额

B. 认定侵权行为成立，责令停止侵权行为并就赔偿数额进行调解

C. 认定侵权行为成立，责令停止侵权行为，但不得就赔偿问题进行调解或确定赔偿数额

4. 根据《著作权法》，表演者对其表演所享有的权利是（　）。

A. 表演权

B. 表演者权

C. 肖像权

5. 植物新品种权的申请由（　）负责受理和审查。

A. 国务院农业、林业行政管理部门

B. 国家知识产权局

C. 国家工商行政管理总局

6. 在我国，集成电路布图设计权的行政处理部门是（　）。

A. 国家知识产权局

B. 国家工商行政管理局

C. 国家版权局

7. 集成电路布图设计权的保护期限是（　）年。

A. 10

B. 5

C. 20

8. 我国专利法规定，外观设计专利权的保护范围（　）。

A. 以外观设计专利本身为准

B. 以外观设计专利产品为准

C. 以图片和照片为准

D. 以表示在图片或者照片中的该外观设计专利产品为准

9. 下列国际公约和多边协定中，没有著作权保护内容的是（　）。

A. 《巴黎公约》

B. 《伯尔尼公约》

C. 《世界版权公约》

D. 《与贸易有关的知识产权协定》

10. 商业秘密受保护的条件中不包括（　）。

A. 未公开性

B. 创造性

C. 实用性

D. 保密性

11. 为生产经营目的使用或者销售不知道是未经专利权人许可而制造并售出的专利产品，能证明其使用或者销售的产品具有合法来源的，依法应当（　）。

A. 承担全部赔偿责任

B. 不承担赔偿责任

C. 与制造商共同承担赔偿责任

D. 承担部分赔偿责任

12. 商标权人在注册商标有效期满前，未能办理续展注册手续，它可以在注册商标有效期满之日起多长时间内继续办理续展注册手续？（　）

A. 6 个月

B. 9 个月

C. 12 个月

D. 18 个月

13. 在下列保护知识产权的国际公约中，最先规定保护驰名商标的是（　）。

A. 《伯尔尼公约》

B. 《与贸易有关的知识产权协定》

C. 《商标国际注册马德里协定》

D. 《巴黎公约》

14. 著作权法规定的出租权适用于以下所列的哪一类作品？（　）

A. 音乐作品

B. 美术作品

C. 电视剧

D. 文字作品

15. 某市残联出于关心和扶持残疾人事业的目的，未经刘某同意，将刘某已出版的中文版《知识经济与信息革命》一书翻译成盲文出版。根据我国著作权法的规定，市残联这一行为属于（　）。

A. 合理行为

B. 强制许可使用

C. 法定许可使用

D. 侵权行为

16. 在我国就新型电视机的制造方法可以提出（　）。

A. 发明和实用新型专利申请

B. 发明和外观设计专利申请

C. 发明、实用新型和外观设计专利申请

D. 发明专利申请，不能申请实用新型或外观设计专利

17. 甲厂自2013年起在其生产的炊具上使用“红灯笼”商标，并于2015年8月向商标局提出该商标的注册申请。乙厂早在2015年6月就向商标局提出申请，为其炊具产品注册“红灯笼”商标。该“红灯笼”商标专用权就应归属于（　）。

A. 甲

B. 乙

C. 甲和乙

D. 甲乙协商确定的一方

二、简答题

1. 如何界定职务发明创造和非职务发明创造?

2. 对专有技术专利保护与商业秘密保护方式的比较及选择。

项目六 创业企业经济纠纷的解决途径

项目导入

企业在经济活动中，难免会发生经济纠纷，一旦发生了纠纷，经营者都希望尽快解决，保护自己的合法权益，尽快从经济纠纷官司中解脱出来，将精力集中到经营上去。经济纠纷指企业作为独立的经济组织与企业外部其他法人、公民、经济组织及社会团体等平等主体之间，因民事权利、义务而发生的争议。主要涉及：合同纠纷、财产权益纠纷、涉外经济纠纷。经济纠纷的法律解决途径有仲裁、行政诉讼、诉讼等。

通过本项目的学习，让学生理解经济纠纷的概念，掌握经济纠纷解决方式的种类；掌握仲裁法的基本理论、基本知识、基本概念；理解民事诉讼法的基本理论、基本知识、基本概念；理解经济仲裁和诉讼的程序，能够解决简单的经济和民事纠纷。学生应重点掌握仲裁和诉讼的基本原则和基本内容，帮助其在创业过程中遇到经济纠纷时能选择合适的解决途径。

第一节 仲裁

【案例6－1】

甲公司与乙研究院签订了一份技术合同，约定双方联合开发研制一种营养口服液。合同中的仲裁条款约定："因履行合同发生的争议，由双方协商解决。协商不成，由仲裁机构进行仲裁。"

在履行合同中，双方发生了争议，乙提出在本单位所在地A市申请仲裁，甲不同意。后经过双方协商重新达成仲裁协议，约定将合同争议提交甲所在地的B市仲裁委员会进行仲裁。

事后，乙担心B市仲裁委员会实行地方保护主义，又转而向合同履行地的C市人民法院起诉，但未向法院说明此前曾有两份仲裁协议。

法院受理了乙的起诉，并向甲送达了起诉的副本，甲参加诉讼并进行了答辩。法院经审理后判决甲败诉。甲立即上诉，理由是：甲、乙之间事先有仲裁协议，法院不应受理此案，故法院的判决无效。

问：甲的理由能否成立?

【案例分析】

本案核心：仲裁协议的法律效力以及仲裁与诉讼的关系。

第一份仲裁协议（合同中的仲裁条款）因不具备仲裁协议的必要内容而无效。由于合同当事人没有指定具体的仲裁委员会，该仲裁条款实际无法履行，因而无效。

第二份仲裁协议有效。甲、乙经过再度协商，共同选定B市仲裁委员会作为仲裁机构，符合仲裁协议的必备内容，有法律效力。

乙向C市人民法院起诉不合法。第二份仲裁协议有效，当事人应当依照约定向B市仲裁委员会申请仲裁。C市人民法院如果知道甲、乙之间有第二份仲裁协议，将不会受理乙的起诉。

C市人民法院审理甲、乙之间的合同争议有合法依据。由于乙起诉时并没有向C市人民法院声明甲、乙之间有仲裁协议，法院予以受理。当起诉副本送达甲时，甲不仅没有在首次开庭前提出异议（声明甲、乙之间有仲裁协议，法院不应当受理），还出庭进行答辩，视为甲自动放弃了仲裁协议，C市人民法院有权依法进行审理并作出判决。

因此，甲如果在C市人民法院首次开庭前提出异议，法院将不能受理此案，但当法院已经依法判决后再提出异议，异议不能成立。

相关知识链接

一、仲裁的概念、特点及适用范围

1. 仲裁的概念

仲裁即居中“公断”，是指当事人双方发生纠纷后，基于当事人双方约定，由特定的仲裁机构作出具有约束力的裁决，以解决纠纷的一种方式。仲裁较诉讼程序具有简便、迅速、便宜和保密等优点，是国际上常用的、重要的解决争议方式。仲裁，依据争议的性质可分为民事仲裁、行政仲裁、经济仲裁、劳动仲裁等。当前我国对涉及经济纠纷的仲裁有经济合同仲裁、技术合同仲裁、劳动争议仲裁、著作权纠纷仲裁、房产纠纷仲裁、国际经济贸易仲裁和海事仲裁。

2. 仲裁的特点

第一，权威性。民商事纠纷往往涉及专业知识领域，由于仲裁机构属于民间组织，仲裁员是由各种专家、行家担任，故纠纷一般能得到公正裁决，裁决具有很强的权威性。

第二，自治性。仲裁是当事人自愿选择的争议解决方式，而且还可以选择仲裁机构，选择仲裁员，更能体现当事人的意愿，也使双方更容易接受仲裁的处理，自觉执行裁决。一方不同意仲裁，仲裁机构即不得受理。

第三，经济性。仲裁是一裁终局制，程序比较简单，不仅耗时少，而且费用低，与诉讼制度相比，对当事人更具有吸引力。

第四，保密性。仲裁一般不公开审理，有利于保护当事人不愿泄露的商业秘密。

第五，强制性。仲裁程序虽不同于诉讼程序，但是，仲裁裁决同样具有法律效力，并可以在司法机关的支持下获得强制执行的效力。

3. 仲裁的适用范围

根据《仲裁法》的规定，平等主体的公民、法人和其他组织之间发生的合同纠纷和其他财产权益纠纷，可以仲裁。

下列纠纷不能提请仲裁：①关于婚姻、收养、监护、扶养、继承纠纷；②依法应当由行政机关处理的行政争议；③劳动争议和农业集体经济组织内部的农业承包合同纠纷的仲裁。

二、仲裁基本原则

1. 裁审自愿原则

发生经济纠纷时，是通过仲裁还是通过司法审判来解决，完全取决于当事人双方的自愿选择。对此选择权任何组织和个人不得干预。如果选择仲裁，双方当事人在选择上意思表示必须一致，即对争议的解决有选择仲裁和确定仲裁机构的书面约定，才可将争议提请仲裁机构进行仲裁。没有书面约定选择仲裁，争议发生后，不能将争议提请仲裁，仲裁机构也不会受理，在此种情况下，当事人只能向法院提起诉讼。

实践中有两种情况值得注意：

（1）双方曾达成仲裁条款或仲裁协议，一方当事人反悔又向法院起诉，另一方当事人在答辩前提出异议，法院将作出不受理的裁定，让双方回到仲裁程序。可见，裁与审虽然取决于当事人的选择，但选择本身意味着在双方协商一致下产生，一旦协议达成，任何一方不可单方反悔。

（2）双方曾有仲裁条款或仲裁协议，一方当事人在争议发生后未提起仲裁，而是向法院起诉，另一方未提出异议并参加答辩，一旦进入法庭辩论程序，就意味着另一方当事人默认了对方放弃仲裁重新选择诉讼的抉择，等于双方用行为变更或者说放弃了仲裁，而选择了诉讼。所以，在一方当事人起诉后，另一方不愿以诉讼方式解决必须在答辩前提出异议，向法庭出示曾有的仲裁协议，而使双方进入仲裁程序。

2. 根据事实，依法仲裁原则

以事实为根据，以法律为准绳是司法原则。仲裁作为准司法行为，必须遵守。要求仲裁委员和仲裁员在调解、仲裁纠纷过程中，必须根据事实，依法律规定，公平合理地解决纠纷。

3. 当事人在仲裁中权利平等原则

双方当事人的法律地位平等也是一项司法原则。无论双方的经济性质如何，隶属关系如何，规模大小，一方不能凌驾于另一方之上，更不能利用其地位和社会影响凌驾于仲裁庭之上或干扰仲裁庭工作，双方均可聘请律师作代理人，陈述自己的反请求。如果是在少数民族地区还必须使用当地民族通用的语言文字。

4. 仲裁机构依法独立仲裁原则

各个仲裁委员会对所受理的合同纠纷依事实和法律独立进行仲裁，不受行政机关、社会团体和个人的干涉。仲裁已由行政管理的功能转向民间、居中、公正的与国际惯例接轨的仲裁。任何行政机关、社会团体和个人不得凭借自己的职权和关系对仲裁机构施加压力、施加影响，使其作出不公正的裁决，从而保证仲裁活动能依法、公正、公平合理地进行。

5. 仲裁不公开进行制度

仲裁庭在对经济合同案件进行仲裁时，不能在有除合同当事人之外的第三人在场时公开进行，也不能将仲裁过程向新闻界公开。这一原则是为了保护当事人的合法权益，因为仲裁过程中涉及大量当事人的经济情报和商业秘密，如果公开仲裁过程，必将使这些为当事人所拥有的有价值的商业信息公开泄露，使竞争对手从中渔利，使当事人遭受损失。当然，如果当事人协商双方同意公开仲裁，仲裁机构也可公开进行，但如果仲裁机构认为涉及国家机密的合同纠纷，也不能公开仲裁。

6. 一裁终局制度

一裁终局原则的含义是：仲裁机构对经济合同纠纷的仲裁只进行一次，仲裁的结果是终局的。裁决作出后当事人不可再要求仲裁机构进行仲裁，也不可再向法院起诉。这一原则的目的是缩短仲裁时间，提高结案效率。过去我国实行两级仲裁制，仲裁之后，不服裁决还可起诉。实践证明，这种既裁又审的制度，环节多、效率低、结案慢，不利于当事人的权益保护。所以，为加快解决纠纷的速度，新仲裁法与国际惯例接轨，实行或裁或审制，即要么仲裁，要么向法院起诉，二者只能择其一，不可兼得。当然，如果仲裁机构作出的裁决被人民法院依法裁定撤销或者不予执行，当事人就纠纷可以重新达成仲裁协议再次向仲裁机构提请仲裁，也可以直接向人民法院提起诉讼。

三、仲裁机构

我国的仲裁机构包括仲裁委员会和仲裁协会。

1. 仲裁委员会

由于仲裁委员会应当由当事人协议选定，仲裁不实行级别管辖和地域管辖，为此，仲裁委员会可以在直辖市和省、自治区人民政府所在地的市设立，也可以根据需要在其他设区的市设立，不按行政区划层层设立。仲裁委员会独立于行政机关，与行政机关没有隶属关系。仲裁委员会之间也没有隶属关系。

仲裁委员会由主任 1 人、副主任 2 ~ 4 人和委员 7 ~ 11 人组成，其中法律、经济贸易专家不得少于2/3。仲裁委员会应当从公道正派的人员中聘任仲裁员。仲裁员应当符合下列条件之一：①从事仲裁工作满八年的；②从事律师工作满八年的；③曾任审判员满八年的；④从事法律研究、教学工作并具有高级职称的；⑤具有法律知识、从事经济贸易等专业工作并具有高级职称或者具有同等专业水平的。

2. 仲裁协会

中国仲裁协会是社会团体法人。中国仲裁协会实行会员制。各仲裁委员会是中国仲裁协会的法定会员。中国仲裁协会是仲裁委员会的自律性组织，根据由全国会员大会制定的章程对仲裁委员会及其组成人员、仲裁员的违纪行为进行监督；根据《仲裁法》和《中华人民共和国民事诉讼法》（以下简称《民事诉讼法》）的有关规定制定仲裁规则和其他仲裁规范性文件。

四、仲裁协议

1. 仲裁协议的概念及内容

仲裁条款和仲裁协议是合同当事人就合同争议是否提起仲裁的书面意思表示，所不同的是仲裁条款直接订立在合同中，仲裁协议另行签订，也可在争议产生后签订。仲裁条款和仲裁协议必须具有以下内容：

（1）请求仲裁的意思表示。有明确的提请仲裁的语言文字写在条款或协议中。请求仲裁的意思表示必须是明确的、不能含糊其辞、模棱两可。如有的当事人约定："本合同发生争议，任何一方可以向仲裁机构提起仲裁请求，也可以向法院提起诉讼"，这是一个典型的模棱两可、含糊不清的表述，且违反我国仲裁法所确定的或裁或审的原则。

（2）协议要明确约定仲裁事项。仲裁事项是指仲裁机构能进行仲裁的事由范围。当事人可以笼统地约定"关于本协议所产生的一切纠纷均可向仲裁机构提起仲裁"，也可以是较为具体的，如"本协议双方当事人如遇下列争议，应提起仲裁申请：1，2，3……"。这样合同中有些事项被排除不能提请仲裁。

（3）协议要选定仲裁机构。如不明确选定仲裁机构无效，不产生法律约束力。一般可选择不在申请人所在地，也不在被申请人所在地的第三地声誉和权威较高的仲裁机构作为合同争议的仲裁人。选择不可模糊，如"遇争议双方选择中国贸促会仲裁机构或香港仲裁机构作为合同争议的仲裁人"。这种约定属于模糊不清，无法律效力。

2. 仲裁协议的效力

（1）仲裁协议效力的确认机构。

当事人双方分别向仲裁委员会和法院请求确认仲裁协议的效力时，法院有权作出裁定。

如果一方向仲裁委员会申请确认仲裁协议效力，另一方向法院申请确认仲裁协议无效：

①如果仲裁机构先于法院接受申请并已作出决定，法院不予受理。

②如果仲裁机构接受申请后尚未作出决定，法院应予受理，并通知仲裁机构中止仲裁。

如果一方当事人就合同纠纷或其他财产权益纠纷申请仲裁，另一方当事人申请法院确认仲裁协议无效并就合同纠纷或其他财产权益纠纷起诉的，法院受理后应通知仲裁机构中止仲裁。

当事人对仲裁协议的效力有异议，应当在仲裁庭首次开庭前提出。

确认管辖法院：当事人协议选择国内仲裁机构仲裁后，一方对仲裁协议的效力有异议请求法院裁定的，由该仲裁委员会所在地中院管辖；当事人对仲裁委员会没有约定或约定不明的，由被告所在地中院管辖。

（2）仲裁条款的独立性。仲裁条款和仲裁协议独立存在，合同的变更、解除、终止或者无效，不影响仲裁条款或仲裁协议的效力。仲裁庭有权确认合同的效力。

3. 仲裁协议的无效情形

（1）以口头方式订立的仲裁协议（必须书面形式）。

（2）约定的仲裁事项超出法律规定的仲裁范围的。

（3）无民事行为能力人或者限制民事行为能力人订立的仲裁协议。

（4）一方采取胁迫手段，迫使对方订立仲裁协议的。

（5）仲裁协议对仲裁事项或者仲裁委员会没有约定或者约定不明确的，当事人可以补充协议；达不成补充协议的，仲裁协议无效。

【法条链接】

《中华人民共和国仲裁法》

第二十条　当事人对仲裁协议的效力有异议的，可以请求仲裁委员会作出决定或者请求人民法院作出裁定。一方请求仲裁委员会作出决定，另一方请求人民法院作出裁定的，由人民法院裁定。

当事人对仲裁协议的效力有异议，应当在仲裁庭首次开庭前提出。

《最高人民法院关于〈中华人民共和国仲裁法〉若干问题的解释》法释［2006］7号

“第二十七条

……

当事人在仲裁程序中对仲裁协议的效力提出异议，在仲裁裁决作出后又以此为主张撤销仲裁裁决或者提出不予执行抗辩，经审查符合仲裁法第五十八条或者民事诉讼法第二百一十七条、第二百六十条规定的，人民法院应予支持。”

《最高人民法院关于〈中华人民共和国仲裁法〉若干问题的解释》法释［2006］7号

“第二十七条　当事人在仲裁程序中未对仲裁协议的效力提出异议，在仲裁裁决作出后以仲裁协议无效为由主张撤销仲裁裁决或者提出不予执行抗辩的，人民法院不予支持。”

五、仲裁程序

仲裁程序主要包括申请和受理、仲裁庭的组成、开庭和裁决等环节。

1. 申请和受理

（1）申请仲裁。当事人申请仲裁，应当向仲裁委员会递交仲裁协议、当事人主体资格证明文件、仲裁申请书及副本。

仲裁申请书应写明：①申请人、被申请人及其委托代理人的姓名、性别、年龄、职业、工作单位、住所、法人或者其他组织的名称、住所、邮编、电话和法定代表人姓名、职务；②仲裁请求和所根据的事实、理由；③证据和证据来源、证人姓名和住所。

当事人、法定代理人可以委托律师和其他代理人进行仲裁活动。委托律师和其他代理人进行仲裁活动的，应当向仲裁委员会提交授权委托书，授权范围比照民诉规定，但外国律师不能以律师身份在我国进行仲裁代理。

（2）申请仲裁的条件。

①有仲裁协议。

②有具体的仲裁请求和事实、理由。

③属于仲裁委员会的受理范围。

（3）审查与受理。仲裁委员会收到仲裁申请书之日起5日内，认为符合受理条件的，应当受理，并通知当事人；认为不符合受理条件的，应当书面通知当事人不予受理，并说明理由。

（4）当事人权利。申请人可以放弃或者变更仲裁请求。被申请人可以承认或者反驳仲裁请求，有权提出反请求。

2. 仲裁庭的组成

（1）仲裁庭的组成形式。仲裁庭可以由三名仲裁员或者一名仲裁员组成。由三名仲裁员组成的，设首席仲裁员。

（2）当事人约定仲裁庭的组成方式和仲裁员：

①独任仲裁庭：当事人约定由一名仲裁员成立仲裁庭的，应当由当事人共同选定或者共同委托仲裁委员会主任指定仲裁员；

②合议仲裁庭：当事人约定由三名仲裁员组成仲裁庭的，应当各自选定或者各自委托仲裁委员会主任指定一名仲裁员，第三名仲裁员由当事人共同选定或者共同委托仲裁委员会主任指定。第三名仲裁员是首席仲裁员；

③当事人没有在仲裁规则规定的期限内约定仲裁庭的组成方式或者选定仲裁员的，由仲裁委员会主任指定。

（3）回避。

仲裁员有下列情形之一的，必须回避，当事人也有权提出回避申请：

①是本案当事人或者当事人、代理人的近亲属；

②与本案有利害关系；

③与本案当事人、代理人有其他关系，可能影响公正仲裁的；

④私自会见当事人、代理人，或者接受当事人、代理人的请客送礼的。

申请回避：当事人提出回避申请，应当说明理由，在首次开庭前提出。回避事由在首次开庭后知道的，可以在最后一次开庭终结前提出。

回避的决定：

①仲裁员是否回避，由仲裁委员会主任决定。

②仲裁委员会主任担任仲裁员时，由仲裁委员会集体决定。

回避的法律后果：

①仲裁员因回避不能履行职责的，应当依照规定重新选定或者指定仲裁员（因其他原因，如死亡、生病等也应当依照规定重新选定或者指定仲裁员）。

②因回避而重新选定或者指定仲裁员后，当事人可以请求已进行的仲裁程序重新进行，是否准许，由仲裁庭决定。

③仲裁庭也可以自行决定已进行的仲裁程序是否重新进行。

3. 仲裁审理

以开庭审理为原则，当事人可以约定书面审理。

以不公开审理为原则，当事人可以约定公开审理，但涉及国家秘密的除外。

（1）当事人缺庭。

①申请人经书面通知，无正当理由不到庭或者未经仲裁庭许可中途退庭的，可以视为

撤回仲裁申请；

②被申请人经书面通知，无正当理由不到庭或者未经仲裁庭许可中途退庭的，可以缺席裁决。

（2）证据收集。

①当事人应当对自己的主张提供证据；

②仲裁庭认为有必要收集的证据，可以自行收集。

（3）鉴定。仲裁庭对专门性问题认为需要鉴定的，可以交由当事人约定的鉴定部门鉴定，也可以由仲裁庭指定的鉴定部门鉴定。

（4）证据保全。在证据可能灭失或者以后难以取得的情况下，当事人可以申请证据保全。当事人申请证据保全的，仲裁委员会应当将当事人的申请提交证据所在地的基层人民法院（与财产保全的程序差不多）。

4. 仲裁中的和解与调解

（1）和解。

①当事人申请仲裁后，可以自行和解。达成和解协议的，可以请求仲裁庭根据和解协议作出裁决书，也可以撤回仲裁申请。

②当事人达成和解协议，撤回仲裁申请后反悔的，可以根据原仲裁协议或重新约定的仲裁协议申请仲裁。作出裁决书的不能反悔。

（2）调解。

①仲裁庭在作出裁决前，可以先行调解。当事人自愿调解的，仲裁庭应当调解。调解不成的，应当及时作出裁决。

②调解达成协议的，仲裁庭应当制作调解书或者根据协议的结果制作裁决书。调解书与裁决书具有同等法律效力。

③调解书经双方当事人签收后，即发生法律效力。在调解书签收前当事人反悔的，仲裁庭应当及时作出裁决。

5. 仲裁裁决

（1）作出裁决的方式。裁决应当按照多数仲裁员的意见作出，少数仲裁员的不同意见可以记入笔录。仲裁庭不能形成多数意见时，裁决应当按照首席仲裁员的意见作出。

（2）先行裁决。仲裁庭仲裁纠纷时，其中一部分事实已经清楚，可以就该部分先行裁决。

（3）仲裁裁决书。

①裁决书应当写明仲裁请求、争议事实、裁决理由、裁决结果、仲裁费用的负担和裁决日期。

②当事人协议不愿写明争议事实和裁决理由的，可以不写。

③裁决书由仲裁员签名，加盖仲裁委员会印章。对裁决持不同意见的仲裁员，可以签名，也可以不签名。

④对裁决书中的文字、计算错误或者仲裁庭已经裁决但在裁决书中遗漏的事项，仲裁庭应当补正；当事人自收到裁决书之日起30日内，可以请求仲裁庭补正。

⑤裁决书自作出之日起发生法律效力（并不是送达当事人，因为仲裁原则上不公开审

理，所以也没有宣判的问题)。

仲裁流程：

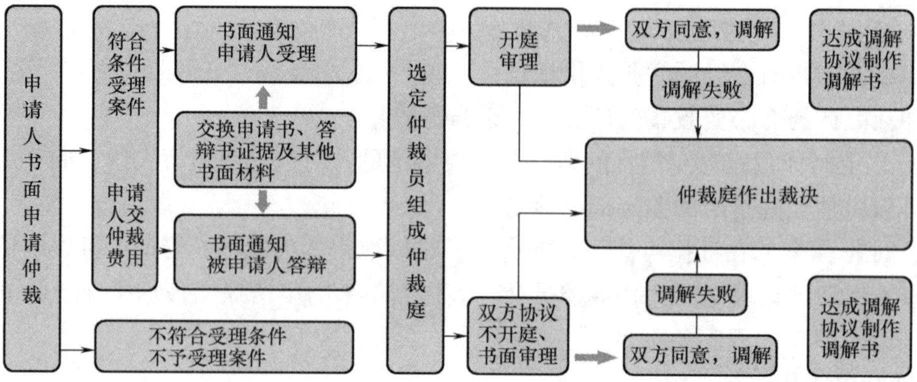

第二节 行政复议

【案例6－2】

2007年3月14日，某市劳动和社会保障局做出工伤认定决定书：认定熊某系H公司员工，熊某在工作时间因工作原因受伤系工伤。某市劳动局于同年3月16日向公司邮寄送达工伤认定决定书，3月31日由H公司收发室人员张某签收。2007年8月27日，H公司向复议机关申请行政复议，要求撤销工伤认定书。H公司的复议理由为熊某确系公司员工，但其受伤系个人原因造成不属于工伤，工伤认定书认定事实错误；且劳动局没有及时送达工伤认定书，公司是在其他案件诉讼中知道工伤认定书的内容。

被申请人某市劳动和社会保障局在复议期间提交了邮寄工伤认定书的邮件详情单、投递结果查询单以及邮政局出具的证明张某系H公司收发人员的证明材料。

复议机关审查后认定：劳动局做出工伤认定书后邮寄给H公司，并由H公司收发人员于3月31日签收；H公司至同年8月27日方申请复议，明显超过申请期限。因此根据《中华人民共和国行政复议法》(以下简称《行政复议法》) 第9条、《中华人民共和国行政复议法实施条例》(以下简称《行政复议法实施条例》) 第48条第2项之规定，驳回复议申请。

【案例分析】

企业面对违法的行政处罚或其他损害自身利益的行政行为该如何寻求救济呢？一般而言，大多数人首先会想到去人民法院起诉，但是，这未必是一种最有效或者最经济的救济途径。行政复议通过发挥行政机关在行政管理和专业技术方面的优势，可以迅速查清案情，及时解决争议，从而保护相对人的正当合法权益，具有“专业、迅速”之优点。当然，在另一方面，它自身又有着难以避免的缺陷，其公正性和权威性不及行政诉讼。所以，企业在面对行政争议时可以根据二者的特点和自己的实际情况，选择最有利的权利救济方法，保护自己的合法权益。

在本案中主要涉及的问题是行政复议申请期限的问题。《行政复议法》规定，“公民、法人或者其他组织认为具体行政行为侵犯其合法权益的，可以自知道该具体行政行为之日起六十日内提出行政复议申请”；《行政复议法实施条例》第48条规定，“有下列情形之一的，行政复议机关应当决定驳回行政复议申请：……②受理行政法院复议申请后，发现该行政复议申请不符合行政复议法和本条例规定的受理条件的”。因此，复议机关驳回公司的复议申请完全符合法律规定。本案启示：行政复议是针对政府机关违法行政行为采取的救济途径之一，但企业必须充分了解复议程序相关法律、法规，方可利用复议程序有效维护企业利益。

相关知识链接

一、行政复议的范围

行政复议受案范围又称行政复议申请范围，是指企业认为具体行政行为侵犯其合法权益，依法提出申请，由法定的复议机关受理复议案件，解决行政争议的权限范围。我国行政复议受案范围主要包括：

（1）对行政机关做出的警告、罚款、没收违法所得、没收非法财物、责令停产停业、暂扣或者吊销许可证，暂扣或者吊销执照、行政拘留等行政处罚不服的。

（2）对行政机关做出的限制人身自由或者对财产的查封、扣押、冻结等行政强制措施不服的。包括两个方面：一是对限制人身自由的行政强制措施；二是对财产的行政强制措施。行政强制措施是行政主体为了实现行政管理的目的，通过依法采取强制手段迫使拒不履行义务的相对人履行义务或达到与履行义务相同的状态；或者是行政主体为维护社会秩序，保护公民的人身健康，对行政管理相对人的人身或财产采取紧急性、即时性的强制措施。

（3）对行政机关做出的有关许可证、执照、资质证、资格证等证书变更、中止、撤销的决定不服的。

（4）对行政机关做出的关于确认土地、矿藏、水流、森林、山岭、草原、荒地、滩涂、海域等自然资源的所有权或者使用权的决定不服的。

（5）认为行政机关侵犯合法的经营自主权的。

（6）认为行政机关变更或者废止农业承包合同，侵犯其合法权益的。

（7）认为行政机关违法集资、征集财物、摊派费用或者违法要求履行其他义务的。

（8）认为符合法定条件、申请行政机关颁发许可证、执照、资质证、资格证等证书；或者申请行政机关审批、登记有关事项，行政机关没有依法办理的。

（9）申请行政机关履行保护人身权利、财产权利、受教育权利的法定职责，行政机关没有依法履行的。

（10）申请行政机关依法发放抚恤金、社会保险金或者最低生活保障费，行政机关没有依法发放的。

（11）认为行政机关的其他具体行政行为侵犯其合法权益的。

另外，《行政复议法》还规定了对于国务院各部门的规定，县级以上地方各级人民政府及其工作部门的规定，乡、镇人民政府的规定（前述规定不含国务院部门规章和地方人民政府规章），申请人可以在对行政主体作出的具体行政行为不服提出复议申请时，附带对该具体行政行为所依据的上述规定提出复议审查申请。

最后，还需要强调的是对于不服行政机关做出的行政处分或者其他人事处理决定或者不服行政机关对民事纠纷作出的调解或者其他处理的，企业不能就此事项提出行政复议。

二、行政复议申请人

行政复议申请人是指认为具体行政行为侵犯自己的合法权益，依法以自己的名义向行政复议机关提出复议申请的公民、法人或其他组织。由此可见，行政复议的申请人可以包括企业，但是要成为复议申请人还需要满足如下条件：

（1）申请人必须是行政相对人。

（2）申请人是认为自己的合法权益受具体行政行为侵犯的人。

（3）申请人是能够以自己的名义提出行政复议申请的人。

在一般情况下，受具体行政行为侵害的行政相对人就是行政复议的申请人。但是，如果有权申请行政复议的法人、其他组织终止的，那么，就会发生复议申请人资格的转移，以阻止或纠正一切违法或不当的行政行为，保护行政相对人的合法权益。《行政复议法》规定，“有权申请行政复议的法人或其他组织终止的，承受其权利义务的法人或其他组织可以申请行政复议”。如有权申请行政复议的甲企业，在申请行政复议前，与乙企业合并，成立了丙企业，成立后的丙企业可以作为复议申请人，申请行政复议。《行政复议法实施条例》第 6 条、第 7 条还规定：合伙企业申请行政复议的，应当以核准登记的企业为申请人，由执行合伙事务的合伙人代表该企业参加行政复议；其他合伙组织申请行政复议的，由合伙人共同申请行政复议。股份制企业的股东大会、股东代表大会、董事会认为行政机关做出的具体行政行为侵犯企业合法权益的，可以以企业的名义申请行政复议。

三、行政复议被申请人

复议被申请人是指其做出的具体行政行为被申请人指控违法侵犯自己合法权益而向复议机关提出复议申请，由复议机关通知其参加行政复议活动的当事人。被申请人包括行政机关、法律法规授权的组织。由于行政管制活动的复杂性，行政复议的被申请人在实践中相当复杂，下面列举的若干情形是企业在确定行政复议被申请人时通常会遇到的：

（1）申请人对行政机关的具体行政行为不服，直接申请行政复议的，该行政机关是被申请人。

（2）申请人对两个或两个以上行政机关以共同名义做出具体行政行为不服的，共同做出具体行政行为的行政机关为共同被申请人。

（3）申请人对法律法规授权的组织做出的具体行政行为不服的，该法律法规授权的组织是被申请人；申请人对政府工作部门依法设立的派出机构依据法律、法规和规章的规定，以自己的名义做出的具体行政行为不服的，该派出机构是被申请人。

（4）申请人对行政机关委托的组织做出的具体行政行为不服的，委托的行政机关是被申请人。

（5）做出具体行政行为的行政机关被撤销的，继续行使其职权的行政机关是被申请人。

（6）行政机关与法律、法规授权的组织以共同的名义作出具体行政行为的，行政机关和法律、法规授权的组织为共同被申请人。

（7）行政机关与其他组织以共同名义做出具体行政行为的，行政机关为被申请人。

（8）下级行政机关依照法律、法规、规章规定，经上级行政机关批准做出具体行政行为的，批准机关为被申请人。

（9）行政机关设立的派出机构、内设机构或者其他组织，未经法律、法规授权，对外以自己名义做出具体行政行为的，该行政机关为被申请人。

四、行政复议的程序

行政复议的程序是指行政复议机关根据法律规定审查、裁决行政复议案件所必须遵守的步骤和方法，主要包括申请、受理、审理、决定和执行五个步骤。

（一）申请

1. 行政复议机关

企业要申请行政复议，首先要了解向哪个机关去申请：

依照我国相关法律规定，受理行政复议的机关主要包括：①对县级以上地方各级人民政府工作部门的具体行政行为不服的，由申请人选择，可以向该部门的本级人民政府申请行政复议，也可以向上一级主管部门申请行政复议。②对地方各级人民政府的具体行政行为不服的，向上一级地方人民政府申请行政复议。③对县级以上地方人民政府依法设立的派出机关的具体行政行为不服的，向设立该派出机关的人民政府申请行政复议。④对法律、法规授权的组织的具体行政行为不服的，分别由直接管理该组织的地方人民政府、地方人民政府的工作部门或者国务院部门管辖。⑤对两个或两个以上行政机关以共同的名义做出的具体行政行为不服的，由共同的上一级行政机关管辖。⑥对被撤销的行政机关在撤销前所做出的具体行政行为不服的，由继续行使其职权的行政机关的上一级行政机关管辖。

2. 申请时效

相对人认为行政主体的具体行政行为侵犯自己的合法权益，可依法提起行政复议申请。申请人申请复议，可以自知道被申请人做出的具体行政行为之日起60日内提出，但法律规定的申请期限超过60日的除外。因不可抗力或者其他正当理由耽误法定期限的，申请期限自障碍消除之日起继续计算。

3. 申请条件

相对人提起行政复议申请应符合下列条件：①申请人是认为具体行政行为直接侵犯其合法权益的公民、法人或者其他组织。②有明确的被申请人。③有具体的复议请求和事实根据。④属于申请复议范围。⑤属于受理复议机关管辖。⑥法律、法规规定的其他条件。

有些具体的法律、法规有时还规定了相对人提出复议申请的其他条件，在这种情况下，申请行政复议还必须符合法律、法规规定的其他条件。如《中华人民共和国中外合资经营企业所得税法》第15条规定："合营企业同税务机关在纳税问题上发生争议时，必须先按照规定纳税，然后再向上级税务机关申请复议。"申请人申请行政复议，可以书面申请，也可以口头申请。

（二）受理

复议机关收到申请人的复议申请以后，应对复议申请书进行初步审查，依照法律规定在收到复议申请书之日起5日内，依据不同情况分别做出以下处理：

（1）复议申请不符合行政复议法规定的，决定不予受理的，应书面告知申请人，并告知相应的处理方式。

（2）对符合法律规定、但不属于本机关受理的，应当告知申请人向有关行政复议机关提出。

（3）对行政复议申请材料不齐全或者表述不清楚的，行政复议机构可以书面通知申请人补正。补正通知应当载明需要补正的事项和合理的补正期限。

（4）除以上情形外，复议申请自行政复议机构收到之日即为受理。

对于依法应先复议后起诉的复议事项，复议机关决定不予受理或者受理后超过行政复议期限不作答复的，申请人可以自收到不予受理决定书之日起或者行政复议期满之日起15日内，依法向人民法院提起行政诉讼。复议机关受理行政复议申请，不得向申请人收取任何费用。

（三）审理

1. 审理方式

行政复议原则上采取书面审查的办法，但是申请人提出要求或者复议机构认为有必要时可以向有关组织和人员调查情况，听取申请人、被申请人和第三人的意见。对重大、复杂的案件，申请人提出要求或者行政复议机构认为必要时，可以采取听证的方式审理。

2. 审理的内容和依据

复议机关依法对具体行政行为的合法性与适当性进行审查。由此表明，行政复议机关既要审查具体行政行为是否合法，又要审查具体行政行为是否适当。

（四）决定

1. 复议决定种类

复议机关经过对被申请人具体行政行为的审理，根据不同情况可分别使用维持、要求履行、撤销、变更或确认违法、赔偿等种类的决定。

2. 复议决定程序

行政复议机关负责法制的工作机构应当对被申请人做出的具体行政行为进行审查，提出意见，经行政复议机关负责人同意或者集体讨论通过后，按照行政复议法的规定做出行政复议决定。复议决定书由复议机关的法定代表人签署，并加盖复议机关的印章。

（五）执行

行政复议决定书一经送达，即发生法律效力。除法律规定的终局复议决定外，申请人对复议决定不服的，可以在收到复议决定书之日起15日内，或法律规定的其他期限内向人民法院起诉。申请人逾期不起诉又不履行复议决定，或者不履行最终裁决的行政复议决定的，被申请人可以依法实施强制执行或者申请人民法院强制执行。

第三节 诉讼

【案例6－3】

2013年1月，张某从GM汽车有限公司（以下简称GM公司）处购得新桑塔纳轿车一辆，车价161 800元。2003年7月，张某驾驶车辆行驶途中，引擎盖右侧突然冒烟，车内仪表台也有烟和橡胶焦味冒出，轿车随之自动熄火，张某逃出车厢后，引擎盖周边着火。后虽经消防人员灭火，但整车前部已完全烧毁。事发后，经司法鉴定事务所鉴定，轿车燃烧的原因是水壳固定支架锋利的冲切边与电瓶电源线发生摩擦，电源线外层绝缘被切割磨破，电缆芯线裸露，发生短路引起燃烧。事发后，保险公司已赔付129 472元。张某认为由于车辆产品质量存在瑕疵，应由GM公司承担赔偿责任。双方多次协商未果，张某遂将GM公司诉至人民法院，请求判令被告赔偿车辆附加费、车辆上牌费、车辆损失保险不足部分、车辆保险费、车辆内装潢费、车损期间租车费、精神损失费等各项费用共计92 235.66元。

一审人民法院经审理后认为，被告GM公司已提供证据证明轿车在出厂时经检验合格，并不存在质量瑕疵。原告张某没有按照轿车生产厂家在使用说明书中做出的“禁止擅自改装或加装各种设备”的警示，擅自加装了防盗器。原告不能证明轿车发生短路的质量缺陷是在他对轿车改造之前就已经存在，因此无法证明轿车本身存在缺陷，故被告对轿车着火而导致的损失不应承担赔偿责任。一审人民法院判决驳回原告要求被告赔偿损失的诉讼请求。

张某不服一审判决，提起上诉。二审人民法院经审理后认为，GM公司是该事故车辆的销售者，根据《中华人民共和国产品质量法》（以下简称为《产品质量法》）第40条的规定，售出的产品有下列情形之一的，销售者应当负责修理、更换、退货；给购买产品的消费者造成损失的，销售者应当赔偿损失：①不具备产品应当具备的使用性能而事先未作说明的；②不符合在产品或者其包装上注明采用的产品标准的；③不符合以产品说明、实物样品等方式表明的质量状况的。上诉人张某向被上诉人GM公司购买的轿车在行驶中发生火灾，该轿车起火的原因经鉴定，固定支架锋利的冲切边是汽车制造上的缺陷，系该支架存在质量问题。张某加装的防盗器与车辆起火没有因果关系。张某主张的车辆内装潢费、车损期间租车费、精神损失费因未提交有效证据不予支持。二审人民法院根据《产品质量法》第40条、第43条和第44条第2款的规定做出如下判决：撤销一审判决，GM公司赔偿张某车辆质量缺陷所造成的车辆购置税、车辆上牌费、车辆损失保险不足部分、车辆保险费、拖车费共计52 565.66元。

资料来源：李建伟．公司法案例：裁判经典与法理解释［M］．北京：中国政法大学出版社，2008．

【案例分析】

上述案例是一起典型的产品缺陷所致的产品侵权案例，属于侵犯消费者权益的行为之一。本案一、二审人民法院做出了截然相反的判决。根据我国《产品质量法》的相关规定，生产者对产品缺陷承担无过错责任（严格责任），除非生产者能够证明具有“①未将产品投入流通的；②产品投入流通时，引起损害的缺陷尚不存在的；③将产品投入流通时的科学技术水平尚不能发现缺陷的存在的”这三种情形之一的才可以免责，并且在某些情况下，销售者也要承担无过错责任。二审人民法院即依据了这种严格责任原则判决由经销者承担产品缺陷责任。

近年来，类似上述侵犯消费者权益而引起的诉讼和各类纷争不断，足以引起经营者的警戒。

相关知识链接

对于侵犯消费者法定权利导致的法律责任风险，可以分为民事责任风险和刑事责任风险。

一、民事责任风险

（一）产品责任风险

产品责任系指产品使用、消费的过程中因产品缺陷和产品瑕疵造成人身伤害或者财产损害所引起的民事责任。我国《产品质量法》《民法通则》等法律明确规定因产品质量问题造成人身、该产品以外的其他财产损害的，生产者、销售者应当承担赔偿责任，受害人可以向产品的生产者要求赔偿，也可以向产品的销售者要求赔偿。产品质量问题造成受害人人身伤害的，侵害人应当赔偿医疗费、治疗期间的护理费、因误工减少的收入等费用；造成残疾的，还应当支付残疾者生活自助费、生活补助费、残疾赔偿金以及由其扶养的人所必需的生活费等费用；造成受害人死亡的，并应当支付丧葬费、死亡赔偿金以及由死者生前扶养的人所必需的生活费等费用；造成受害人财产损失的，侵害人应当恢复原状或者折价赔偿。受害人因此遭受其他重大损失的，侵害人应当赔偿损失。

产品质量民事责任的发生，以产品存在质量问题为前提，可以分为产品缺陷导致的侵权责任（如上述案例）和产品瑕疵导致的违约责任。

1. 产品缺陷导致的侵权责任

产品缺陷责任是指生产者、销售者因产品存在缺陷而造成的死亡、人身伤害和缺陷产品以外的其他财产损害及其他损失时，应当承担的赔偿责任。关于产品缺陷，我国《产品质量法》第46条将其定义为“产品存在危及人身、他人财产安全的不合理的危险；产品有保障人体健康，人身、财产安全的国家标准、行业标准的，是指不符合该标准”。这与国外的有关立法对产品缺陷含义的界定是一致的。例如，欧洲委员会《关于人身伤亡的产品责任公约》及《欧洲经济共同体产品责任指令》均规定，产品缺陷是指产品不能够提供人们有权期待的安全性。因此，判断某产品是否存在缺陷，就看该产品是否存在可能造成人身、他人财产损害的不合理的危险。

《民法通则》第122条规定："因产品质量不合格造成他人财产、人身损害的，产品制造者、销售者应当依法承担民事责任。运输者、仓储者对此负有责任的，产品制造者、销售者有权要求赔偿损失。"我们可以看出，对于产品质量纠纷的赔偿义务主体，不仅仅只有生产者、销售者，如果是运输者、仓储者造成产品的缺陷，那么运输者、仓储者也应是赔偿义务的主体。不过这两种赔偿义务主体是不同性质的法律关系，前两者适用产品质量侵权赔偿关系，后两者则是该侵权赔偿责任由生产者、销售者承担以后的另一种赔偿关系，这是一种运输者、仓储者与生产者之间的违约责任。对于产品侵权责任来讲，其赔偿义务主体一般为生产者和销售者。

长期以来的诉讼实践中，对产品侵权的证明责任分配存在很大的争议，其根源就在于对产品侵权责任归责原则的理解存在着不同的观点，根据《民法通则》第106条第3款规定，"没有过错，但法律规定应当承担民事责任的，应当承担民事责任"，《产品质量法》第41条第1款规定，"因产品存在缺陷造成人身、缺陷产品以外的其他财产（以下简称他人财产）损害的，生产者应当承担赔偿责任"。可见，因产品缺陷致使人身、财产损害的民事责任属于侵权责任的范畴，并且实行严格责任制度（即无过错责任制度）。从世界许多国家产品责任归责原则的发展来看，大体是经过了由合同责任向传统侵权责任再向特殊侵权责任的发展过程。现在多数国家产品责任法均把产品责任作为一种特殊侵权责任。依据我国《产品质量法》《民法通则》等法律的规定以及实践经验，我国对产品缺陷导致的侵权行为的归责原则也是严格责任（无过错责任），即只要产品客观上存在缺陷，给使用者造成了人身或财产损害，除了有法律规定的免责事由外，不论产品生产者是否有过错，都要承担赔偿责任。销售者在不能指明生产者的情况下，也要承担这种严格责任。受害人只要证明自己是在正常使用该产品时受到了损害，就可以向产品生产者要求赔偿，无须对生产者是否存在过错承担举证责任。生产者要承担无过错责任，除非其能够证明产品未投入流通、产品投入流通时缺陷尚不存在、将产品投入流通时的科学技术水平尚不能发现缺陷三种法定情形时，才能够免除责任。

2. 产品瑕疵导致的违约责任

产品瑕疵责任是指产品销售者就买卖标的物的使用性、效用性或其他品质对买受者承担的默示或明示担保责任，它属于民事合同中违约责任范畴。关于产品瑕疵，英美法称之为买卖标的物不具有适销性，一般认为是指"买卖标的物不具备该种物通常具备的价值、效用或契约预定效用或出卖人所有保证的品质"。这与我国《产品质量法》有关产品质量应当具备通常的使用性能、符合在产品或其包装上注明采用的产品标准、产品说明或实物样品表明的质量状况的规定基本上是一致的。售出的产品存在不具备产品应当具备的使用性能而事先未作说明的、不符合产品或者其包装上采用的产品标准的、不符合以产品说明、实物样品等方式表明的质量状况的，销售者应当负责修理、更换、退货，给购买产品的用户、消费者造成损失的，销售者应当赔偿损失。销售者赔偿损失后，属于生产者或供货者责任的，有权向生产者或供货者追偿。对产品瑕疵导致的违约行为，生产者、销售者承担过错责任。

3. 连带责任

根据《产品质量法》的规定，因产品存在质量问题造成人身、他人财产损害的，受害人可以向产品的生产者要求赔偿，也可以向产品的销售者要求赔偿。属于产品的生产者的责任，产品的销售者赔偿的，产品的销售者有权向产品的生产者追偿。属于产品的销售者的责任，产品的生产者赔偿的，产品的生产者有权向产品的销售者追偿。

4. 诉讼时效和请求权期限

因产品质量问题造成损害要求赔偿的诉讼时效期间为2年，自当事人知道或者应当知道其权益受到损害时起计算。因产品存在缺陷造成损害要求赔偿的请求权，在造成损害的缺陷产品交付最初消费者满10年丧失；但是，尚未超过明示的安全使用期的除外。

（二）欺诈行为导致双倍赔偿的法律责任

根据《消费者权益保护法》第49条的规定，如果经营者在提供商品的过程中实施了欺诈行为，消费者有权要求经营者给予双倍赔偿。为了实施这一条款，国家工商局发布了《欺诈消费者行为处罚方法》，规定经营者提供商品时有下列情形之一的，属于欺诈消费者的行为，消费者有权依照《消费者权益保护法》要求经营者给予双倍赔偿：

（1）销售掺杂、掺假，以假充真，以次充好的商品的。

（2）采取虚假或者其他不正当手段使销售商品的分量不足的。

（3）销售“处理品”“残次品”“等外品”等商品而谎称是正品的。

（4）以虚假的“清仓价”“甩卖价”“最低价”“优惠价”或者其他欺骗性价格表示销售商品的。

（5）以虚假的商品说明、商品标准、实物样品等方式销售商品的。

（6）不以自己的真实名称和标记销售商品的。

（7）以采取雇用他人等方式进行欺骗性的销售诱导的。

（8）作虚假的现场演示和说明的。

（9）利用广播、电视、电影、报刊等大众传播媒介对商品做虚假宣传的。

（10）骗取消费者预付款的。

（11）利用邮购销售骗取价款而不提供或者不按照约定条件提供商品的。

（12）以虚假的“有奖销售”“还本销售”等方式销售商品的。

（13）以其他虚假或者不正当手段欺诈消费者的行为。

（三）利用格式条款单方免除责任的风险

格式条款是一方为了重复使用而预先拟定、在签署合同时不允许对方修改的一种合同条款。它具有快捷高效、能重复使用的优点，但格式条款的签订本身就明显表现出一种不平等性，我国《合同法》规定，提供格式条款一方免除其责任、加重对方责任、排除对方主要权利的，该条款无效；对格式条款有两种以上解释的，应当做出不利于提供格式条款一方的解释。有的企业利用格式条款来免除其单方责任，有的企业甚至利用格式条款来欺诈消费者，引起纠纷后企业的格式条款往往被认定无效或者做有利于消费者一方的解释。

另外，如果商品广告、通知、店堂告示、声明等没有设立在醒目位置，该条款无效。实践中，因企业与消费者的合同被认定为格式条款，从而被判无效或做出不利于企业的解释的案件并不少见，许多企业因此而遭受了比较大的经济损失。

格式条款中的不平等表现有：

（1）单方免除自己责任。由于格式条款的不可协商性，企业往往以之单方免除责任，免除对提供的商品或者服务依法应当承担的保证责任等。

（2）单方扩大自身权利。如企业规定自己有权任意变更或解除合同、终止履行合同，有权在不确定的期限内履行合同，有权留置对方预付款、担保物等侵害合同相对方消费者的权益及明显扩大合同提供方权利的行为。

（3）不合理加重对方责任。如企业在格式合同中约定消费者支付的违约金或损害赔偿金超过合理数额，要求消费者承担本应由企业承担的经营风险等。

（4）强行排除对方权利。如排除消费者依法变更或解除合同的权利，排除消费者行使合同的解释权，排除消费者请求支付违约金或者损害赔偿金的权利及排除就合同异议提起诉讼或者申请仲裁的权利等。

（四）侵犯消费者权益的民事责任

按照我国《消费者权益保护法》《产品质量法》《民法通则》等相关法律法规的规定，生产者、销售者等经营企业应承担如下民事责任：

（1）经营者侵害消费者的人格尊严或者侵犯消费者人身自由的，应当停止侵害、恢复名誉、消除影响、赔礼道歉并赔偿损失。

（2）经营者提供商品或者服务，造成消费者财产损害的，应当按照消费者的要求，以修理、重作、更换、退货、补足商品数量、退还货款和服务费用或者赔偿损失等方式承担民事责任。

（3）对国家规定或者经营者与消费者约定包修、包换、包退的商品，经营者应当负责修理、更换或者退货。在保修期内两次修理仍不能正常使用的，经营者应当负责更换或者退货。对包修、包换、包退的大件商品，消费者要求经营者修理、更换、退货的，经营者应当承担运输等合理费用。

（4）经营者以邮购方式提供商品的，应当按照约定提供。未按照约定提供的，应当按照消费者的要求履行约定或者退回货款；并应当承担消费者必须支付的合理费用。

（5）经营者以预收款方式提供商品或者服务的，应当按照约定提供。未按照约定提供的，应当按照消费者的要求履行约定或者退回预付款；并应当承担预付款的利息、消费者必须支付的合理费用。

（6）依法经有关行政部门认定为不合格的商品，消费者要求退货的，经营者应当负责退货。

（7）经营者提供商品或者服务有欺诈行为的，应当按照消费者的要求增加赔偿其受到的损失，增加赔偿的金额为消费者购买商品的价款或者接受服务的费用的1倍。

（8）经营者有下列情形之一，《产品质量法》和其他有关法律、法规对处罚机关和处罚方式有规定的，依照法律、法规的规定执行；法律、法规未作规定的，由工商行政管理部门责令改正，可以根据情节单处或者并处警告、没收违法所得、处以违法所得1倍以上、五倍以下的罚款，没有违法所得的处以1万元以下的罚款；情节严重的，责令停业整顿、吊销营业执照：

①生产、销售的商品不符合保障人身、财产安全要求的；

②在商品中掺杂、掺假，以假充真，以次充好，或者以不合格商品冒充合格商品的；

③生产国家明令淘汰的商品或者销售失效、变质的商品的；

④伪造商品的产地，伪造或者冒用他人的厂名、厂址，伪造或者冒用认证标志、名优标志等质量标志的；

⑤销售的商品应当检验、检疫而未检验、检疫或者伪造检验、检疫结果的；

⑥对商品或者服务作引人误解的虚假宣传的；

⑦对消费者提出的修理、重作、更换、退货、补足商品数量、退还货款和服务费用或者赔偿损失的要求，故意拖延或者无理拒绝的；

⑧侵害消费者人格尊严或者侵犯消费者人身自由的；

⑨法律、法规规定的对损害消费者权益应当予以处罚的其他情形。

二、刑事责任风险

1. 生产、销售假冒伪劣产品构成犯罪

假冒伪劣是侵害消费者合法权益的突出问题之一。假冒伪劣产品直接危及消费者的身体健康和生命、财产安全，严重损害了国家、集体、消费者个人的利益，是我国经济生活中的一大社会毒瘤。

按照我国法律规定，生产销售假冒伪劣产品达到一定数量和金额或者产生严重后果就可能构成犯罪，涉及的相关罪名有：生产、销售伪劣产品罪，生产、销售假药罪，生产、销售劣药罪，生产、销售不符合卫生标准的食品罪，生产、销售有毒、有害食品罪，生产、销售不符合标准的医用器材罪，生产、销售不符合安全标准的产品罪，生产、销售伪劣农药、兽药、化肥、种子罪，生产、销售不符合卫生标准的化妆品罪等，并且既追究个人犯罪，也惩罚单位犯罪。

2. 因违法销售构成犯罪

有的企业为了赚取更多的利润，不惜采取变相传销、非法集资等方法促销。在这种销售模式下，企业可以在短期内聚敛巨额财富，但一旦资金链断裂，就会出现“崩盘”事件。像类似变相传销、非法集资这种所谓销售方式，轻则会因行政违法而被取缔，重则触犯《中华人民共和国刑法》，构成非法集资罪、诈骗罪、非法经营罪等，从而受到法律的严惩。

所谓贪小便宜会吃大亏，进行商业欺诈的企业在欺骗消费者的同时，其实正将企业的前途一步步葬送掉，尤其对于中小企业更易造成毁灭性打击。

三、其他风险

当然我们也看到，不少企业曾遭受过不良消费者的敲诈。为求息事宁人，不少企业往往违背法律原则多给补偿。但这样的人得寸进尺，企业永远也填不饱他们的肚子，也不应助长这种不良风气。

知识拓展

一、经济纠纷概述

（一）经济纠纷的概念

经济纠纷是指经济法律关系主体之间因经济权利和经济义务的矛盾而引起的争议。它包括平等主体之间涉及经济内容的纠纷和公民、法人或者其他组织作为行政管理相对人与行政机关之间因行政管理所发生的涉及经济内容的纠纷。

（二）经济纠纷解决方式

在我国，解决经济纠纷的方式主要有下列几种。

1. 非法律程序解决方式

（1）协商。协商是指在当事人之间发生了经济纠纷之后，在没有第三人参加的情况下，争议的各方当事人本着自愿的原则，以口头或书面的方式直接交涉以解决争议的一种方式。

协商的特点在于双方当事人之间的交涉可不拘形式和程序，也不必求助于第三者。协商的优点在于方式比较简便灵活，随时可以依各方的协商结果变更协议的内容，节省纠纷解决的成本。

（2）调解。调解广义上分为人民调解、行政调解、仲裁调解、法院调解等方式。狭义的调解是指当事人各方在自愿的基础上将争议提交给第三方，由第三方从中调停，协调争议各方的意见，在查清事实的基础上，分清是非和责任，以促进当事人和解的一种解决争议的方式。

调解的优点在于有第三方从中劝说，能够站在中立的角度帮助当事人分清是非、责任，比较容易促使当事人顺利达成协议，解决纠纷。调解具有相当大的灵活性，双方当事人不必拘泥于烦琐的程序，可大大节约解决争议的成本，非常有利于争议的迅速解决。

2. 法律程序解决方式

（1）仲裁。仲裁是由双方当事人选定的仲裁机构对纠纷行进行审理并作出裁决。仲裁属民间性质。仲裁的基础是当事人的合意。也就是说，提交仲裁必须以双方当事人同意为前提，否则，仲裁程序不能启动。在通常情况下，仲裁庭成员也由当事人选任。仲裁的最大特点就是快速、简便。

（2）行政复议。行政复议是指公民、法人和其他组织认为行政机关的具体行政行为侵犯其合法权益，依法向特定行政机关提出申请，由受理该申请的行政机关对原具体行政行为依法进行审查并作出行政复议决定的活动。

（3）诉讼。一般而言，经济诉讼适用于民事诉讼法，所以，经济诉讼是民事诉讼的组成部分。民事诉讼主要解决平等主体（公民、法人和其他社会组织）之间有关财产权、人身权、知识产权、合同等方面的权利与义务纠纷。

二、民事起诉状

1. 民事起诉状的概念

民事起诉状是民事案件的原告人或其法定代理人，为维护自己的民事权益就有关民事权利和义务的争议向人民法院陈述纠纷事实，阐明起诉理由，提出诉讼要求的法律文书。

2. 民事起诉状的分类

诉状根据案件的不同性质分为刑事诉状和民事诉状。根据审级（第一审和第二审）的不同分为诉状和上诉状。对于已经发生法律效力（甚至已经执行完毕）的判决、裁定，仍有意见，要求人民法院再审的诉状叫申诉状。在诉讼活动中，应诉方（即被告人）对于人民法院转交的诉状副本进行答复和辩驳的诉状叫答辩状。

3. 民事起诉状的结构

民事起诉状的格式，包括标题、原告人和被告人的基本情况，请求事项、事实和理由、受文机关、具状人、日期等部分。

其格式如下：

民事起诉状

原告人：姓名、性别、年龄、民族、籍贯、职业、工作单位、住址。

被告人：姓名、性别、年龄、民族、籍贯、职业、工作单位、住址。

请求事项：____________________

事实和理由：____________________

此致

________________人民法院

具状人__________

（签名盖章）

年　　月　　日

4. 民事起诉状的写法

（1）标题。单列一行在正中写“民事起诉状”或“民事诉状”。

（2）诉讼参与人身份等基本情况。如原告是公民的，写明姓名、性别、年龄、民族、籍贯、职业、工作单位和住址。如果原告是不满 18 周岁的未成年人，则需写明法定代理人的姓名以及与原告的关系。原告如是机关、团体、企业事业单位的，原告写单位名称、地址。次一行写法定代表人姓名及职务，法定代表人应为单位的主要负责人。原告不论是公民或者法人，如有委托代理人的，在原告的下一项还要写明委托代理人的姓名、职务以及与原告的关系。被告栏的事项与写法与原告栏的事项和写法相同。

（3）诉讼请求。这一部分主要写明请求人民法院依法解决原告一方要求的有关民事权益争议的具体问题。如要求损害赔偿、债务清偿、履行合同、产权归还等。诉讼请求应写得明确、具体、简明扼要。

（4）事实和理由。这一部分是民事诉状的正文和核心部分，是请求人民法院裁决当事人之间权益纠纷和争议的重要根据。一般是先写事实，后写理由。事实部分，主要是写明被告侵权行为的具体事实或当事人双方权益争执的具体内容以及被告人所应承担的责任。

包括发生争执的时间、地点、原因、情节和事实经过都应具体写明，其中，应着重写清楚被告侵权行为所造成的后果和应承担的责任以及双方当事人争执的焦点和实质性分歧。事实写清楚以后，提供充分的人证、物证、书证及其他足以证明原告起诉有理的证据。理由部分，就是根据事实和证据，写明认定被告侵权或违法行为的性质和所造成的后果及应承担的责任；同时写明提出请求的政策和法律依据，但必须注意援引法律应准确、适当。

（5）诉状所递交的人民法院名称。可以这样写，“为此，特向你院起诉，请依法判决！此致××××人民法院”。

（6）具状人签名或者盖章，并注明提交诉状的年月日。

（7）附项。应依次写明本诉状副本的份数；书证、物证的名称、件数；证人的姓名和住址。

5. 民事起诉状的实例

民事起诉状

原 告：杨某，男，1973 年 6 月 12 日出生，现住某市甲区某街道 12 组 97 号。

被告人：李某，男，1974 年 3 月 12 日出生，现住某市乙区某街道 18 组 12 号。

诉讼请求：

1. 李某返还杨某欠款 18 000 元人民币；

2. 诉讼费××元由李某承担。

事实与理由：

2013 年 4 月 1 日，李某因经营资金紧张向杨某借款 1 8000 元用于周转，写下借条并约定 6 个月后一次还清欠款，利息按照银行利息支付。

到期后，李某以没钱为由拒绝归还。

证据和证据来源，证人姓名和住址：

1. 李某所写欠条一张。

2. 见证人王某，某市甲区某街道司法所长。

此致

某市某区人民法院

附：本诉状副本 1 份

起诉人 杨某

2014 年 3 月 5 日

注：1. 本诉状供公民提起民事、行政诉讼用，用钢笔或毛笔书写。

2. “原告”“被告”栏，均应写明姓名、性别、出生年月日（对民事被告的出生年月日确实不知的，可写其年龄）、民族、籍贯、职业或工作单位和职务、住址等项。被告是法人、组织或行政机关的，应写明其名称和所在地址。

3. “事实与理由”部分的空格不够用时，可增加中页。

4. 起诉状副本份数，应按被告人的人数提交。

【附表】

经济纠纷：非程序性解决与程序性解决的比较

	协商与调解	仲裁与诉讼
正式程序与步骤	无	有
解决纠纷的费用	较低	较高
强制执行的法律效力	无	有

仲裁与诉讼的比较

	仲裁	诉讼
受理机关	当事人选定的仲裁委员会相互之间无隶属关系，与行政机关之间也无隶属关系	法院 四级设置，有上、下级的隶属关系
申请（起诉）条件	（1）有仲裁协议 （2）有具体的仲裁请求和所依据的事实、理由 （3）属于仲裁委员会受理的范围	（1）原告是与本案有直接利害关系的公民、法人和其他组织 （2）有明确的被告 （3）有具体的诉讼请求和事实、理由 （4）属于法院受案范围和管辖范围 【注意】当事人必须没有仲裁协议
程序	一裁终局	两审终审 【注意】再审是当事人对生效的判决、裁定仍不服的，可在两年内申请再审，但不影响执行
法律文书的生效	裁决书：自作出之日起	一审判决：上诉期限届满之日 二审判决：作出之日
执行程序	向法院申请执行	由法院适用执行程序
二者关系	或裁或审；两种方式互相排斥，不能并用	

判决与裁定的比较

判决	裁定
指人民法院对民事案件依法定程序审理后对案件的“实体问题”依法作出的具有法律效力的“结论性”判定	人民法院在审理民事案件的过程中对有关诉讼程序的事项作出的判定
解决实体问题，对争议/请求作出的结论	解决诉讼的程序事项
在案件终结时作出，一个案件一个判决	发生于诉讼的各个阶段，一个案件可能多个裁定
只能以书面形式	书面或口头形式
	除“人民法院作出不予受理的裁定；人民法院对当事人的管辖异议作出的裁定；驳回起诉的裁定”外，其他裁定一律不能上诉

学生实操

要求：①完成民事诉状的撰写，并准备开庭所需应诉材料。②以小组为单位，根据实训任务和要求展开讨论，要有专人负责记录讨论的内容。

参考素材：

王某有私房，打算出卖。经他人介绍认识了陈某，陈某表示愿意购买王某的私房。双方经过协商在2012年11月达成房屋买卖协议。双方约定：王某将其私房5间（共计142平方米）出卖给陈某，总价为52万元，陈某在该合同经过有关部门批准之后先付款15万元，其余款项在王某将房屋腾空、陈某入住时再分两次付请；卖方应当在12月底之前将房屋腾空交付买方。该合同经有关部门批准之后，陈某当即交付房款15万元。当年12月5日，王某得知陈某开设的个体户营业部经营不善，可能导致陈某欠大量外债，而陈某也在逃避债务过程中。王某担心陈某不能如约交清房款，于是在12月8日，通过第三者刘某告知陈某，以房价过低为由要求陈某解除合同。陈某当即反对，称该合同已经被有关部门批准，如王某不在12月底之前腾空房屋，他将采取某种措施。后王某至2013年1月仍未腾空房屋，陈某在多次催促无果后向当地人民法院提起诉讼。

思考与练习

一、填空题

1. 当事人就其经济纠纷向仲裁委员会申请仲裁的有效期为______，当法律另有规定的除外。

2. 解决争议的方式有______、______、______、______。

3. 经济诉讼是指代表国家行使审判权的______，在双方当事人和其他诉讼参与人的参加下，依法审理经济纠纷并做出裁判的诉讼活动。

4. 普通地域管辖，对于公民提起的经济诉讼，由______人民法院管辖。

5. 一般的诉讼时效是______年，涉外买卖合同争议的诉讼时效是______，诉讼时效从______权利被侵害起开始计算。

二、选择题

1. 仲裁法的适用范围（　）。

A. 婚姻

B. 行政争议

C. 合同纠纷

D. 劳动争议

2. 经济仲裁的原则是（　）。

A. 自愿原则

B. 以事实为依据，以法律为准绳的原则

C. 当事人在适用法律上一律平等的原则

D. 仲裁依法独立的原则

3. 经济仲裁制度是（ ）。

A. 一裁终局制度

B. 代理制度

C. 回避制度

D. 财产保全制度

4. 人民法院的设置分为四级（ ）。

A. 最高人民法院

B. 高级人民法院

C. 中级人民法院

D. 基层人民法院

5. 财产保全措施有（ ）。

A. 查封

B. 扣押

C. 冻结

D. 法律规定的其他方法

6. 一方当事人对一审裁定在法定的期限内有权向上一级人民法院提出上诉，对一审判决不服上诉的期限是（ ）天。

A. 5

B. 10

C. 15

D. 7

7. 在我国的法律体系中，还存在着对已经发生的法律效力的判决和裁定重新审理的一种程序（ ）。

A. 仲裁

B. 诉讼

C. 上诉

D. 申诉

8. 因合同纠纷提起的诉讼，可以由以下哪些法院管辖（ ）。

A. 被告住所地

B. 合同履行地

C. 合同签订地

D. 标的物所在地

9. 下列说法正确的是（ ）。

A. 仲裁是一种司法行为

B. 仲裁是一种行政行为

C. 仲裁是解决争议的方式

D. 仲裁是准司法行为

10. 经济纠纷案件的第一审诉讼程序，一般包括以下几个主要诉讼阶段（　）。

A. 起诉和受理

B. 调查

C. 开庭审理

D. 判决

11. 根据《仲裁法》的规定，下列各项中，可以申请仲裁的是（　）。

A. 甲某与村民委员会签订的土地承包合同纠纷

B. 甲、乙两企业间的货物买卖合同纠纷

C. 甲、乙两人的继承遗产纠纷

D. 甲、乙两对夫妇间的收养合同纠纷

12. 李某对甲市 A 区国家税务局的某一具体行政行为不服，决定申请行政复议。根据《行政复议法》的规定，受理李某申请的行政复议机关应当是（　）。

A. A 区人民政府

B. 甲市国家税务局

C. A 区国家税务局

D. 甲市人民政府

13. 根据《行政复议法》的规定，对省级人民政府的具体行政行为不服的，行政复议机关是（　）。

A. 国务院

B. 国务相关部门

C. 省级人民政府

D. 最高人民法院

14. 甲、乙在×地签订合同，将甲在 Y 地的一栋房产出租给乙。后因乙未按期支付租金，双方发生争议。甲到乙住所地人民法院起诉后，又到 Y 地人民法院起诉。Y 地人民法院于 3 月 5 日予以立案，乙住所地人民法院于 3 月 8 日予以立案。根据民事诉讼法律制度的规定，该案件的管辖法院应当是（　）。

A. 甲住所地人民法院

B. 乙住所地人民法院

C. X 地人民法院

D. Y 地人民法院

15. 2001 年 5 月 5 日，甲拒绝向乙支付到期租金，乙忙于事务意志未向甲主张权利。2001 年 8 月，乙因出差遇险无法行使请求权的时间为 20 天。根据《民法通则》的规定，乙请求人民法院保护其权利的诉讼时效期间是（　）。

A. 自 2001 年 5 月 5 日至 2002 年 5 月 5 日

B. 自 2001 年 5 月 5 日至 2002 年 5 月 25 日

C. 自 2001 年 5 月 5 日至 2003 年 5 月 5 日

D. 自 2001 年 5 月 5 日至 2003 年 5 月 25 日

三、简答题

1. 简述仲裁协议

2. 简述一般地域管辖

四、案例分析

1. 2012 年 11 月 11 日，湘潭市信托投资公司与雨湖不干胶制造厂签订一份 35 万元的贷款合同，由湖南省石油总公司湘潭市公司提供保证。合同中约定，保证人承担一般保证责任。还款期限届满后，雨湖不干胶制造厂未按时还款，湘潭市信托投资公司多次向其主张清偿本金和利息，均被拒绝。同时，湖南省石油总公司湘潭市公司以先诉抗辩权为由，拒绝承担保证责任。湘潭市信托投资公司向法院提起诉讼。

问题：

（1）原告是否可以将雨湖不干胶制造厂和湖南省石油总公司湘潭市公司作为共同被告提起诉讼？为什么？原告应当向何地的法院提起诉讼？

（2）原告是否可以将保证人湖南省石油总公司湘潭市公司作为被告，单独向其提起诉讼，而不起诉雨湖不干胶制造厂？为什么？

（3）如果原告方仅仅将雨湖不干胶制造厂作为被告提起诉讼，获得胜诉后，在执行过程中，发现被告的财产不足以清偿债务，此时是否可以依据此胜诉判决直接执行保证人湖南省石油总公司湘潭市公司的财产？为什么？

2. 2009 年 5 月，甲乙双方当事人订立一份融资租赁合同。甲方位于河北省某市，乙方位于山西省某市，合同约定的租赁物使用地为甲方在山东省的某一处工程处。后来，当事人双方书面约定：因该合同发生纠纷，当事人可以向合同的履行地法院提起诉讼。后因双方当事人就合同的价款发生争议，甲方要提起诉讼。

问题：

（1）根据我国民事诉讼法的有关规定，甲方可以向哪个法院提起诉讼？为什么？

（2）甲方当事人提起诉讼后，乙方当事人以管辖协议未在买卖合同中约定为由，提出管辖异议，法院对此应当如何处理？为什么？

（3）倘若甲乙双方当事人在管辖协议中约定：因本合同发生纠纷，可以向甲方住所地、乙方住所地或者合同签订地的法院提起诉讼，那么，甲方都可以向哪个法院起诉？为什么？

（4）如果双方当事人在管辖协议中约定的内容与上一问中的内容相同，但是双方当事人在合同履行前就合同效力发生了纠纷，甲方可以向哪些法院提起诉讼？为什么？

参考文献

[1]（美）罗杰·勒鲁瓦·米勒．汤姆森商法教程［M］．阎中坚，译．北京：中国时代经济出版社，2003．

[2] 王明文，肖君拥．构建科学的创业法律风险防范机制［N］．人民日报，2012－07－13．

[3] 吴家曦．中小企业创业经营法律风险与防范策略［M］．北京：法律出版社，2008．

[4] 苏晓华，董雪松．美国创业教育发展的借鉴及启示［J］．对外经贸实务，2012（5）．

[5]（美）拉里·法雷尔．创业时代［M］．李政，杨晓非，译．北京：清华大学出版社，2006．

[6] 李建伟．公司法案例——裁判经典与法理解释［M］．北京：中国政法大学出版社，2008．

[7] 江平，李国光．最新公司法案例评析［M］．北京：人民法院出版社，2006．

[8] 李炳安．劳动权论［M］．北京：人民法院出版社，2006．

[9] 郑功成．社会保障学［M］．上海：商务印书馆，2000．

[10] 汤云周，黄新发．劳动合同条款设计与违法成本计算［M］．北京：中国法制出版社，2008．

[11] 赵旭．合同法相关语、词语详解［M］．北京：人民法院出版社，1999．

[12] 江平，王洪亮．合同法难点、疑点、热点理论研究［M］．北京：中国人民公安出版社，2000．

[13] 吴汉东，胡开忠，等．走向知识经济时代的知识产权法［M］．北京：法律出版社，2002．

[14] 鲍永正．电子商务知识产权法律制度研究［M］．北京：知识产权出版社，2003．

[15] 吴卫军．司法改革原理研究［M］．中国人民公安大学出版社，2003．

[16] 吴卫军，等．现状与走向：和谐社会视野中的纠纷解决机制［M］．北京：中国检察出版社，2006．

[17] 方绍清，等．劳动争议案件办理指引［M］．杭州：杭州出版社，2007．

[18] 汤云周，等．劳动合同条款设计及违法成本计算［M］．北京：中国法制出版社，2008．